L'EMPIRE DE L'ILLUSION

CHRIS HEDGES

L'EMPIRE
DE L'ILLUSION

La mort de la culture et le triomphe du spectacle

Traduit de l'anglais par
Nicolas Calvé

Déjà parus dans la collection « Futur proche »
- Normand Baillargeon et Jean-Marc Piotte (dir.), *Au bout de l'impasse, à gauche. Récits de vie militante et perspectives d'avenir*
- Gaétan Breton, *La dette : règlement de comptes*
- Gaétan Breton, *Faire payer les pauvres. Éléments pour une fiscalité progressiste*
- Gaétan Breton, *Tout doit disparaître. Partenariats public-privé et liquidation des services publics*
- Jean Bricmont, *L'impérialisme humanitaire. Droit humanitaire, droit d'ingérence, doit du plus fort ?*
- Noam Chomsky, *Comprendre le pouvoir*
- Noam Chomsky, *Futurs proches. Liberté, indépendance et impérialisme au xxie siècle*
- Francis Dupuis-Déri (dir.), *Québec en mouvements. Idées et pratiques militantes contemporaines*
- Edward S. Herman et David Peterson, *Génocide et propagande. L'instrumentalisation politique des massacres*
- Razmig Keucheyan, *Hémisphère gauche. Une cartographie des nouvelles pensées critiques*
- Andrea Langlois et Frédéric Dubois (dir.), *Médias autonomes. Nourrir la résistance et la dissidence*
- Luc Rabouin, *Démocratiser la ville. Le budget participatif : de Porto Alegre à Montréal*
- Sherene H. Razack, *La chasse aux Musulmans. Évincer les Musulmans de l'espace politique*

© Lux Éditeur, 2012, pour la présente édition
www.luxediteur.com

© Chris Hedges, 2009
Titre original : *Empire of Illusion. The End of Litteracy and the Triumph of Spectacle*
Nation Books, New York

Image de la couverture : Nick Norman/National Geographic/Getty Image

Dépôt légal : 2e trimestre 2012
Bibliothèque et Archives Canada
Bibliothèque et Archives nationales du Québec
ISBN : 978-2-89596-132-1

Ouvrage publié avec le concours du Programme de crédit d'impôt du gouvernement du Québec et de la SODEC. Nous reconnaissons l'aide financière du gouvernement du Canada par l'entremise du Fonds du livre du Canada (FLC) pour nos activités d'édition.

Pour Eunice,
Soles occidere et redire possvnt : nobis cvm semel occidit brevis
lvx, nox est perpetva vna dormienda.
Da mi basia mille.

Les gens qui refusent de voir les choses telles qu'elles sont ne font qu'appeler leur propre destruction, et quiconque persiste à demeurer en état d'innocence longtemps après que l'innocence est morte devient un monstre.

James BALDWIN, *Chronique d'un pays natal*

Chapitre 1

L'illusion de la culture

Aujourd'hui, la mort de Dieu, combinée à la perfection de l'image,
nous a plongés dans un nouvel état d'expectative. Nous sommes devenus
l'image. L'observateur et l'observé. Il n'y a pas d'autre présence pour attirer
notre attention. Et cette image possède tous les pouvoirs conférés à Dieu.
Elle tue à volonté. Sans le moindre effort. Magnifiquement. Elle dispense la
morale. Elle juge perpétuellement. L'image électronique est l'homme devenu
Dieu, et le rituel mis en œuvre nous ramène à nous-mêmes au lieu de nous
conduire à quelque Sainte-Trinité. Faute d'une compréhension lucide de ce
que nous sommes désormais cette seule source, les images ne peuvent manquer
d'exprimer à nouveau la magie et la peur propres aux sociétés idolâtres.
Cela facilite l'usage de l'image électronique en tant qu'instrument de
propagande pour quiconque peut en contrôler une partie[1].

John Ralston SAUL

Nous avons nourri notre cœur de rêves extravagants
Et cette chère n'a fait que le rendre brutal[2].

William Butler YEATS

GRAND, ÉLÉGANT, portant chemise et Stetson blancs, John Bradshaw Layfield est debout au milieu du ring et tient un lourd micro noir. Ce magnat de la lutte professionnelle[3], mieux connu sous ses initiales JBL, anime la tournée de la World Wrestling Entertainment (WWE)[4]. Les sifflements et huées de la foule, qui compte des familles avec enfants, font vibrer l'amphithéâtre, plein à craquer. Le public s'en prend à JBL, qui a derrière lui une longue carrière de lutteur professionnel. Ils sont nombreux à scander « T'es nul ! T'es nul ! T'es nul ! »

« La semaine dernière, j'ai fait une offre à Shawn Michaels, et j'attends toujours des nouvelles du Heartbreak Kid », annonce

JBL d'une voix traînante. Michaels, un des favoris du public, est un *born-again christian* autoproclamé qui incarne l'archétype de l'ouvrier. «Aujourd'hui, je lui ai donc fait une proposition beaucoup plus facile à comprendre», poursuit-il. «Je le mets au défi de prendre part à un combat de rue, ce soir même! Shawn, je sais que tu es là! Alors, qu'est-ce que tu en dis?»

«HBK! HBK! HBK!» entonne la foule. Un rock tapageur fait trembler les gradins tandis que des photos du Heartbreak Kid en pleine action défilent sur l'écran géant suspendu au-dessus de l'arène. Sous les éclats des feux d'artifice, Shawn Michaels fait son entrée en piste, vêtu d'un jean et d'une chemise vert olive, sa longue chevelure blonde tombant sur ses épaules. Le public se lève pour l'acclamer. Déversée par des haut-parleurs assourdissants, sa voix résonne: «*I know I'm sexy... I got the looks... that drive the girls wild* [5].»

Michaels s'élance sur le ring, défiant son adversaire en montrant les poings et en y allant d'un menaçant jeu de jambes. L'arbitre s'avance pour signaler le début du match.

«HBK! HBK! HBK!» scande la foule.

«Minute, l'arbitre!» commande Layfield en posant sa main sur l'épaule de l'officiel. Le public commence à s'impatienter.

«Shawn, lance-t-il, tu dois choisir entre deux options. Soit tu te bats contre moi, tout de suite, soit tu fais ce qu'il y a de mieux pour toi, ta famille et ta parenté en les aidant à traverser cette crise financière que tu n'aurais jamais crue possible il y a juste un an.»

Michaels reste coi.

«Je sais certaines choses, vois-tu, Shawn, poursuit-il. Comme tous les gens riches. Personne n'a vu venir cet effondrement de la Bourse, à part ma femme, bien sûr, mais ça ne t'a pas aidé, n'est-ce pas? Moi, j'ai fait de l'argent en achetant de l'or. Alors que la plupart des Américains obéissaient aveuglément, stupidement, aux mots d'ordre de leurs dirigeants, moi, je faisais de l'argent. En fait, Shawn, je m'enrichissais pendant que tu suivais le troupeau et que tu perdais presque tout. Pas vrai, Shawn?»

«Un combat! Un combat! Un combat! Un combat!» vocifère la foule, déchaînée. Hésitant, le regard de Michaels va et vient entre les gradins et Layfield.

«Tu as perdu ton fonds de pension, ton bas de laine est vide, le fonds d'études de tes enfants s'est évaporé, beugle Layfield dans le micro, à quelques centimètres du visage de Michaels. Tu dois soutenir tes proches, Shawn, tu en as la responsabilité. Maintenant, quand tu regardes autour de toi et que tu vois ta ravissante épouse – elle est vraiment ravissante –, que tu vois tes deux merveilleux petits enfants, tu te demandes: "Mais comment vais-je donc faire pour... les envoyer... à l'université?"»

Layfield fait une longue pause. On peut lire la douleur sur le visage de Michaels, abattu. Quelques cris isolés émanent des gradins.

«Eh bien, j'ai la réponse, reprend Layfield. Je t'offre un emploi. J'aimerais que tu travailles pour moi.»

«Non! Non! Non!» aboie la foule. Étourdi, Michaels cligne lentement des yeux, puis baisse le regard.

«Tu sais, Shawn, on a toujours le choix, dans toute situation. Tu pourrais bien lutter jusqu'à l'âge de 50 ans, et même jusqu'à 60. En fait, tu pourrais devenir un de ces *has-been* ayant perdu tout sens de l'honneur, qui ressassent leur gloire passée, distribuent des photos d'eux et se livrent à des séances de pose dans les gymnases des collèges, aux quatre coins du pays. Tu pourrais devenir un gars comme ça, Shawn, ou accepter mon offre, parce que voici ce que je te promets: ce que tu tires de la vente de t-shirts n'est rien en comparaison de l'offre... que je viens de te faire.»

Il invite le Heartbreak Kid à se regarder dans le miroir, puis ajoute: «Les temps sont durs pour toi, hein, Shawn? Il suffirait d'une autre mauvaise chute, d'une vilaine blessure, lui rappelle-t-il, et tu serais fini; fini».

Le public encourage son champion pétrifié en hurlant de plus en plus fort: «HBK! HBK! HBK!»

«Que pourrais-tu faire d'autre? demande Layfield. Je t'offre une deuxième chance.»

Layfield se débarrasse de son Stetson blanc. «Vas-y! lance-t-il à Michaels. Depuis que tu as mis le pied sur le ring, les gens attendent que tu me casses la gueule. Alors, ne te gêne pas! Je t'en donne la chance, Shawn, ici même.»

La foule exulte, impatiente de voir le Heartbreak Kid frapper.

«HBK! Vas-y! Vas-y! HBK! HBK!»

«Écoute-les, Shawn, tout le monde n'attend que ça. C'est ce que tu veux. Tu trépignes, tu as le doigt sur la gâchette, alors vas-y, saisis ta chance! Saisis-la!»

Le Heartbreak Kid recule d'un pas, le visage tremblant; sa respiration est haletante. Les spectateurs bondissent de leurs sièges, lèvent les bras, agitent des banderoles.

«HBK! HBK! HBK!»

«Vas-y, Shawn, avant qu'il ne soit trop tard, braille Layfield. Je te donne une deuxième chance, mais écoute-moi bien, écoute bien ceci...»

«HBK! HBK! HBK!»

«Écoute-moi, pas eux! Si tu me frappes, eh bien, je retire mon offre... *une fois pour toutes.*»

La clameur de la foule s'interrompt. On entend différents cris: huées, encouragements à attaquer, incitations à garder son calme. L'unité est rompue.

Layfield attend la réponse du Heartbreak Kid jusqu'à ce que ce dernier lui tourne lentement le dos. JBL le regarde franchir les câbles et quitter le ring d'un pas lourd, les yeux rivés au sol, en direction du vestiaire.

«J'ai hâte de travailler avec toi, Shawn!» lui crie alors Layfield.

Le public est déchaîné.

À l'instar de la plupart des lutteurs, Layfield traîne un lourd passé plus ou moins fictif, largement publicisé, qui comprend son lot d'intrigues, de bagarres, de trahisons, d'infidélités, d'abus et de comportements outranciers, dont le moindre n'est pas d'avoir paradé sur le ring en faisant le salut nazi lors d'un combat en Allemagne. Ce soir, toutefois, il se présente sous sa plus récente incarnation, celle du millionnaire ayant gravi l'échelle sociale « par ses propres moyens », du capitaliste, du PDG qui s'est couvert d'or alors que, partout au pays, des travailleurs perdaient leur emploi, voyaient leur épargne et leur fonds de pension se volatiliser et faisaient tout pour éviter la saisie de leur maison.

Comme c'est souvent le cas dans les cultures obsédées par la célébrité, la frontière entre personnalité publique et personnage fictif est floue. Layfield prétend avoir fait fortune grâce à des placements en Bourse et se targue d'être marié à « la femme la plus riche de Wall Street ». Il participe régulièrement à l'émission *The Cost of Freedom,* diffusée sur Fox News, et a déjà été invité à s'exprimer sur les ondes du Consumer News and Business Channel (CNBC), non seulement en tant que lutteur célèbre, mais aussi à titre d'investisseur astucieux dont les idées conservatrices méritent d'être répandues. Layfield est aussi l'auteur d'un best-seller sur la planification financière intitulé *Have More Money Now.* Il anime une émission de radio hebdomadaire qui traite de politique, diffusée partout aux États-Unis par Talk Radio Network.

L'interaction entre Layfield et son public est typique de la lutte professionnelle. Les combats, qui durent 20 minutes, mettent invariablement en scène les mêmes trucs usés, les mêmes chorégraphies, le même compte jusqu'à deux d'un arbitre qui ne semble jamais se rendre à trois avant que le lutteur cloué au sol ne se relève pour continuer à se battre. Il y a toujours un lutteur terrassé qui tente en vain d'atteindre la main de son coéquipier pour que celui-ci le relaie, une pantomime qui peut durer plusieurs minutes... Sans parler des nombreux coups vicieux portés quand l'arbitre est distrait, ce qui arrive fréquemment.

Ces combats sont des rituels codifiés qui expriment la douleur et un ardent désir de vengeance. Ce ne sont pas tant les affrontements eux-mêmes que les sagas entourant chaque match, terrifiantes et truffées de détails, qui suscitent la frénésie des amateurs. Entassés dans l'amphithéâtre, ceux-ci vivent de grisants moments de délivrance, loin de la triste banalité de la vie quotidienne. L'Amérique du Nord est aujourd'hui marquée par l'appauvrissement, le désespoir et la soumission d'une classe ouvrière terrorisée et bafouée à un patronat impitoyable et tyrannique. Nombreux sont ceux à qui il ne reste que l'illusion du ring pour s'élever au-dessus de leur triste sort en prenant part à une riposte héroïque. Le poids du réel devient matière à chorégraphies débridées. Au moment où les lutteurs font leur apparition en paradant dans l'allée, la foule, constituée en majorité de jeunes hommes issus de la classe ouvrière, connaît déjà par cœur la longue liste de rancœurs et de trahisons qu'ils emportent sur le ring. Les matchs prennent toujours la forme de représailles à une série de torts fictifs, dont on n'omet aucun détail. La biographie romancée de chaque lutteur fait état d'une détresse émotionnelle reflétant celle des amateurs. Il s'agit là de l'attrait fondamental de la lutte professionnelle ainsi que d'une bonne partie de la culture populaire, de Jerry Springer à Oprah Winfrey, en passant par la télé-« réalité ». Ces récits traduisent l'angoisse de mourir sans avoir été reconnu ni acclamé, sans être devenu riche, sans avoir su accéder à l'élite, confiné à l'anonymat des masses. Conçus pour rassurer le public, ils permettent à de simples quidams (ce qu'étaient jadis les vedettes tant acclamées) de nourrir l'espoir de voir un jour leur sort s'améliorer.

Comme la plupart des divertissements propres à la culture contemporaine, la lutte professionnelle ne tire pas sa popularité de la mystification d'un public auquel elle ferait croire à la véracité des récits qu'elle met en scène, mais plutôt du fait que celui-ci souhaite qu'on le dupe. Avec enthousiasme, il paie pour avoir l'occasion d'oublier momentanément le réel. À l'instar de tous les gens célèbres, les lutteurs lui offrent la possibilité de vivre par procuration. Ils font ce que le commun des mortels ne peut faire, car ils ont su s'extirper de leur humble milieu d'origine pour accéder au monde céleste des tyrans, des divas et de ces redoutables colosses aux muscles saillants, dont la puissance mythique n'a d'égale que la taille. Se livrant à des batailles mémorables, à des luttes épiques, ils arrachent d'éclatantes victoires, récoltent la gloire et émergent de l'anonymat. Ils viennent ensuite en aide à leurs admirateurs en leur conférant une partie de leurs pouvoirs surnaturels. Il s'agit là de la substance même des mythes classiques, dont fait d'ailleurs partie le récit de la vie de Jésus ; ceux-ci traduisent l'aspiration à une vie conforme à un schème familier, susceptible de mener à un épanouissement ultime avant la mort.

« Parce que la vie est tout d'abord un chaos où l'homme est perdu », écrivait José Ortega y Gasset. « Il s'en doute, mais il s'effraie de se trouver en tête à tête avec cette terrible réalité, et tente de la cacher derrière un écran fantasmagorique sur lequel tout est très clair[6]. »

Des années 1950 aux années 1980, les combats de lutte professionnelle s'inscrivaient dans un tout autre récit. C'était plutôt la bataille contre le Mal incarné par le communisme, sur fond de stéréotypes raciaux on ne peut plus grossiers, qui faisait courir les foules. Les matchs que mon grand-père suivait religieusement tous les dimanches exprimaient de manière brute les préjugés de la classe ouvrière blanche dont il était issu. Ceux-ci faisaient appel au nationalisme des amateurs et à leur méfiance, voire à leur aversion, envers quiconque se distinguait par la couleur de sa peau, sa culture ou sa religion. Les affrontements, auxquels j'assistais parfois quand j'étais enfant, mettaient généralement en scène un colosse surnommé l'Ours russe, qui faisait des déclarations comme « Nous allons vous enterrrrer vivants ». Pour enflammer la foule, Nikolai Volkoff, qui à l'époque se battait sous le nom de Boris Breznikoff, avait l'habitude d'entonner l'hymne national soviétique en brandissant le drapeau rouge. Il a fini par faire équipe avec Hossein Khosrow Ali Vaziri, lutteur né en Iran et surnommé le Cheik de fer. En pleine crise iranienne des otages, ce dernier se vantait publiquement de son dévouement et de son amitié pour l'ayatollah Khomeini. L'un de ses adversaires habituels était Sergeant Slaughter, qui personnifiait un soldat s'étant illustré par son patriotisme pendant la première guerre du Golfe ; le Cheik a ensuite changé de *gimmick*[7], comme les lutteurs le font souvent, pour devenir le Colonel Mustapha, Irakien comptant parmi les intimes de Saddam Hussein. Bref, les méchants étaient presque toujours des étrangers souhaitant détruire « notre mode de vie ». Ils haïssaient l'Amérique, parlaient avec un accent bizarre et avaient le teint basané.

La haine, jadis dirigée vers l'extérieur, est aujourd'hui tournée vers l'intérieur. Le public de la lutte, dont de nouveaux immigrants ont grossi les rangs, n'est plus uniquement composé d'ouvriers blancs. Face au déclin de l'emploi manufacturier et des programmes sociaux, les ouvriers (des gens comme mes grands-parents) se sont retrouvés dans l'impossibilité d'obtenir un travail régulier procurant salaire et avantages sociaux nécessaires au confort de leur famille. Peu à peu, le paysage industriel s'est peuplé d'épaves, comme en font foi les usines textiles désaffectées du Maine, où vivait ma famille. Les disparités entre les mieux nantis et le reste de la population ont pris des proportions indécentes. L'élargissement du fossé entre les classes a suscité désenchantement et colère à l'égard de l'élite, tout en nourrissant un sentiment d'impuissance. Les communautés ont commencé à se désagréger, les commerces des centres-villes à fermer, la violence familiale, la toxicomanie et l'alcoolisme à se répandre dans les quartiers ouvriers.

Le scénario des galas de lutte professionnelle a évolué en conséquence, faisant de plus en plus ressortir la cruauté du quotidien, la détresse psychologique et les dysfonctionnements familiaux propres à l'effondrement social en cours. L'ennemi a pris la forme de personnages du genre de Layfield, qui vivent dans l'opulence et se donnent des airs supérieurs devant ceux qui n'ont rien. La rage exprimée par la foule est devenue celle de gens qui, tel le Heartbreak Kid, se sentent maltraités, honteux, pris au piège ; bref, une colère de lutte des classes. Des personnages comme celui de Layfield, qui arrive aux matchs en limousine blanche au capot orné de cornes de taureau, ont été créés de toutes pièces par les promoteurs pour mettre ces disparités sociales sous le nez du public, de même que le Cheik de fer se moquait de la foule avec sa haine de l'Amérique.

Les lutteurs sont regroupés en « écuries » ou « clans ». Chaque clan, chapeauté par un gérant, est en guerre ouverte contre les autres. Il s'agit là aussi d'un phénomène récent, qui témoigne de la perte de cohésion d'une société désormais fragmentée en tribus antagoniques. Prêts à tout pour gagner, les clans trichent, mentent, se volent leurs femmes, enfreignent toutes les règles. Seule la victoire compte. La morale est sans importance. Chaque clan a son logo, son uniforme, ses slogans, ses chansons officielles, ses *cheerleaders,* entre autres marqueurs d'identité. Les rôles du «bon» et du «méchant» ne sont cependant pas toujours maintenus. Un clan, tout comme un lutteur individuel, peut s'afficher comme bon un jour et comme méchant le lendemain. L'important, c'est d'avancer dans le classement. Semaine après semaine, la lutte professionnelle met donc en scène des scénarios traduisant la psyché de la culture contemporaine.

Avant d'entamer sa carrière de lutteur professionnel, Ray Traylor était gardien dans une prison de Géorgie. Connu sous le nom de Big Boss Man, il était considéré comme un adversaire féroce, sadique et dénué de toute empathie. Il entrait autrefois sur le ring muni d'une matraque, d'un gilet pare-balles, de menottes et d'un boulet. Lors d'un combat, en 1992, une voix synthétique a retenti dans les haut-parleurs, prévenant le Big Boss Man de l'arrivée imminente d'une personne, surgie de son passé, qui venait chercher vengeance. Il s'agissait évidemment d'une embuscade tendue par un soi-disant ex-détenu, Nailz, que le Big Boss Man aurait brutalisé à l'époque où il était gardien de prison. Nailz, une brute de plus de deux mètres atteinte d'un syndrome de stress post-traumatique aigu, est monté sur le ring vêtu d'une combinaison orange comme celles que portent les prisonniers. Les deux adversaires ont alors entrepris un combat acharné, interminable, dont bon nombre de spectateurs connaissaient déjà trop bien les particularités: celles d'un affrontement entre prisonniers et gardiens, la lutte de ceux qui, ayant vécu l'incarcération, souhaitent rendre la monnaie de leur pièce à leurs geôliers. Quelques années plus tard, Traylor changeait de personnage, tout en conservant son pseudonyme de Big Boss Man: déguisé en membre d'unité spéciale, il incarnait désormais un gardien de sécurité détestable, à la solde du propriétaire de la wwe, Vince McMahon, qui, en phase avec les passions de son public, a toujours cherché à exploiter, à menacer et à berner les lutteurs à son emploi.

Parmi les exploits les plus tristement célèbres du Big Boss Man se trouve celui d'avoir ridiculisé le lutteur Big Show au moment où l'on a apprit que son père était atteint du cancer. Voici ce que prévoyait le scénario. Quelques instants avant un combat, le Big Boss Man dépêche un faux policier dans le vestiaire de Big Show pour lui annoncer que son père est mort. En pleurs, Big Show se retire du match, offrant ainsi à son adversaire une victoire par forfait. Une image vidéo granuleuse en noir et blanc, prétendument filmée par une caméra de surveillance dans le vestiaire du Big Boss Man, montre ce dernier demandant au faux policier un rapport détaillé sur la réaction de sa victime :

« Qu'est-ce qu'il a fait ? Qu'est-ce qu'il a fait ? » demande un Big Boss Man trépignant d'excitation.

Le faux policier se pince le nez en inclinant la tête : « Mon papa ! Mon papa ! »

« Mon papa ! Mon papa ! » crie le lutteur. « Ouin ! Mon papa est parti ! »

Sur le ring, le Big Boss Man se met à imiter Big Show en gémissant : « Mon papa ! Mon papa ! Ouin ! Ouin ! » Arborant des lunettes de soleil, il arpente l'arène en entonnant une chansonnette, sous les huées d'une foule enragée :

Saisi de profonds regrets, trempé de larmes,
J'apprends avec peine que ton père a rendu l'âme
Il a vécu une vie bien remplie, à sa manière
Bientôt il sera sous terre, rongé par les vers
S'il fallait que j'aie un fils aussi con que toi
Je rêverais d'avoir le cancer et d'en mourir, moi

Le Big Boss Man fracasse alors la montre en or de Big Show, qui aurait appartenu à son grand-père, à l'aide d'un marteau et d'une enclume. On montre ensuite une vidéo de l'enterrement, où l'on voit le persécuteur roulant dans l'allée du cimetière au volant d'une voiture de police qui semble tout droit sortie d'un film des Blues Brothers, surmontée d'un imposant haut-parleur qui diffuse son beuglement : « Il est raide mort. Même si tu pleures toutes les larmes de ton corps, rien ne le ramènera à la vie. [...] Va donc chialer dans les jupons de ta mère, et d'ailleurs, à propos de ta mère... Maintenant que vous êtes célibataire, Mme Wight, ça vous dirait de sortir avec un gars comme moi ? »

Il fonce ensuite tout droit sur Big Show, qui pèse 225 kilos, et le renverse. Tandis que les proches endeuillés se pressent autour de la victime, le persécuteur accroche le cercueil à sa voiture à l'aide d'une chaîne et démarre en le traînant. Big Show se relève et s'accroche à celui-ci, jusqu'à ce qu'il tombe à nouveau.

Plus tard, le Big Boss Man enregistre « secrètement » une rencontre avec la mère de Big Show, qui pleure dans sa cuisine. Il lui brandit une enveloppe sous le nez.

« Si vous ne lui dites pas ce qu'il y a dans cette enveloppe, c'est moi qui vais le faire, la menace-t-il.

– Laissez-moi le lui dire, il faut que ça vienne de moi », sanglote-t-elle. Elle confesse avoir eu une aventure alors qu'elle était déjà mariée ; Big Show serait né de cette rencontre. Le défunt père du lutteur ne serait donc pas son père biologique.

« Ce que vous me dites, c'est que votre fils est un bâtard ? demande le Big Boss Man à la veuve éplorée.

– Ouiii ! gémit-elle entre deux sanglots.

– Hé ! Paul Wight, crie le persécuteur, se retournant vers la caméra cachée en appelant sa victime par son vrai nom. T'es rien qu'un sale bâtard, c'est ta maman qui le dit ! »

De retour sur le ring, le Big Boss Man lance à l'auditoire : « Vous savez, j'ai trouvé ça vraiment comique quand le prétendu père de ce monstre de Big Show a crevé puis est allé en enfer. Mais savez-vous ce qui est dix fois plus drôle que la mort de ce papa bidon ? C'est de voir Big Show se lamenter : "Beuh ! Beuh ! Où est mon papa ? Qui est mon papa ?" Voilà la question à un million de dollars. Ton papa pourrait bien être n'importe lequel des crétins assis ce soir dans les gradins. Mais une chose est sûre : quand j'aurai fini de te botter le cul, je serai le champion de la World Wrestling Federation ; j'imagine que ça fait de *moi* ton père. »

D'une ville à l'autre, d'une soirée à l'autre, d'un amphithéâtre bondé à l'autre, les lutteurs jouent un nouveau scénario exacerbant la détérioration de la cohésion sociale. Aucun d'eux n'a d'identité fixe, du moins pas comme celles que défendaient avec intransigeance le communiste russe, le cheik iranien ou le patriote américain. Les identités et la morale virevoltent au gré du vent. Les vérités, les mœurs et les règles établies n'ont plus la moindre signification, tout comme les notions d'authenticité, de bien et de mal. Les concepts mêmes d'identité fixe et de valeurs immuables se sont volatilisés, comme c'est aussi le cas dans la culture en général, d'ailleurs. Tout ce qui compte, c'est de gagner. Les lutteurs ne sont plus motivés que par leur propre souffrance, leur ressentiment, leur hédonisme, leur désir de vengeance et leur volonté d'infliger de la douleur à autrui. Ils entretiennent un culte de la victime.

Le lutteur connu sous le nom de The Undertaker (le croquemort) se bat régulièrement contre un dénommé Kane. Ce dernier serait né d'une liaison extraconjugale entre la mère et le gérant de l'Undertaker, dont le pseudonyme, fort à propos, est Paul Bearer (Paul Porteur). Au moment de l'aventure, raconte-t-on, Bearer travaillait au salon funéraire des parents de l'Undertaker, situé dans la vallée de la Mort. Le scénario raconte que la maison a été ravagée par un incendie, provoqué « accidentellement » par Kane. Les parents de l'Undertaker ont péri dans le brasier, et Kane s'en est tiré avec d'horribles brûlures. Chacun des demi-frères a cru que les flammes avaient dévoré l'autre.

Il s'est avéré par la suite que Paul Bearer avait caché le jeune Kane dans un asile psychiatrique. Ce n'est qu'après une dispute avec l'Undertaker qu'il l'a fait libérer pour le recruter comme instrument de sa vengeance. À l'occasion d'un gala de lutte à Long Island, après avoir supposément exhumé les corps des parents, Kane et Bearer ont apporté leurs prétendus restes dans l'amphithéâtre afin de les exhiber à la foule. Après une série de combats entre les deux demi-frères, Paul Bearer a été séquestré dans une crypte en béton. L'Undertaker a refusé d'essayer de sauver son gérant, choisissant plutôt de l'enterrer vivant. Comme le note Paul A. Cantor dans un article sur la lutte professionnelle, « [t]ous les éléments sont là : rivalité entre frères, origines contestées, négligence parentale, enfance maltraitée, violence et vengeance familiales[8] ».

Aux lutteurs qui, tels le communiste russe ou le cheik iranien, naissaient contaminés par le virus du mal, ont succédé ceux qui deviennent méchants pour une raison quelconque. Ils ne sont pas responsables de leur méchanceté, se posent en victimes et passent leur vie à s'apitoyer sur leur sort. N'ont-ils pas été maltraités pendant leur enfance ou en prison, par un ami ou une compagne, leur épouse ou leur patron ? Selon le nouveau mantra, quiconque a subi une agression a le droit de chercher à se sentir valorisé, même si une telle démarche implique de blesser autrui. Si je suis méchant, expliquent ces personnages, c'est parce qu'on m'a négligé, maltraité. On m'a forcé à devenir méchant. Ce n'est pas ma faute. Plaignez-moi... Voilà qui témoigne du narcissisme outrancier d'une société en déclin marqué.

Seule figure d'autorité dans un combat, l'arbitre se laisse facilement distraire et devient alors incapable d'administrer la justice. Sitôt que celui-ci a le dos tourné, ce qui arrive dans presque tous les matchs, le coéquipier d'un des lutteurs, qui n'est pas censé se trouver sur le ring en même temps que son partenaire, franchit les câbles. À l'insu de l'arbitre, les deux complices se ruent alors sur leur adversaire étendu, impuissant, sur la surface de jeu. Souvent, ils le rouent de coups de pieds dans le ventre, ou du moins en font-ils semblant. L'arbitre, la tête ailleurs, ne s'en rend jamais compte. Cette incapacité à faire respecter les règles, qui nuit généralement au lutteur ayant le plus besoin de leur application, est essentielle au scénario. Aux yeux des spectateurs, elle symbolise la rapacité des riches et des puissants, les manipulations et les abus auxquels ceux-ci n'ont de cesse de se livrer. On rappelle ainsi que les dés sont toujours pipés contre les humbles. Dans un tel contexte, seule la tricherie permet d'égaler le score. Pour bon nombre de spectateurs, cette justice corrompue reflète fidèlement la réalité extérieure au ring. Sa morale ? Tu triches ou tu meurs.

Portant un maillot orné d'un trèfle et brandissant son proverbial *shillelagh*, le lutteur irlandais Dave Finley fait son entrée sur le ring du Madison Square Garden en compagnie d'un nain déguisé en lutin et surnommé Hornswoggle. Ils viennent affronter un colosse afro-américain connu sous le nom de Mark Henry. Barbu, grimaçant, pesant plus de 170 kilos, Henry crie des insultes au public. Quand, au milieu du match, Hornswoggle grimpe sur le ring pour porter assistance à son coéquipier en difficulté, l'arbitre tente de l'expulser. Finley profite de ce moment d'inattention pour empoigner son *shillelagh* et frapper Henry à la tête. Ce dernier se prend la tête à deux mains, traverse le ring en titubant puis s'effondre. Bondissant sur le mastodonte, Finley attire alors l'attention de l'arbitre, qui, après avoir compté jusqu'à trois, lui accorde la victoire. La foule est en liesse.

La lutte repose sur la croyance populaire (et souvent indiscutable) voulant que les personnes qui détiennent l'autorité soient malhonnêtes. Même s'il a dû tricher pour gagner, Finley demeure un favori du public. Si le monde se ligue contre vous, si les puissants vous clouent le bec, délocalisent votre emploi et saisissent votre maison, il ne vous reste plus qu'à tricher à votre tour. La corruption fait partie de la vie. Les lutteurs les plus populaires n'hésitent jamais à braver et à ridiculiser leurs employeurs et promoteurs.

Les lutteuses, qu'on appelle « divas », jouent presque toujours des rôles d'allumeuses, et ce, même si elles combattent d'autres femmes. Elles se volent mutuellement leurs petits amis. On fait souvent d'elles des trophées disputés lors des combats masculins. Des caméras de surveillance surprennent régulièrement une de ces diablesses, censée être la compagne d'un lutteur, en train d'essayer de séduire un adversaire, ce qui devient prétexte à un match entre l'amoureux jaloux et son rival.

Les récits mettant en scène ces femmes sont scabreux, à la limite de la porno soft. La lutteuse Torrie Wilson et sa rivale Dawn Marie entretiennent depuis longtemps une querelle dont leur public se délecte. À l'époque où elle était connue sous le nom de Dawn Marie Bytch, celle-ci a annoncé qu'elle allait se marier avec le père de Torrie, Al Wilson. Torrie a été outrée par la nouvelle. Cependant, Dawn semblait trouver la fille de son fiancé bien séduisante, à tel point qu'elle lui a fait savoir qu'elle annulerait son mariage si celle-ci acceptait de passer une nuit à l'hôtel en sa compagnie. Lors d'un gala de lutte, on a diffusé une vidéo montrant les deux femmes dans une chambre d'hôtel, s'embrassant et se caressant en sous-vêtements. Sitôt qu'elles ont commencé à se dénuder, les écrans sont devenus noirs, laissant le soin aux spectateurs d'imaginer la suite. Ces moments d'érotisme saphique n'ont toutefois pas empêché Dawn d'épouser Al. La cérémonie a eu lieu sur un ring, unissant les deux promis qui ne portaient que leurs sous-vêtements. En pleine lune de miel, Al est mort d'une crise cardiaque lors d'une nuit de sexe particulièrement torride. Par la suite, Torrie Wilson et Dawn Marie se sont livrées à de nombreux combats de type *grudge match* (match « règlement de comptes »), la première blâmant l'autre pour la mort de son père. Les talk-shows et les émissions de télé-réalité font eux aussi leurs choux gras des histoires de famille sordides, reflets des problèmes qui minent les innombrables foyers troublés, brisés, que compte aujourd'hui la société.

Sur le ring, les divas ont pour rôle de nourrir les fantasmes sexuels des spectateurs. Elles n'ont de valeur qu'en tant qu'objets de désir. Tout ce qui compte, ce sont leurs corps. Elles prennent part à d'émoustillants *strap matches,* combats au cours desquels deux femmes sont attachées l'une à l'autre par une longue corde dont elles se servent notamment pour se fouetter mutuellement, y compris sur les fesses, qu'elles ont à découvert. Elles l'utilisent également pour simuler l'étranglement de leur adversaire. Lors des *evening gown matches,* chaque lutteuse porte une longue robe du soir savamment déchirée pour laisser voir la dentelle de son soutien-gorge et de sa culotte. Souvent, les seins de l'une d'elles sont « accidentellement » exposés, suscitant dans la foule des rugissements de satisfaction lubrique. De tels combats peuvent mettre en scène jusqu'à trois femmes, et peuvent avoir lieu dans une piscine où ils sont filmés.

Il arrive fréquemment qu'une lutteuse tente par exemple de séduire un lutteur du clan adverse pour saboter un match. Dans un épisode projeté sur écran géant, on voit la lutteuse Melina entrer dans le vestiaire du lutteur Batista. La scène est courte et le ton emprunté, comme dans un film pornographique. Melina, en débardeur rouge à paillettes et minijupe très courte, minaude derrière un Batista musclé et tatoué, assis sur le banc et vêtu d'un slip minuscule. Avec affectation, elle frotte les volumineux pectoraux du lutteur :

« Mes gars, Mercury et Nitro, se battent contre les Mexicools et ont besoin de temps pour se préparer. Alors, si tu pouvais... renoncer au match de ce soir ?

– Non, je ne crois pas, gargouille Batista.

– Je pourrais m'arranger pour que ça vaille la peine, geint Melina en enjambant une des énormes cuisses de l'homme.

– Comment ? marmonne-t-il.

– Laisse-moi te montrer », lui répond-elle en faisant la moue.

Elle l'embrasse en se tortillant à la manière d'une amoureuse passionnée. Batista finit par comprendre, il prend la femme sur ses genoux en l'embrassant et lui écarte les cuisses. La foule est en délire.

La vidéo s'interrompt, puis montre en gros plan le dos du soutien-gorge noir de Melina qui, les cheveux en broussaille, se retourne en remettant son débardeur.

« Alors, marché conclu, n'est-ce pas ? dit-elle d'une voix affectée en écartant ses cheveux de son visage.

– Un marché ? Il n'y a pas de marché, glousse le colosse. Mais merci pour l'échauffement ! Je me sens merveilleusement bien ! Je vais les tuer, ces gars-là », ajoute-t-il en faisant saillir les muscles de sa poitrine.

Il lui donne une tape sur l'épaule. « On se voit là-bas ! »

« Mon Dieu ! ricane le présentateur. Il a bien dit "Merci pour l'échauffement" ? Quel revirement inattendu ! »

La caméra fait un zoom sur le visage humilié de Melina. « Non ! Non ! Nooooon ! » hurle-t-elle, portant les mains à son visage et lançant un regard assassin à Batista.

Lorsqu'elle fait son entrée dans l'amphithéâtre, les amateurs scandent « Pute ! Pute ! Pute ! » Bien qu'elle ait joué le rôle de la tentatrice dans cette histoire, elle annoncera plus tard avoir intenté une poursuite judiciaire contre Batista pour harcèlement sexuel.

*
* *

Dans *La République,* Platon invite ses lecteurs à imaginer des hommes enchaînés à vie au fond d'une caverne et n'ayant jamais connu que l'obscurité. Tournant le dos à l'entrée, ils ne peuvent voir que la paroi du fond de la grotte, sur laquelle sont projetées les ombres du monde extérieur. Ils prennent ainsi ces formes vacillantes pour la réalité. Si l'un de ces prisonniers était libéré, écrit Platon, l'exposition à la lumière du jour lui ferait éprouver de grandes souffrances. Ébloui, il serait incapable de voir quoi que ce soit et souhaiterait regagner l'obscurité de la caverne. Ses yeux finissant cependant par s'ajuster, l'illusion des ombres se dissiperait. Ainsi découvrirait-il toute la complexité d'un monde ne se résumant plus à de simples silhouettes. À son retour dans la caverne, il serait considéré avec mépris par ceux qui ne l'ont jamais quittée. Il n'arriverait plus à voir dans le noir aussi bien qu'avant. Ses pairs le ridiculiseraient en se promettant de ne jamais mettre les pieds dehors, par crainte d'être aveuglés.

Platon craint la puissance du divertissement, la capacité des sens à venir à bout de l'esprit, la force avec laquelle les émotions peuvent oblitérer la raison. Critique envers la démocratie, le philosophe considère que l'élite éclairée a le devoir d'éduquer ses concitoyens ensorcelés par les ombres. Cette conviction lui fait toutefois mettre ce mot d'esprit dans la bouche de Socrate : « Quant à celui qui entreprendrait de les détacher et de les conduire en haut, s'ils avaient le pouvoir de s'emparer de lui de quelque façon et de le tuer, ne le tueraient-ils pas[9] ? »

Les Américains d'aujourd'hui sont subjugués par les ombres vacillantes de la culture de la célébrité et du spectacle, de la publicité et de ses mensonges, et des drames intimes à n'en plus finir, pour une bonne part entièrement fictifs, qui sont devenus le pain et le beurre des bulletins de nouvelles, de la presse à potins, du mysticisme nouvel-âge et de la psycho-pop. Dans son essai intitulé *Le triomphe de l'image : une histoire des pseudo-événements en Amérique,* Daniel J. Boorstin écrit que, dans la culture contemporaine, le fabriqué, le factice et le théâtral ont remplacé le naturel, l'authentique et le spontané, à tel point que la réalité elle-même est désormais mise en scène. Selon lui, nous « nous sommes tellement accoutumés à nos illusions que nous les confondons avec la réalité[10] ». Il sonne l'alarme : « [Les Américains] risquent de devenir le premier peuple de l'histoire à avoir rendu ses illusions assez vivantes, persuasives et réalistes pour se fondre en elles. Pourtant, ils n'osent pas les perdre, car elles sont leur demeure, leurs nouvelles, leurs héros, leurs aventures, les formes de leur art, leur conscience même[11]. » Boorstin ajoute :

> L'image, elle, répond à un besoin. Elle est un moyen qui n'a d'autre signification que ses effets immédiats. Si une entreprise ou un homme jugent inutile l'image qu'ils ont d'eux-mêmes, ils l'abandonnent et en adoptent une autre qui convient mieux. L'image est créée sur commande, taillée sur mesure. L'idéal, pour sa part, est une exigence ; il n'est pas à notre service : nous devons bien plutôt le servir. Celui qui a du mal à y parvenir en assume la responsabilité et n'en impute pas la cause à l'idéal en question[12].

Conseillers en relations publiques, publicitaires, départements de marketing, promoteurs, scénaristes, producteurs de télévision et de cinéma, techniciens de l'image, photographes, gardes du corps, conseillers vestimentaires, entraîneurs, sondeurs, annonceurs, vedettes des journaux télévisés... Tout ce beau monde tire les ficelles de ce théâtre d'ombres, de ce grand spectacle de l'illusion. Sans cette armée d'intermédiaires culturels, personne n'acquerrait le statut de célébrité, nulle illusion ne serait confondue avec la réalité. Leur raison d'être est d'attirer l'attention du public et de le satisfaire. Les techniques qu'ils mettent en œuvre, note Boorstin, ont fait leur chemin dans pratiquement tous les domaines, qu'il s'agisse de la politique, de la religion, de l'éducation, de la littérature, du commerce, de la guerre ou du crime. Les histoires racontées à la télévision, au cinéma et dans la presse sont de la même eau que les anecdotes sordides dont raffolent les amateurs de lutte : des « faits vécus », en particulier si des gens célèbres y sont impliqués, sont mis en scène comme des minidrames, avec un héros, un méchant, des seconds rôles, un présentateur à l'apparence soignée et, bien qu'elle soit souvent inattendue, une conclusion efficace.

Il arrive que le pays tout entier soit captivé par un de ces « faits vécus », comme on l'a vu lors du procès d'O. J. Simpson pour le meurtre de son ex-femme et de son prétendu amant. Qu'elle soit purement fictive ou, comme dans le cas de l'affaire Simpson, extraite d'une tragédie réelle, une image peut, si on la manipule avec soin, devenir un mythe auquel des millions de personnes rattachent leurs peurs et leurs espoirs. De tels mythes nous permettent de composer avec les difficultés de la vie. Nous évaluons notre propre vie à l'aune de celles des vedettes du petit écran ou du ring. Nous cherchons à devenir comme elles, nous imitons leur look, leur comportement. Nous fuyons le chaos du réel en nous réfugiant dans le fantasme. Nous nous prenons pour la star de notre propre film. « Nous sommes tous en passe de devenir à la fois acteurs et public d'un spectacle grandiose et permanent », écrit Neal Gabler[13].

Nous nous regardons aller dans la vie comme à travers l'objectif d'une caméra, soucieux de notre posture, de notre tenue vestimentaire, de notre discours. Nous nous inventons des films dont nous sommes le personnage principal, en imaginant la réaction du public. Selon Gabler, cet état d'esprit témoigne de la puissance et du caractère invasif de la culture de la célébrité, qui nous pousse à imaginer, de manière quasi inconsciente, des scénarios intérieurs calqués sur le modèle hollywoodien, l'univers télévisuel et même la publicité. Celle-ci nous a inculqué des manières de parler et de penser qui défigurent notre rapport au monde. Gabler soutient que la culture de la célébrité n'est pas le fruit d'une convergence entre la culture de la consommation et la religion, mais plutôt d'une prise de contrôle de la religion par la culture de la consommation. Ce sont les biens de consommation et la culture de la célébrité qui définissent désormais notre appartenance, notre rôle social et notre comportement.

De passage à Los Angeles, j'ai visité le cimetière Hollywood Forever, qui est décrit comme « l'endroit sur Terre où reposent le plus grand nombre de fondateurs et de stars de Hollywood ». En effet, dans cette nécropole de 25 hectares gisent les restes de 135 personnalités du cinéma, dont Rudolph Valentino, Tyrone Power, Cecil B. DeMille, Douglas Fairbanks, Nelson Eddy, Bugsy Siegel, Peter Lorre, Mel Blanc et John Huston, ainsi que bon nombre de gens riches mais moins célèbres. La culture de la célébrité a pour fondement le refus de la mort ; elle entretient l'illusion de l'immortalité, ouvre les portes du paradis. « Avoir 50 ans n'est pas dramatique », lance Joe Gillis à Norma Desmond, cette star sur le déclin qui rêve d'un retour triomphal à l'écran, dans le film *Boulevard du crépuscule,* sorti en 1950. « Tant qu'on n'essaye pas d'en avoir 25. »

Chacun a ses dieux, disait Martin Luther, mais la question est de savoir lesquels. Pour les Américains, ce sont les célébrités. Croyances et pratiques religieuses se sont muées en culte des stars. On érige des temples en leur honneur comme les Romains le faisaient pour leurs empereurs, leurs ancêtres et leurs pénates. On peut ainsi qualifier les États-Unis de société polythéiste ; on y adhère au même type de croyances que dans les religions primitives. Chacun rêve de s'approcher le plus possible de telle ou telle vedette. Tels des talismans, les objets ayant appartenu à une idole suscitent une grande convoitise. Les personnes qui ont le bonheur d'effleurer une célébrité ou de posséder une de ses reliques caressent l'espoir d'acquérir son pouvoir, comme par magie. Des bâtons de golf de John F. Kennedy aux robes de la princesse Diana, en passant par les montres Swatch à 40 dollars ayant appartenu à Andy Warhol, ces fétiches font l'objet de rites comparables à ceux des peuples d'Afrique ou d'Asie qui vouaient un culte à leurs ancêtres, ou à ceux de l'Église catholique au Moyen Âge. Ils gardent en quelque sorte des traces des célébrités auxquelles ils ont appartenu et peuvent être vendus aux enchères pour des centaines de milliers de dollars. Les mausolées abritant les dépouilles de célébrités sont des lieux de pèlerinage ; Graceland, par exemple, reçoit 750 000 visiteurs par an. La chaîne Hard Rock Cafe a bâti son fonds de commerce sur le désir d'intimité de sa clientèle avec les stars, dont les reliques voyagent d'une succursale à l'autre tels les restes des saints qu'on transportait jadis de cathédrale en cathédrale.

Les restes de Charlie Chaplin et d'Eva Perón ont déjà été volés. Par crainte des pilleurs, la famille de John Wayne a attendu 20 ans avant de faire graver la pierre tombale de l'acteur. Celles de James Dean, de Dylan Thomas, de Sylvia Plath, de Buddy Holly et de Jim Morrison ont toutes fait l'objet de tentatives de vol. Les personnes qui sont obsédées par une célébrité prétendent souvent avoir une relation intime avec elle, un peu comme les évangélistes fraîchement convertis affirment dialoguer avec Jésus. En 1997, à Londres, lors des funérailles de la princesse Diana, l'hystérie de la foule en deuil était bien réelle, même si le personnage qu'on pleurait avait été créé en bonne partie par les agences de publicité et les médias.

Le cimetière Hollywood Forever est situé à deux pas des studios Paramount. Les immenses lettres blanches composant le nom HOLLYWOOD se dressent sur la colline qui surplombe les tombes et les mausolées en marbre de style Renaissance abritant des rangées de cryptes. À l'entrée, les visiteurs se voient remettre un plan indiquant l'emplacement des sépultures des stars ainsi qu'un livret regroupant de brèves biographies de celles-ci. On leur fait miroiter une « visite » aux vedettes défuntes, désignées sous le nom de « résidents ». La nécropole, parsemée d'immenses monuments honorant ses plus riches et plus puissants résidents, dont bon nombre sont d'illustres inconnus, est divisée en sections aux noms comme Jardin de l'amour éternel et Jardin des légendes. L'un des plus importants mausolées qui s'y trouvent, la Cathédrale, comprend

6 000 cryptes, ce qui en faisait le plus grand du monde au moment de sa construction en 1930. Les tombes de la plupart des célébrités ne sont cependant ornées que de modestes plaques de bronze, témoignant peut-être d'un désir de simplicité et d'anonymat, conditions qui leur ont tant fait défaut de leur vivant.

Plus de 80 ans après sa fondation en 1899 sous le nom de Hollywood Memorial Park, le cimetière se trouvait dans un état de délabrement avancé. Des familles, dont celle du magnat du maquillage Max Factor, en faisaient exhumer les restes de leurs défunts parents pour les enterrer ailleurs. En 1996, l'entreprise a fait faillite ; on allait bientôt condamner le cimetière. C'est alors que les frères Tyler et Brent Cassidy en ont fait l'acquisition, le rebaptisant Hollywood Forever. Après avoir lancé une campagne de publicité soulignant la présence de leurs plus illustres résidents, ils ont mis sur pied le site internet Forever Network, qui offre à ceux qui n'ont pas connu la célébrité de devenir, à tout le moins une fois morts, les vedettes de leurs propres hommages vidéo, qui y sont archivés. «Commencez dès aujourd'hui la biographie des membres de votre famille et enrichissez-la au fil des ans», propose le dépliant du cimetière. «Offrir des archives audiovisuelles de sa vie aux générations futures est un geste d'une grande portée, tant sur le plan sociologique que commémoratif.» Pendant les funérailles, ces films réalisés avec soin, qui comprennent souvent des extraits de vidéos maison, sont projetés sur un écran jouxtant le cercueil du défunt. L'entreprise est florissante.

Être enterré près d'une célébrité coûte cher. On raconte que Hugh Hefner a versé 85 000 dollars pour réserver la crypte voisine de celle de Marilyn Monroe, au cimetière Westwood de Los Angeles. Hollywood Forever demande 5 400 dollars pour son service «Prestige». Jay Boileau, directeur général adjoint de la nécropole, admet que les lots adjacents à celui de Valentino coûtent sans doute encore plus cher, mais il n'avait pas la liste des prix sur lui lorsque nous nous sommes entretenus. «Ils sont presque tous vendus, explique-t-il. La visite de sa crypte est une expérience inoubliable. Chaque année, nous soulignons l'anniversaire de sa mort par un service commémoratif en son honneur. Valentino a été le premier vrai sex-symbol. Dix mille personnes ont assisté à ses funérailles. Il a été le premier Brad Pitt, la première vraie superstar et le plus grand tombeur de l'histoire du cinéma. »

Le monument le plus émouvant du cimetière est une petite niche de verre contenant les cendres de l'acteur David White et de son fils Jonathan. Le père, qui jouait le rôle du perfide patron Alfred Tate dans la série télé *Ma sorcière bien-aimée*, a connu une longue carrière au théâtre. Il était marié à l'actrice Mary Welch, morte en couches en 1958, et s'est donc retrouvé seul pour élever son fils unique. Près des deux urnes sont exposées des photos du père et du fils. L'une d'elles montre Jonathan en grand jeune homme vêtu d'une toge universitaire sous le regard admirateur de David. Jonathan est mort en 1988 à l'âge de 33 ans dans l'attentat contre le vol 103 de la Pan Am au-dessus de Lockerbie, en Écosse. Dévasté par l'événement, son père s'est reclus dans le deuil, avant d'être terrassé par une crise cardiaque peu de temps avant le deuxième anniversaire de la mort de son fils. Modeste, la niche témoigne de manière simple et touchante de la puissance du lien filial en faisant fi de la culture de la célébrité dans laquelle elle baigne ; elle véhicule d'autres valeurs en insistant sur la perte, le chagrin, la mort et l'émouvante fragilité de la vie. Dans ce sanctuaire du mauvais goût, elle rappelle la beauté de l'amour.

Bondés de touristes béats, des autocars parcourent les collines hollywoodiennes en longeant les murs qui protègent les somptueuses résidences des stars, pour satisfaire l'avidité des passagers. L'interview ou le portrait de célébrités, genre télévisuel aujourd'hui omniprésent dans l'industrie de l'information et du divertissement, et dont Barbara Walters a été l'une des pionnières, offre une illusion d'intimité avec les vedettes. Comparée à celle des stars, la vraie vie, la nôtre, semble inadéquate, voire inexistante. Les célébrités nous sont présentées comme des incarnations idéales de nous-mêmes. Ironiquement, c'est nous qui, par le fait même, ne nous épanouissons jamais pleinement et qui ne semblons jamais vraiment réels.

*

* *

Les jeunes militaires imaginent leur premier combat comme ceux qu'on voit dans les films hollywoodiens. Une fois sur le champ de bataille, toutefois, ceux qui se prennent pour des héros sont souvent les premiers à mourir. L'écart entre les exploits présentés au cinéma et la réalité, dont on prend immédiatement conscience sous le feu des mitraillettes, est immense. Sous le choc du réel, le soldat découvre avec effroi qu'il n'est pas celui qu'il croyait être. Il est sous l'emprise de la peur, contre laquelle il ne peut rien. Les scènes qui l'ont marqué s'évanouissent, tout comme ses fantasmes d'affronter bravement l'ennemi sous une pluie de balles ou de secourir un camarade blessé. Le soldat voit soudain le film de sa vie prendre fin : les projecteurs s'allument, mais leur lumière crue l'aveugle et le désoriente, lui révélant ses limites, ses craintes, sa fragilité.

Lorsqu'il est allé visiter un hôpital militaire à Hawaï pendant la Seconde Guerre mondiale, John Wayne s'est fait huer par les *marines* blessés. Le célèbre acteur de westerns, qui n'avait jamais fait son service militaire, portait ce jour-là un flamboyant costume de cowboy avec pistolet et bottes à éperons. Ces soldats, dont certains avaient combattu dans la bataille d'Iwo Jima, ont alors pris conscience de la manipulation et de la supercherie propres à la culture de la célébrité. Ils ont compris que la culture de masse contribue à l'aveuglement et au contrôle social et suscite souvent des comportements autodestructeurs. Quelques années plus tard, en 1949, sortait le film de guerre à saveur patriotique, *Sands of Iwo Jima,* mettant en vedette nul autre que John Wayne...

Il arrive que l'illusion se substitue à la réalité, en particulier au cinéma. Pour la scène de bataille qui clôt *Sands of Iwo Jima,* le réalisateur Allan Dwan a recréé la célèbre photo de Joe Rosenthal montrant cinq *marines* américains et un infirmier de la Navy hissant le drapeau des États-Unis sur le mont Suribachi. Dwan est parvenu à convaincre René Gagnon, Ira Hayes et John Bradley, les trois seuls survivants de cet épisode, de faire une brève apparition dans son film : dans cette scène, on voit John Wayne leur remettre l'authentique drapeau de la photo, prêté au cinéaste par les *marines*.

Ladite photo, dont le sculpteur Felix de Weldon s'inspirera plus tard pour son monument aux *marines* tombés au combat, érigé près du cimetière militaire d'Arlington, avait déjà rendu célèbres les trois anciens combattants. Largement diffusée, elle avait été utilisée en 1945 par le président Franklin D. Roosevelt dans sa campagne pour un septième emprunt de guerre. Le Pentagone avait rapatrié les trois hommes pour leur faire sillonner le pays dans le cadre de cette collecte de fonds qui avait rapporté 26,3 milliards de dollars, soit le double de la somme prévue. Toute cette publicité, en plus de la métamorphose qui les a fait passer du statut de vétérans traumatisés à celui d'icônes de la guerre, a plongé les trois hommes dans la solitude, l'amertume et la dépression. Ils sont devenus prisonniers de cette photo et du mythe patriotique bâti autour. Hayes et Gagnon ont sombré dans l'alcoolisme et sont morts jeunes : le premier à 32 ans, le second à 54. Bradley, qui prenait déjà rarement part aux cérémonies commémorant cette glorieuse levée du drapeau, cessera complètement d'y assister dès les années 1960. Hanté par les cauchemars, il n'aura parlé de la guerre avec sa femme Betty qu'une seule fois en 47 ans de vie commune, soit lors de leur premier rendez-vous. En 1985, celle-ci le pressera d'accorder ne serait-ce qu'une interview, par égard pour leurs petits-enfants ; ce sera la seule. Il restera obsédé par la mort de son ami Iggy – Ralph Ignatowsky –, capturé, torturé puis tué par des soldats japonais. C'est Bradley lui-même qui, quelques jours après la disparition de celui-ci, avait trouvé son corps : les Japonais lui avaient arraché les ongles des doigts et des orteils, fracturé les bras, transpercé le corps à la baïonnette, fracassé l'arrière du crâne et tranché le pénis, qu'ils lui avaient enfoncé dans la bouche.

« Quand j'ai rendu visite à ses parents après la guerre, je leur ai tout simplement menti », a raconté Bradley à son fils James, une des rares fois où il a parlé de la guerre à ses enfants. « "Il n'a pas souffert", leur ai-je raconté. "Il n'a rien senti, il n'a même pas vu venir ce qui l'a frappé", ai-je inventé. Je ne leur ai débité que des mensonges[14]. »

John Bradley est mort en 1994. Trois ans plus tard, sa famille s'est rendue au mont Suribachi pour poser une plaque commémorative à l'endroit précis où la fameuse bannière étoilée avait été hissée. James Bradley a fouillé cette part enfouie du passé de son père et a rencontré les familles des cinq autres soldats figurant sur la photo. Fruit de ces recherches, son livre *Flags of Our Fathers* raconte la vie de ces hommes.

L'expérience de ces vétérans a été transformée en illusion, sous leurs yeux. Elle a été intégrée au récit mythique tissé d'héroïsme et de patriotisme que nous sert la machine des relations publiques du Pentagone, de concert avec Hollywood. Devant la puissance de l'illusion, la réalité de la guerre ne fait pas le poids. La vérité ne peut nourrir le fantasme de la guerre comme passeport pour la gloire, les honneurs et la virilité, ni susciter l'exaltation collective. L'illusion véhiculée par *Sands of Iwo Jima* et par des centaines d'autres films de guerre hollywoodiens fonctionne parce qu'elle donne au public l'image qu'il veut avoir de lui-même, qu'elle correspond aux valeurs que le gouvernement et l'armée veulent cultiver et qu'elle offre une simulation de la guerre aux spectateurs, dont l'immense majorité n'a jamais mis les pieds à Iwo Jima ni pris part à un combat. Toutefois, comme l'avaient bien compris Hayes et ses camarades, cette illusion n'est que mensonge. Après avoir été arrêté des dizaines de fois pour ébriété, Hayes a été trouvé mort étouffé dans son vomi, le visage ensanglanté, près d'une cabane abandonnée située non loin de son domicile, dans la réserve amérindienne de Gila River. Le médecin légiste a établi qu'il était mort d'une intoxication par l'alcool. Le triste sort de Hayes sera immortalisé par Peter LaFarge dans sa chanson *The Ballad of Ira Hayes*, popularisée par Johnny Cash, qui aborde une facette de la guerre que les producteurs de *Sands of Iwo Jima* ont bien pris soin d'ignorer, leur film visant avant tout à satisfaire l'appétit du public et à générer des profits[15].

*
* *

Le culte de la célébrité, qui proscrit la réalité, touche l'ensemble de la société. Le pouvoir de Pat Robertson, de Joel Osteen et des autres dirigeants de la droite chrétienne repose sur leur statut de vedettes. Se déplaçant en jet privé et en limousine, ces stars de la religion sont protégées par des gardes du corps, animent des émissions de télévision où elles entretiennent une fausse intimité avec leur public et, comme toutes les célébrités, accumulent d'impressionnantes fortunes personnelles. À l'instar de la dévotion que des millions de femmes vouent à Oprah Winfrey, la frénésie que suscitent ces messies de la politique s'inscrit dans notre volonté de nous reconnaître dans ceux que nous adorons. Nous voulons leur ressembler, et nous voulons qu'ils nous ressemblent. Si Jésus et le livre *The Purpose Driven Life* du pasteur Rick Warren ne nous ouvrent pas les portes de la célébrité, alors le motivateur Tony Robins, les thérapeutes de la psychologie positive ou la télé-réalité le feront. Chacun attend le signal pour monter sur scène, susciter admiration et envie, et devenir célèbre.

« Que veut l'individu d'aujourd'hui ? » demande le critique littéraire William Deresiewicz.

> La caméra a créé une culture de la célébrité, et l'ordinateur est en train de créer une culture de la connectivité. La convergence de ces deux technologies (l'internet à haut débit qui a permis au web de passer du texte à la vidéo, les réseaux sociaux qui ont étendu la portée de la connectivité) révèle leur utilité commune : tant la célébrité que la connectivité permettent d'être connu. Voilà ce que veut l'individu d'aujourd'hui : être reconnu, relié aux autres, bref, être vu, si ce n'est par les millions de téléspectateurs de *Survivor* ou d'*Oprah*, du moins par ses centaines d'amis Facebook ou d'abonnés Twitter. Être vu par autrui lui prouve sa valeur, lui permet de se sentir réel. La grande terreur contemporaine, c'est l'anonymat. Si, comme l'écrivait le critique littéraire Lionel Trilling, l'individu romantique aspirait à la sincérité et le moderne à l'authenticité, le plus grand souci du soi postmoderne est la visibilité[16].

Toutes sortes de « conseillers en style de vie », que Gabler compare à des « répétiteurs de théâtre », aident leurs clients à ressembler à des célébrités, à se sentir comme tels et à construire autour d'eux les décors du film de leur vie. Exception faite de ses délits d'initié, Martha Stewart a bâti son empire financier en expliquant aux femmes qu'un décor bien conçu pouvait rendre leur maison parfaite. Jamais il n'est question de ce qui se passe au foyer, de la réalité des relations familiales : tout est dans les apparences. Chirurgiens esthétiques, gourous du conditionnement physique, consultants en diététique, thérapeutes de tout acabit, mentors personnels, designers d'intérieur et autres conseillers en mode promettent essentiellement bonheur et célébrité à leurs clients. Le bonheur, assurent-ils, passe par l'apparence et par la manière dont on se montre à autrui. De luxueux magazines comme *Town & Country* nourrissent l'absurde prétention des gens très riches à la célébrité. Parés de coûteux vêtements griffés, ils se font photographier dans les somptueux décors qui leur tiennent lieu de maison. Le bonheur d'un individu est fonction de son aptitude à se montrer au monde. Non seulement lui faut-il se conformer aux diktats de cet idéal préfabriqué, mais il doit aussi faire montre d'optimisme et béatitude.

En 2004, le réseau Fox a diffusé l'émission de télé-réalité *The Swan* (le cygne). Le titre se voulait un clin d'œil au *Vilain petit canard*, ce conte de Hans Christian Andersen qui raconte comment un oiselet que tous trouvaient laid devient un magnifique cygne en grandissant. Des femmes «peu séduisantes» ont été choisies pour suivre, pendant trois mois, une session intensive de chirurgie esthétique, de conditionnement physique et de psychothérapie dans le but de «métamorphoser leur vie». Chaque épisode mettait en vedette deux «vilains petits canards» se disputant la chance de participer à un concours de beauté. «Je vais devenir une nouvelle personne», disait une concurrente dans le générique d'ouverture.

Un épisode montre Cristina, 27 ans, directrice des services administratifs, originaire d'Équateur et vivant à Rancho Cordova (Californie).

«Je ne veux pas seulement me transformer à l'extérieur, mais aussi à l'intérieur», confie-t-elle à la caméra d'un air triste. Elle a les cheveux noirs peignés en arrière, le teint légèrement basané, et porte un pull gris trop grand pour elle. Elle n'est pas maquillée. On apprend qu'elle est terriblement mal à l'aise de se montrer nue devant son mari à cause de vergetures dues à une grossesse. Le couple envisage le divorce.

«Je ne veux pas devenir quelqu'un d'autre; je veux tout simplement devenir une meilleure Cristina», dit-elle.

Pendant que les membres d'une «équipe de rêve» formée de chirurgiens esthétiques et d'autres experts discutent des corrections à apporter à l'apparence de la participante, on montre, superposée à un plan quadrillé bleu, une photo d'elle en sous-vêtements de coton gris révélant ses petits seins flétris, son ventre flasque et ses cuisses potelées. À la gauche de l'écran, la silhouette d'un corps féminin idéalisé tourne sur elle-même. Le positionnement d'un curseur déclenche l'affichage en gros plan de chaque défaut et d'une fenêtre précisant la nature de l'intervention à pratiquer: élévation des sourcils, rhinoplastie, liposuccion du menton et des joues, consultation en dermatologie, injections de collagène, chirurgie laser des yeux, abdominoplastie, augmentation mammaire, liposuccion des cuisses, blanchiment des dents, pose de facettes dentaires, gingivoplastie, régime à 1 200 calories par jour, 120 heures de conditionnement physique, psychothérapie hebdomadaire et accompagnement. Le tout semble digne d'une opération militaire. L'image du plan quadrillé et du curseur reviennent à maintes reprises tout au long de l'émission.

On montre Cristina écrivant dans son journal intime: «Je souhaite le divorce parce que je crois que mon mari mérite mieux que moi. Il vaudrait mieux que nous allions chacun de son côté. Je suis vraiment mal dans ma peau, alors à quoi bon rendre un homme malheureux pour le reste de ses jours?»

Au bout de trois mois, on autorise finalement Cristina et sa concurrente Kristy à se regarder dans le miroir. C'est le «dévoilement final». On les amène séparément dans une salle aux allures de foyer de grand hôtel: plancher de marbre, double escalier longé de rampes en fer forgé, lustre en cristal et murs crème ornés d'appliques et d'huiles aux cadres dorés.

Les membres de l'«équipe de rêve» sont présents. Un des murs est masqué par de lourdes tentures couleur pêche.

«Je crois que Cristina a enfin su faire naître la femme en elle et qu'elle est prête à rentrer chez elle pour redonner vie à son mariage», déclare le psychothérapeute.

Par une grande porte à deux battants qu'ouvrent deux hommes en smoking, Cristina fait son entrée, portant une robe du soir noire bien ajustée et de longs gants, noirs eux aussi. L'«équipe de rêve» l'accueille avec de vifs applaudissements et des cris de joie.

«J'attends ce moment depuis 27 ans», lance-t-elle en larmes à l'animatrice Amanda Byram. «Comme tous les Latinos, je suis venue ici pour réaliser un rêve, le rêve américain, et maintenant ça y est, c'est fait!»

«Ça y est! approuve Byram. Tu l'as réalisé!»

Un roulement de tambours résonne. «Derrière ces rideaux se trouve un miroir, annonce l'animatrice. Quand nous les aurons tirés, tu te verras pour la première fois depuis trois mois. Cristina, approche-toi du rideau.»

Le staccato des violoncelles ajoute au suspense. Les tambours se font assourdissants.

«Je suis prête», dit la femme d'une voix chevrotante.

Les rideaux s'écartent lentement. Un immense miroir renvoie à Cristina son reflet. Les violoncelles enchaînent avec l'indicatif musical de *The Swan.*

«Oh, mon Dieu!» s'écrie-t-elle d'une voix pantelante en portant les mains au visage. Elle chancelle, ses jambes se dérobent, elle passe à un cheveu de tomber. «Je suis si belle! sanglote-t-elle. Merci! Oh merci, merci! Merci mon Dieu! Regardez mes bras, mon visage... J'adore cette robe! Merci! Je m'adore!»

L'«équipe de rêve» lui lance une nouvelle salve d'applaudissements. «Tout ça, c'est grâce à toi, la félicite Byram. Mais tu en es aussi redevable à ces talentueux spécialistes. Approchez, les gars!»

Tout sourire, les experts s'approchent de leur création en l'applaudissant de plus belle.

À la fin de chaque émission, les concurrentes sont invitées à s'approcher de l'animatrice pour savoir laquelle des deux aura l'honneur de prendre part au concours de beauté. Souvent, la gagnante fond en larmes, et la perdante l'étreint dans ses bras. Byram prend ensuite cette dernière à part pour lui offrir «une ultime surprise». La grande porte s'ouvre à nouveau, et on invite la famille à venir sur le plateau pour une petite fête. Dans la culture de la célébrité, la famille est le prix de consolation par excellence pour ceux qui n'ont pas la chance de participer aux concours...

Le message transmis par *The Swan* est on ne peut plus clair : une fois «corrigées» par la chirurgie pour que leur apparence s'approche le plus possible de la beauté standard des célébrités, ces femmes verront tous leurs ennuis disparaître. «Cette émission véhicule un message positif. Nous voulons voir à quel point ces femmes réalisent leurs rêves après avoir obtenu ce qu'elles souhaitaient», explique Cécile Frot-Coutaz, PDG de FremantleMedia North America, qui produit *The Swan*. Mariages difficiles, violence conjugale, chômage, faible estime de soi... tous ces problèmes pourraient disparaître en même temps que le surplus de graisse sur leurs cuisses. Elles deviendront de nouvelles femmes. Des femmes parfaites. Des célébrités.

Au Moyen Âge, écrit Alain de Botton dans *Du statut social*[17], vitraux et tableaux ayant pour thèmes le tourment religieux et la grâce du salut étaient des instruments de contrôle social. De nos jours, ce sont les icônes du luxe clinquant et de la beauté physique vomies par la télévision, le cinéma et les écrans d'ordinateur qui font foi. Alors que nos ancêtres s'agenouillaient devant Dieu et ses représentants, nous accourons avec avidité pour grappiller les quelques miettes de prestige que daignent laisser tomber les magazines de luxe, les talk-shows, les émissions de variétés et la télé-réalité. Nous façonnons notre existence de manière à ce qu'elle se rapproche le plus possible de ces vies consacrées à la consommation immodérée. Seuls le statut social, la beauté physique et l'aisance matérielle rendent la vie digne d'être vécue.

Un véritable culte de l'hédonisme et de l'opulence est entretenu par des émissions comme *The Hills, Gossip Girl, Sex and the City, My Super Sweet 16* et *The Real Housewives of...* Les vedettes de ces séries télévisées, qui suscitent l'envie de leur auditoire, appartiennent invariablement à l'oligarchie, c'est-à-dire à ce 1 % d'Américains dont la richesse est supérieure aux avoirs combinés des 90 % de la population qui constituent la base de la pyramide sociale. Habitant de somptueuses villas de bord de mer ou des lofts aussi modernes qu'inabordables, elles marient des athlètes professionnels et se font conduire au spa en limousine extra-longue. De défilés de mode en premières de films, elles font étalage de leurs corps perfectionnés par la chirurgie esthétique et habillés par les maîtres de la haute couture. Leurs adolescents organisent des fêtes à 200 000 dollars avant de célébrer des noces à 1 million. Ce mode de vie est érigé en modèle. On le présente comme le plus exquis et le plus désirable qui soit.

Les dizaines de millions d'Américains des classes laborieuses sont exclus de la chasse gardée qu'est devenue la télévision. On ne les y voit pratiquement plus. Les vies fastueuses exhibées sur l'écran de leur salon, tout en les faisant rêver, font paraître les leurs bien dérisoires. Pratiquement aucun d'eux ne possédera jamais une telle richesse et un tel pouvoir. Avec assez de volonté et de confiance en soi, leur dit-on pourtant, ils pourraient obtenir tout ce qu'ils désirent. Ceux qui ne peuvent adopter cet improbable mode de vie éprouvent un sentiment d'infériorité et d'inutilité : ils ont échoué là où les autres ont réussi.

Nous consommons chaque jour quantité de mensonges, séduits par la fausse promesse qui nous assure que, si nous dépensons plus, adoptons telle marque, achetons tel produit ou votons pour tel candidat, nous obtiendrons respect, pouvoir, amour et sécurité tout en suscitant l'envie. On veut nous convaincre que, en adoptant les mœurs extravagantes des célébrités et des personnages de la télévision, du cinéma ou de la lutte professionnelle, nous comblerons le vide de nos vies. La culture de la célébrité pousse tout un chacun à croire qu'il peut devenir une vedette, qu'il possède des dons exceptionnels mais non reconnus. Comme l'a bien constaté Christopher Lasch, il s'agit d'une culture du narcissisme. Dans ce monde de faux-semblants, la foi en soi a une plus grande importance que la réalité, rejetée du revers de la main parce que jugée trop négative, considérée comme une entrave au succès. Le mysticisme nouvel-âge et la psycho-pop des vedettes de la télévision, tout comme le prêche des pasteurs évangélistes et la pléthore de best-sellers sur le développement personnel rédigés par des motivateurs, des psychiatres ou des magnats des affaires véhiculent un fantasme. Ces systèmes de croyances en vogue condamnent la réalité en l'assimilant à l'œuvre de Satan, au défaitisme, au pessimisme ou à un facteur inhibant la force et l'essence intérieures de l'être humain. Ceux qui doutent, posent des questions, font preuve de sens critique, bref, ceux qui regardent la réalité en face et reconnaissent le caractère futile de la culture de la célébrité sont mis au ban, condamnés pour leur scepticisme. Les illusionnistes qui façonnent la culture profitent de notre refus de la réalité pour entretenir le culte de soi. En matière de croyance religieuse, de prise en charge de son destin, de méthodes de gestion, de participation politique et de construction de son identité, il est de bon ton d'affirmer que chaque personne est extraordinaire, digne d'estime, unique. En puisant dans sa réserve intérieure de volonté et de talent non révélé, chacun peut connaître – et mérite de connaître – bonheur, gloire et succès. Ce message sans cesse répété transcende les frontières idéologiques. Il s'est infiltré dans toutes les facettes de nos vies. Chacun a droit à tout.

American Idol, émission de télé-réalité diffusée sur le réseau Fox, est l'une des émissions les plus populaires aux États-Unis. Son équipe parcourt le pays à la recherche de nouveaux talents qui s'affrontent dans une compétition dont la finale a lieu à Hollywood. Pour la saison 2008-2009, les producteurs ont décidé de mettre en avant le vécu des concurrents.

Dans l'épisode tourné dans l'Utah, le public fait connaissance avec Megan Corkrey, 23 ans, mère célibataire d'un jeune enfant et conceptrice-typographe. Ses cheveux blond cendré encadrent un joli minois épanoui. Un tatouage couvre tout son bras droit. Elle porte une robe noire, grise et blanche rappelant la mode des années 1950 et est chaussée de ballerines.

Interviewée, Corkrey se raconte : « Je suis une maman. Mon fils aura deux ans en décembre. » On la montre assise avec son petit garçon blond dans un fauteuil poire en train de lui lire un livre. On entend un air léger de guitare. « Il s'appelle Ryder. » On voit la jeune femme embrasser son fils en le mettant au lit. « Dernièrement, j'ai décidé de divorcer. » L'air de guitare se fait méditatif. « Ce que j'avais planifié pour nous, la vie que j'imaginais, n'allait pas se produire. Pendant un bon bout de temps, j'ai pleuré comme une Madeleine. J'avais l'impression de ne jamais arrêter de pleurer. Avec Ryder, bien sûr, tu as beau avoir le cœur gonflé de larmes... il suffit qu'il fasse quelque chose de cocasse, et tu ne peux t'empêcher de sourire ou de rigoler. » On montre Corkrey et son fils assis par terre, en train de rire. « Un petit bonhomme comme ça, ça aide à guérir un peu. »

Sur l'écran défile un montage illustrant la vie de Corkrey, agrémenté d'une ballade rock allant crescendo. « *I can laugh at myself, while the tears roll down...*[18] », dit la chanson. Corkrey et Ryder regardent par la fenêtre ; la mère soulève son fils et l'approche d'un panier de basket où il laisse tomber un ballon bleu...

« C'était un peu fou. Quand j'ai su qu'*American Idol* passait à Salt Lake City, je venais de décider de divorcer. Pour la première fois de ma vie, je me trouvais à la croisée des chemins : tout était possible. Alors pourquoi ne pas tenter ma chance en faisant ce que j'aime ? »

Corkrey fait son entrée dans la salle d'audition. Assis à une longue table, un grand gobelet rouge arborant la signature « Coca-Cola » posé devant chacun d'eux, les juges Simon Cowell, Paula Abdul, Randy Jackson et Kara DioGuardi semblent charmés par l'exubérance de la jeune femme. Elle chante *Can't Help Lovin' Dat Man*, de la comédie musicale *Show Boat*, dans une prestation originale, empreinte de charisme. Sûre d'elle, toujours radieuse, elle improvise librement sur le rythme et la mélodie de la chanson.

« J'aime vraiment ce que tu fais, déclare Abdul. Je dirais même que je t'adore ! Oui, je t'adore. Et toi, Simon ?

– Une des auditions que j'ai préférées, répond Cowell d'une voix monocorde.

– Ouiii ! sourit Corkrey.

– C'est parce que tu es différente, poursuit Cowell avec sévérité. Tu es une des rares participantes dont je vais me souvenir. Je t'aime bien, j'aime ta voix. Tu as une très belle voix, je l'ai adorée.

– Tu dégages beaucoup, ton visage est incroyable ! » conclut DioGuardi.

Les juges votent.

« Oui, absolument, lance Cowell.

– Je t'adore, continue Abdul.

– Oui, poursuit DioGuardi.

– Cent pour cent, peut-être ? sourit Jackson.

– Tu t'en vas à Hollywood ! tranche DioGuardi avec enthousiasme tandis qu'un rock enlevant ajoute à l'ambiance.

– Ouiii !!! Merci ! » crie Corkrey, la mine réjouie. Elle quitte la salle d'audition pour les coulisses où ses nombreux amis l'attendent pour la féliciter. On la montre ensuite dansant dans la rue, brandissant le fameux carton jaune qui témoigne de son triomphe.

L'origine souvent modeste des célébrités est soulignée comme preuve que n'importe qui peut susciter l'admiration. Tels des saints, ces vedettes attestent que rien n'est impossible. Nous projetons sur elles nos désirs d'appartenance, de gloire, de réussite et d'accomplissement. Ces fantasmes sont alimentés par ceux qui ont pour métier d'amplifier cette culture de l'illusion, de nous convaincre de la réalité de ces ombres. La juxtaposition de ces chimères et de l'« insignifiance » de notre vie réelle peut cependant être une source de frustration, de colère, d'insécurité et de sentiments de dévalorisation. Ironiquement, il en résulte un cercle vicieux qui accentue notre désespoir et notre soif de notoriété en nous éloignant de la réalité pour nous ramener aux vaines promesses de ceux qui nous envoûtent et nous disent ce que nous voulons entendre.

Nous en redemandons. Nous gobons ces mensonges jusqu'à plus soif. Quand le désespoir s'empare de nous, nous prenons des médicaments, comme si nous étions nous-mêmes responsables de notre incapacité à trouver le bonheur dans ce jeu futile. Évidemment, on prend bien soin de nous dire que c'est bel et bien le cas.

Dans la culture de la célébrité, les humains deviennent des biens de consommation, des objets sans valeur intrinsèque. L'important, c'est d'avoir belle apparence et de vivre dans de somptueux décors. Ceux qui n'atteignent pas cet idéal sont dénigrés, ridiculisés. Dans l'ascension vers la gloire, le pouvoir et la richesse, on n'hésite pas à profiter de ses amis et à les trahir. Sitôt qu'ils n'ont plus d'utilité, on les met au rebut. Dans *Fahrenheit 451*, le fameux roman d'anticipation de Ray Bradbury, les gens passent le plus clair de leur temps devant des écrans géants montrant d'interminables scènes de poursuites policières et d'arrestations. Bradbury avait compris que la vie, une fois filmée et mise en boîte, devient la forme de divertissement la plus envoûtante qui soit.

Le nihilisme inhérent à la culture de la célébrité est particulièrement évident dans les émissions de télé-réalité, dont la plupart nourrissent un voyeurisme morbide, avide d'humiliation, de douleur, de faiblesse et de trahisons. Dans cet exercice abâtardi de moralité et de démocratie, la culture, le sens de la communauté, l'honnêteté, la transparence et la générosité sont des qualités qui mènent tout droit à l'élimination. Pour gagner de l'argent et avoir la chance de connaître leur heure de gloire, les concurrents doivent s'efforcer de faire « disparaître » les indésirables. Dans le générique de fin de *America's Next Top Model*, on voit l'image de la femme qui vient juste d'être éliminée s'effacer de la photo de groupe. Les perdants se voient privés de leur statut de personne, du moins aux yeux des téléspectateurs. Ces émissions veulent démontrer que la vie est une féroce et impitoyable compétition. Il s'agit d'humilier ses adversaires. Les gagnants sont les meilleurs, et les perdants méritent de disparaître. La compassion, la compétence, l'intelligence et la solidarité sont des signes de faiblesse. Ceux qui n'atteignent pas la célébrité, ne gagnent pas de prix ou n'amassent pas de millions à Wall Street méritent leur statut de perdant. Dénigrés, ridiculisés, les perdants de la télé-réalité, qui fondent souvent en larmes devant la caméra, se font traiter de ratés. Seuls responsables de leur exclusion, ce sont des déficients.

Dans un épisode de la deuxième saison du jeu de télé-réalité *Survivor,* diffusé sur le réseau CBS, on voit les participants parler des amitiés exceptionnelles qu'ils ont nouées au sein de leur « tribu », c'est-à-dire de leur équipe. Maralyn, 52 ans, est une policière à la retraite. Grande, bâtie comme un homme, les cheveux gris coupés en brosse, elle a pour surnom « Mad Dog ». Dans l'eau peu profonde d'un ruisseau, elle prend le soleil en chantant *On the Street Where You Live.* On voit alors Tina, infirmière et mère de famille, s'approcher.

« Continue ! Je t'écoutais chanter.

– Je chante si fort que ça ? »

Interviewée, Tina se confie : « Maralyn est un peu notre petit oiseau chanteur, la boute-en-train de notre camp. Nous avons tissé des liens, elle et moi ; je me suis plus attachée à elle qu'aux autres. C'est peut-être à cause de l'âge ; peut-être que nous sommes devenues des amies. »

La caméra montre Tina et Maralyn se baignant dans le ruisseau, hilares.

« Tina est une femme extraordinaire, lance Maralyn interviewée à son tour. C'est une star. C'est à elle que je fais le plus confiance. »

La « tribu » de Maralyn et de Tina, Ogakor, rate une épreuve. Il s'agit d'une course à obstacles où les coéquipiers sont attachés les uns aux autres, si bien que la chute d'une personne entraîne celle du reste de l'équipe, la ralentissant. Plusieurs fois, Mad Dog Maralyn tombe et Colby, le « cowboy » du Texas, l'aide à se relever.

À cause de cet échec, les membres d'Ogakor doivent exclure l'un des leurs. On les voit, dispersés en petits groupes de deux ou trois, discutant de manière à la fois vive et discrète.

« L'ambiance est très triste dans le camp, mais l'heure est aussi à la stratégie, explique Tina. Chacun se demande à quoi les autres peuvent bien penser. »

Avec le crépuscule vient le temps de passer au vote, qui se déroule dans une zone pompeusement désignée sous le nom de « Conseil tribal ». Avec son cercle de monolithes gravés de symboles mystérieux, son foyer central, ses torches et ses tambours et flûtes aux sonorités primitives, le lieu rappelle les zones Adventureland des parcs d'attractions de Disney.

Munis de flambeaux, les membres de la tribu Ogakor font leur entrée et vont s'asseoir auprès de l'animateur de l'émission, Jeff Probst.

« Bon. J'aimerais aborder avec vous un ou deux sujets délicats, lance Probst, vêtu d'un costume d'explorateur. La *confiance*. Colby, y a-t-il ici quelqu'un en qui tu n'as pas confiance, à qui tu ne ferais jamais confiance ?

– Certainement, répond Colby.

– Peux-tu m'en parler un peu ?

– Eh bien, ça fait partie du jeu, poursuit Colby. Je pense qu'il est vraiment trop tôt pour savoir précisément à qui on peut faire confiance.

– Et toi, Mitchell ? Pourrais-tu faire confiance à tout le monde ici présent pendant 42 jours ? demande Probst.

– Notre devise, c'est "Ne faire confiance à personne", répond Mitchell. Il y a beaucoup de monde ici qui m'inspire confiance, mais je ne peux être sûr de personne à 100 %.

– Et toi, Mad Dog ? s'enquiert Probst. Ce sont tous tes copains ? »

Maralyn observe ses coéquipiers. « Oui, répond-elle sans équivoque. Oui, Jeff. Je leur fais confiance de tout mon cœur.

– Je pense que l'amitié peut entrer en ligne de compte, ajoute Jerri, mais il est très important de ne pas la laisser influencer le jeu. Ce sont deux choses complètement différentes. C'est là que ça devient délicat. » Au moment du vote, Jerri précisera sa pensée : « Ce que je suis en train de faire est sans doute une des choses les plus difficiles pour moi. Mon choix est purement stratégique ; il n'a rien de personnel. Tu vas vraiment me manquer. »

«Jeff! lance Maralyn. Tina et moi, on est *unies*. Elle est mon étoile. Sans parler du cowboy, ce pauvre Colby qui m'a aidée tant de fois à me relever. Je lui en suis reconnaissante.

– Je le referais, rigole franchement Colby.

– Eh, vous avez entendu ça? Il le referait», dit Maralyn.

Vient le moment de voter. À tour de rôle, les coéquipiers rejoignent une table en pierre en passant par un pont qui, avec son tablier en rondins tordus attachés par des lianes, ressemble lui aussi à une attraction pseudo-polynésienne tout droit sortie de Disneyland. Chacun doit écrire le nom de la personne qu'il souhaite éliminer et déposer son bulletin dans une urne ornée de symboles aborigènes. La caméra fait un panoramique; le choix de la plupart des participants est gardé secret, mais on montre Tina, meilleure amie et «étoile» de Mad Dog Maralyn, exhibant son bulletin avant de le déposer: «Mad Dog», peut-on y lire. «Mad Dog, je t'aime, confie-t-elle à la caméra. Ton amitié compte plus que tout pour moi. Mon vote tient à une promesse que j'ai faite, ça n'a rien à voir avec toi. J'espère que tu comprends.» Elle plie son bulletin puis le glisse dans l'urne.

«Une fois le vote comptabilisé, la décision est définitive. La personne choisie doit quitter le Conseil tribal immédiatement», explique Probst.

Cinq coéquipiers sur sept ont voté pour l'élimination de Maralyn.

«Apporte-moi une torche, Mad Dog», ordonne Probst. Elle s'exécute, enlevant d'abord sa casquette de base-ball verte pour la poser délicatement sur la tête de sa voisine Amber, qui la prend dans ses bras. La caméra montre Tina, qui demeure impassible.

«Mad Dog, déclare l'animateur en brandissant le flambeau que lui a remis Maralyn, la tribu s'est prononcée.» À l'aide d'un gros éteignoir, il en étouffe la flamme. La caméra laisse voir le visage triste de la femme derrière la torche fumante et noircie. «Il est temps pour toi de partir», décrète Probst. Elle quitte les lieux sans demander son reste, mais quelques coéquipiers y vont tout de même de discrets «au revoir».

Avant le générique de fin, on apprend qui, à part son amie Tina, a voté pour l'élimination de Maralyn : Amber, qui lui a donné une accolade d'adieu, ainsi que Mitchell, Jerri et Colby, son « cowboy ».

La culture de la célébrité crée un vide moral. Personne n'a de valeur outre son apparence, son utilité et son aptitude à « réussir ». Le succès d'une personne se mesure à l'aune de sa richesse, de ses prouesses sexuelles et de sa renommée, et ce, peu importe comment elle s'y prend. Ces valeurs, Sigmund Freud l'avait compris, sont illusoires, creuses. Elles favorisent l'individualisme narcissique en insinuant qu'il vaut mieux concentrer son existence sur les désirs du soi que de la consacrer au bien commun. L'aptitude à mentir et à manipuler autrui, qui constitue l'éthique même du capitalisme, est tenue en haute estime. « Si j'ai accepté de suivre [Jerri et Amber] dans leur choix, c'est parce que je considérais que ça me permettrait d'aller plus loin », explique le jeune et séduisant Colby dans un autre épisode de *Survivor*. « Je veux gagner, alors ne venez pas me parler de loyauté ! Depuis le tout premier jour, je ne fais confiance à personne. N'importe quel participant le moindrement rusé a dû faire comme moi. »

*
* *

Le paysage culturel contemporain est dominé par le culte de soi, qui tend à engendrer des personnalités typiquement psychopathiques : charme superficiel, grandiloquence, suffisance, besoin constant de stimulation, tendance au mensonge, à la fourberie et à la manipulation, incapacité à éprouver des remords ou de la culpabilité. On reconnaît là l'éthique propre à la grande entreprise, au capitalisme sans entraves, et l'amalgame qui réduit l'individualisme au style personnel et à l'ascension dans la hiérarchie pour les substituer à l'égalité démocratique. En fait, le style personnel, déterminé par les produits qu'on achète et consomme, en est venu à compenser l'effritement de l'égalité démocratique. En vertu du culte de soi, chacun a le droit d'obtenir tout ce qu'il désire et de faire tout ce qu'il veut, même de dénigrer et d'écraser autrui, y compris ses propres amis, pour gagner de l'argent, être heureux et bâtir sa renommée. Une fois acquises, richesse et célébrité deviennent leur propre justification, obéissent à leur propre morale. La manière dont elles ont été obtenues ne présente aucun intérêt. Une fois au sommet, une célébrité n'a plus de comptes à rendre à ce sujet.

C'est cette éthique malsaine qui a permis aux banquiers de Wall Street et aux firmes d'investissement de saccager délibérément l'économie américaine et de voler le pécule accumulé par des dizaines de millions de petits actionnaires pour leur retraite ou les études supérieures de leur progéniture. Tels les concurrents d'un jeu de télé-réalité se livrant au mensonge et à la manipulation pour gagner, les dirigeants de ces grandes sociétés s'en sont tirés avec des primes de centaines de millions de dollars. Dans son texte magistral intitulé « L'œuvre d'art à l'ère de sa reproductibilité technique », Walter Benjamin écrit : « Favorisé par le capital du film, le culte de la vedette conserve ce charme de la personnalité qui depuis longtemps n'est que le faux rayonnement de son essence mercantile[19]. » C. Wright Mills renchérit :

> La célébrité professionnelle, homme ou femme, est le couronnement du vedettariat dans une société qui fait de la concurrence un fétiche. En Amérique, ce système est poussé à un point tel qu'un homme capable d'envoyer une petite balle blanche dans une série de trous avec plus d'habileté que les autres obtient par là même le droit d'entrer en relation avec le président des États-Unis. Le vedettariat en arrive à un point tel qu'un artiste bavard de la radio et de la télévision devient le compagnon de chasse de grands cadres de l'industrie, de ministres et de chefs militaires. Il semble que la nature du talent de la vedette importe peu ; on le célèbre du moment qu'il a gagné dans une compétition quelconque. Alors, une seconde caractéristique du vedettariat se met en œuvre : toutes les vedettes de tous les autres domaines sont attirées vers la nouvelle vedette, et réciproquement. L'as, le champion, est par conséquent celui qui s'unit librement aux autres champions afin de peupler le monde des célébrités[20].

L'humiliation comme forme de divertissement constitue le sordide revers de la médaille de la culture de la célébrité. « Si seulement c'était moi », soupire-t-on en voyant des stars nageant dans l'opulence qui foulent le tapis rouge. On est cependant tout aussi fasciné par l'inverse, par le spectacle du mépris et de la dégradation d'autrui que vomissent les émissions de télé-poubelle comme *The Jerry Springer Show* et *The Howard Stern Show*. Secrètement, on exulte : « Au moins, ce n'est pas à moi que ça arrive ! » On ressent toute l'allégresse que provoque la cruauté impunie, ce même élan qui animait les foules qui se massaient pour voir les combats du Colisée de Rome, les mises au pilori, les pendaisons publiques et les monstres de foire.

Dans un passage du DVD *Jerry Springer : Wild & Outrageous, vol. 1*, on voit un couple monter sur scène. L'homme et la femme, obèses et flasques, ont le teint blême et les cheveux bruns, clairsemés et duveteux. Leurs corps ressemblent à de la pâte à pain. L'homme porte un polo bleu et un pantalon marron, tandis que la femme est vêtue d'un chemisier fuchsia et d'une longue jupe noire.

« J'ai un fantasme sexuel », annonce l'homme à sa femme d'un ton solennel et d'une voix nasillarde. Elle écarquille les yeux de stupeur. « Tu te souviens de cet enterrement de vie de garçon où je suis allé il y a trois semaines ? Il y avait une strip-teaseuse. Elle était habillée en *cheerleader,* et elle m'a allumé. Tu sais, ça me fait... ça me fait quelque chose... Je ne sais pas si c'est elle ou son costume, je pense que c'est le costume. J'aime-rais vraiment que tu t'habilles en *cheerleader*. Pour moi. Et que tu fasses une danse juste pour moi et... Tu pourrais être la *cheerleader*... de mon cœur. »

La femme reste assise, les mains sur les hanches, et semble offensée. La caméra fait des gros plans sur le public, dont les rires, les cris et les applaudissements se font assourdissants.

« Je l'ai invitée ici pour que tu la voies », poursuit l'homme avant d'être interrompu par les vociférations des spectateurs.

« Qu'elle entre en scène ! » lance Jerry. La foule manifeste bruyamment son approbation.

Secouant de gros pompons jaunes, une blonde très mince vêtue d'un costume violet et jaune fait son entrée. Elle est svelte comme une libellule. La jeune femme fait la roue et montre son derrière au public, en faisant claquer ses mains sur ses fesses. Derrière elle, l'homme obèse sourit. La grosse femme, elle, ne cache pas son dégoût.

« Tout le monde est prêt à applaudir Jerry ? glapit la *cheer-leader*.

– Ouiii ! beugle la foule.

– Je ne vous entends pas ! » réplique-t-elle en remontant sa jupe jusqu'à la taille.

La foule est en délire. La jeune femme l'exhorte à se manifester en épelant le nom de l'animateur.

« Maintenant que vous avez vu ces pompons-ci, que diriez-vous de voir ceux-là ? » glapit la danseuse en secouant sa menue poitrine. Un rythme électronique frénétique emplit le studio, les lumières baissent. En se déhanchant, elle retire son débardeur et son soutien-gorge, puis sa jupe et son slip. Ses fesses nues ne sont plus qu'à un mètre des hommes beuglant dans la première rangée. Tout excité, le mari obèse agite les bras et les jambes. Sa femme, elle, secoue la tête en grimaçant. La strip-teaseuse s'étend sur scène et écarte les jambes, puis saute sur les genoux du gros homme dont elle enveloppe le visage de ses petits seins. Elle se précipite ensuite dans la salle, où elle accorde le même traitement à un spectateur et à une dame grisonnante aux allures de grand-mère. La caméra suit la danseuse de près en faisant des gros plans de sa poitrine et de ses fesses.

Pendant que, sur une musique électronique assourdissante, la jeune femme nue à la queue de cheval passe d'un spectateur à l'autre, la foule entonne : « JER-RY ! JER-RY ! JER-RY ! JER-RY ! »

La strip-teaseuse finit par remonter sur scène. La musique s'arrête. Elle ramasse ses pompons et s'assoit. Elle ne porte que des chaussures de tennis et des socquettes blanches.

« JER-RY ! JER-RY ! JER-RY ! » scande le public.

Plus tard dans l'émission, Jerry demande à l'homme obèse : « C'est bien ça que tu aimerais voir ta femme faire ? » La danseuse nue est assise à côté de lui. La conjointe n'est plus sur scène.

« Oh, oui ! s'exclame-t-il avec enthousiasme, déclenchant l'hilarité générale. Ça m'excite *vraiment*, Jerry. *Vraiment*.

– Très bien, répond Jerry. Êtes-vous prêts à la voir apparaître ?

– Ouiii ! hurle la foule.

– La voici ! annonce l'animateur. Kristen la *cheerleader* ! »

L'adipeuse épouse accourt sur les planches. Elle porte un costume violet et jaune identique à celui de la danseuse et brandit les mêmes pompons jaunes. Ses cheveux bruns attachés en deux couettes lui donnent l'air d'un caniche. L'épais rouleau de graisse qui lui tient lieu de ventre pend par-dessus sa jupe et tressaute à chacun de ses pas.

Elle fait une culbute maladroite, se dandine lourdement, danse un cancan pataud en criant « HOUUUUU ! » Derrière elle, son mari hurle avec le public. Elle exhorte à son tour les spectateurs à épeler le nom de l'animateur, mais oublie de prononcer le Y final, provoquant des éclats de rire. La caméra montre Jerry observant la scène, silencieux, appuyé à la console du preneur de son à l'arrière du studio, retenant son rire.

La grosse femme continue à se trémousser. La clameur du public s'atténue, puis le silence s'installe. « HOUUUUU ! » crie-t-elle une fois de plus en exécutant gauchement quelques pas. On entend les ricanements isolés de quelques spectateurs. Toujours accoudé à la console, Jerry se tord de rire en silence. La femme est embarrassée. Elle jette un regard sur le côté de la scène puis, semblant répondre à une requête, lance un « Ah... d'accord ! »

Elle revient au centre de la scène. « Très bien, dit-elle. Vous avez vu ces pompons-ci... » On entend encore quelques rires. « Que diriez-vous de voir *ceux-là* ? » Son mari l'observe, emballé. Assise derrière elle, la danseuse nue rigole.

On entend une musique de strip-tease. Les lumières baissent à nouveau. La femme fait encore quelques pas de cancan

dans un mouvement de va-et-vient, puis retire tous ses vêtements à l'exception de son slip. Le public, hilare et euphorique,
marque le rythme en frappant des mains. Certains spectateurs
se mettent la main devant les yeux, d'autres se couvrent la
bouche. L'effeuilleuse d'un soir poursuit son déhanchement, y
allant à l'occasion d'un élan de cancan, jusqu'à ce que la musique s'arrête.

« JER-RY ! JER-RY ! JER-RY ! » martèle la foule. Le mari
étreint sa femme quasi nue et lui donne un baiser.

« Tu m'as fait réaliser mon rêve le plus fou », lui dit-il.

On entend quelques rires.

« Ahhh, soupire Jerry en secouant la tête. Ça, c'est de
l'amour ! » La femme ramasse ses vêtements éparpillés. « C'est...
c'est... c'est... vraiment de l'amour ! »

Les célébrités sont adroitement utilisées par leurs agents et
les médias pour servir de contrepoids à l'existence de plus en
plus dégradée et contraignante qu'impose à la plupart d'entre
nous la culture de la consommation. Les vedettes nous disent
que nous pouvons triompher, que nous pouvons nous venger
de ce monde qui n'a de cesse de nous rabaisser, de nous mal-
mener. Cela se passe sur le ring, à la télévision, dans les discours de la droite chrétienne, dans la pornographie, dans les
manuels de développement personnel, dans les émissions de
télé-réalité... mais presque jamais dans la vraie vie.

Dans cette société inféodée à la culture d'entreprise, la
célébrité sert de véhicule à la mise en marché de produits qui,
pour la plupart, ne répondent à aucun besoin. Les vedettes
donnent un visage humain, familier et rassurant aux biens de
consommation et à l'État-entreprise. Un épisode d'*America's
Next Top Model* montre l'ex-mannequin Paulina Porizkova
s'adressant en ces termes à un groupe de jeunes femmes pleines d'ambition : « Notre job, c'est de vendre. » Les célébrités
propagent cependant une fausse intimité et un fantasme. La
« personnalisation » commerciale du monde repose sur une
conception simpliste et déformée du réel et va de pair avec un
détournement de l'attention du public. Dans *La culture du
pauvre,* Richard Hoggart fait cette observation : « [On] nous

entraîne dans un monde onirique où l'on se fait à peu de frais des copains intimes, où non seulement un chien a bien le droit de regarder un évêque, mais où il s'avère aussi que l'évêque n'est autre chose qu'un chien, pour peu qu'on le "personnalise", et où tous les grands de ce monde ne sont au fond que de "braves Pierre et Paul" quand on y regarde d'un peu plus près[21]. » On n'apprend pas grand-chose sur Barack Obama en sachant quel type de chien il a offert à ses filles ou s'il fume toujours. De telles futilités, présentées comme des nouvelles, détournent notre attention de la réalité.

Dans son ouvrage intitulé *Cette soif de célébrité!*, Chris Rojek qualifie la culture de la célébrité de «culte du divertissement qui met en valeur le superficiel, le clinquant, la suprématie de la consommation[22]». Dans un autre passage, il va plus loin:

> Le capitalisme a d'abord cherché à dominer les jeux et les plaisirs, car toute tentative de [remplacer] le travail [comme] centre des intérêts vitaux menaçait la survie économique du système. La famille, l'État et la religion ont engendré toutes sortes de modèles de régulation morale destinés à contrôler les désirs et à préserver la conformité au système de production. Mais, tandis que se développaient les forces et les relations de production, la société de consommation et du divertissement connaissait également son essor. Les contraintes appliquées à l'individu sur son lieu de travail et à son domicile s'étendirent au centre commercial et au temps libre. L'industrie du divertissement et la culture de consommation produisirent alors ce que Herbert Marcuse a appelé «la désublimation répressive», procédé par lequel les individus adoptent inconsciemment les valeurs d'une culture aliénée, si bien qu'ils souscrivent involontairement à une version dégradée de l'humanité[23].

Ce culte du divertissement «masque le déclin de la culture[24]», observe Rojek. Il occulte l'insignifiance et la vacuité de nos propres vies, nous convainc de prendre part à la grande messe de la consommation et détourne notre attention des questions morales posées par l'aggravation de l'injustice et des inégalités sociales, les ruineuses guerres impérialistes, l'effondrement de l'économie et la corruption de la classe politique. La course effrénée au statut social et à l'enrichissement personnel a non seulement ruiné nos âmes, mais aussi notre économie. Nombre de familles se sont offert de vastes demeures financées par des prêts hypothécaires qu'elles n'arrivent plus à rembourser. En surchargeant leur carte de crédit, les consommateurs pouvaient acheter de manière impulsive des sacs à main Coach ou des chaussures Manolo Blahnik, convaincus que ces produits combleraient leur criant besoin d'estime de soi et leur procureraient un sentiment d'apartenance. Lorsqu'ils n'étaient pas collés devant l'écran de télévision, les Américains passaient leur temps à faire les boutiques, jusqu'à ce que la réalité les frappe tel un tsunami. Cette activité compensait le fait de passer cinq jours par semaine enfermé dans un bureau minuscule. Les travailleurs américains ont été broyés par les grandes entreprises, qui se débarrassent d'eux après les avoir utilisés et dépossédés de leur pouvoir.

Les célébrités jouissent de leur renommée sans assumer de responsabilités. Leur éclat, écrit Mills, masque ceux qui détiennent le vrai pouvoir : les grandes entreprises et l'oligarchie. La pensée magique caractérise non seulement la culture de la célébrité, mais aussi le totalitarisme. Nous avons beau nous enfoncer dans un profond marasme économique et politique, notre attention n'en est pas moins toujours détournée par les ombres projetées sur les sombres parois de la caverne de Platon ; bref, nous sommes toujours contrôlés, manipulés. Les fantasmes propres à cette culture n'ont pas été conçus en tant que simples divertissements : ils visent aussi à nous empêcher de riposter. À cet égard, Neil Postman compare les visions de deux grands auteurs du XXe siècle :

> Orwell craignait ceux qui interdiraient les livres. Huxley redoutait qu'il n'y ait même plus besoin d'interdire les livres car plus personne n'aurait envie d'en lire. Orwell craignait ceux qui nous priveraient de l'information. Huxley redoutait qu'on nous en abreuve au point que nous en soyons réduits à la passivité et à l'égoïsme. Orwell craignait qu'on ne nous cache la vérité. Huxley redoutait que la vérité ne soit noyée dans un océan

d'insignifiances. Orwell craignait que notre culture ne soit prisonnière. Huxley redoutait que notre culture ne devienne triviale, seulement préoccupée de fadaises. Car, comme le faisait remarquer Huxley dans *Retour au meilleur des mondes*, les défenseurs des libertés et de la raison, qui sont toujours en alerte pour s'opposer à la tyrannie, «ne tiennent pas compte de cet appétit quasi insatiable de l'homme pour les distractions». Dans *1984*, ajoutait Huxley, le contrôle sur les gens s'exerce en leur infligeant des punitions; dans *Le meilleur des mondes*, il s'exerce en leur infligeant du plaisir. En bref, Orwell craignait que ce que nous haïssions ne nous détruise; Huxley craignait que la destruction ne vienne plutôt de ce que nous aimions[25].

Selon Mark Andrejevic, professeur de communication à l'université d'Iowa, les émissions de télé-réalité comme *Big Brother* ou *Survivor* présentent sous un jour séduisant le caractère intrusif des systèmes de surveillance, dont la généralisation est présentée comme un des «phénomènes tendance du monde d'aujourd'hui», «une porte d'entrée dans l'univers de la richesse et de la célébrité», et même comme un bienfait moral. Dans son livre *Reality TV: The Work of Being Watched*, Andrejevic cite d'anciens participants de *The Real World*, de *Road Rules* et de *Temptation Island* qui décrivent comment cette expérience leur a permis de s'épanouir et soulignent les vertus thérapeutiques du fait d'être constamment regardé. Josh, ancien participant de *Big Brother*, est d'avis que «tout le monde devrait avoir un public». Cette émission, où dix personnes étrangères les unes aux autres doivent cohabiter sous le regard constant de caméras, est une véritable ode à la systématisation de la surveillance. Les jeunes adultes qui envoient leur candidature à l'émission *The Real World*, diffusée sur la chaîne MTV, sont deux fois plus nombreux que ceux qui font une demande d'admission à Harvard. Ce recours à des caméras cachées, en lutte professionnelle comme dans la télé-réalité, renforce le cauchemardesque postulat de la culture de la célébrité voulant qu'il soit normal, voire souhaitable, d'être surveillé en tout temps. Pour les grandes entreprises et l'État, qui cherchent à banaliser la surveillance – que ce soit dans le but d'étudier nos habitudes de consommation, de lire nos courriels ou d'encadrer la contestation sociale –, ces émissions donnent une aura de normalité à ce qui était jadis considéré comme une violation flagrante du droit à la vie privée, droit garanti par la Constitution[26].

Cet insatiable appétit de nouvelles intrigues « réelles » et cette soif démesurée de célébrité sont très bien décrits par Dave Eggers dans son livre intitulé *Une œuvre déchirante d'un génie renversant,* où il présente un compte rendu satirique de l'audition qu'il prétend avoir passée pour l'émission *The Real World.*

À la personne qui conduit l'entretien, Eggers n'hésite pas à révéler les épisodes les plus sensationnels de sa vie, y compris son habitude quotidienne de se masturber sous la douche. Ses deux parents sont morts du cancer à 32 jours d'intervalle, le laissant seul, à 22 ans, pour élever son petit frère Toph, alors âgé de 8 ans. Mr. T, de l'émission *The A Team,* s'est installé dans sa ville natale. Le père de son ami d'enfance s'est immolé par le feu. Il a dessiné un portait de sa mère sur son lit de mort. Son père était un alcoolique invétéré qui s'imbibait de grands verres de vodka. Eggers réfléchit à voix haute sur la soif de célébrité : « Parce que, voyez-vous, je crois que ce que ma ville et votre émission reflètent si parfaitement, c'est que le principal sous-produit du confort et de la prospérité que je décris, c'est une sorte de solipsisme pur, diffus [...]. Parce qu'on a grandi avec une idée de nous par rapport aux produits éphémères des médias, de la politique, du spectacle et de la chanson, bien à l'abri dans nos maisons confortables, avec du temps pour se demander ce qu'on donnerait dans tel groupe, telle émission de télé ou tel film, de quoi on aurait l'air en y participant. Ce sont des personnes pour qui l'idée d'anonymat est irrationnelle en soi, indéfendable[27]. »

« Pourquoi voulez-vous être dans *The Real World* ? » demande l'intervieweur. « Parce que je veux que tout le monde soit témoin de ma jeunesse, répond Eggers, [...] je veux seulement dire qu'elle est en fleur. C'est ce que vous faites, non ? Montrer le fruit sauvage, c'est bien ça ? Que ce soit dans les vidéos ou dans la sortie du printemps, peu importe, l'amplification de la jeunesse, le montage et le grossissement, ce que ça signifie d'être là, au moment où tout est permis et [où] votre corps veut tout, [...] est avide, tendu, bouillonnant, un tourbillon d'énergie qui aspire tout[28]. »

« D'accord, vous voulez entendre une histoire triste ? Hier soir, j'étais chez moi, j'écoutais un disque. Une de mes chansons préférées a commencé, et je chantais tout haut [...]. [P]endant que chantais et que j'esquissais un mouvement de danse, vous savez, celui où l'on se passe la main dans les cheveux au ralenti, je me suis trompé dans les paroles de la chanson, et même s'il était trois heures moins dix du matin, je me suis vite trouvé profondément gêné de mon erreur, convaincu qu'il y avait une très bonne chance que quelqu'un puisse me voir – par la fenêtre, à travers la nuit, de l'autre côté de la rue. J'étais sûr, je voyais en détail que quelqu'un – ou plus vraisemblablement quelqu'un et ses amis – rigolait de bon cœur à mes dépens[29]. »

À la fin de l'entretien, Eggers lance à son interlocuteur : « Récompensez-moi pour mes souffrances. Je vous en ai donné assez ? Récompensez-moi. Mettez-moi à la télévision. Laissez-moi partager tout ça avec des millions de spectateurs. [...] Je sais comment ça fonctionne. Je vous donne ces choses et vous me donnez une plate-forme. Donnez-la-moi. Elle m'est due. [...] Je peux le faire de la façon que vous voulez, d'ailleurs – drôle ou larmoyante, ou directe, sans inflexion [...]. Tout ça ne nous est pas arrivé pour rien, je vous assure – il n'y a pas de logique à ça, la seule logique c'est de supposer qu'on a souffert pour une raison. Donnez-nous seulement notre dû. [...] J'ai besoin de communier, j'ai besoin de répercussions, j'ai besoin d'amour, de relations, d'échange. Je suis prêt à saigner s'ils veulent m'aimer. [...] Je m'ouvrirai une veine, une artère. [...] Oh, s'il vous plaît, laissez-moi le montrer à des millions de gens. [...] Laissez-moi être le catalyseur. [...] Oh, je veux être le cœur qui injecte le sang à tous [...]. Je veux...

– Et ça vous guérira ?

– Oui ! Oui ! Oui[30] ! »

De nos jours, écrivait Philip Roth en 1961, l'imagination de l'écrivain est bien en peine d'égaler ce qui paraît dans les journaux : « L'actualité n'arrête pas de nous damer le pion et la culture produit quotidiennement des personnages qui feraient l'envie de tout romancier. » À ses yeux, la culture de la célébrité est une réalité « stupéfiante, qui nous donne mal au cœur, nous rend furieux, nous plonge dans l'embarras en révélant en quelque sorte la faiblesse de notre imagination[31] ».

Ce caractère fictif du réel tel que saisi par Philip Roth est bien illustré par le cas de la star britannique de télé-réalité Jade Goody[32]. En 2002, cette technicienne dentaire de 22 ans, fille unique de deux toxicomanes, est acceptée comme concurrente à l'émission *Big Brother 3*. Dès le premier épisode, on la voit titubant, complètement saoule, les seins nus. Elle demande aux autres ce que le mot « asperge » veut dire et s'interroge : « Rio de Janeiro, c'est pas quelqu'un ? » Elle appelle la région d'Est-Anglie l'« Est-Angulaire », confond le Portugal avec l'Espagne, se plaint d'être devenue le « boucle émissaire » du groupe et se dit convaincue que *pistachio* est le nom d'un grand peintre. Elle termine la compétition au quatrième rang, mais, contrairement à ce qui arrive généralement aux perdants, cela ne met pas un terme à sa carrière de célébrité. Elle réalise plusieurs DVD de conditionnement physique qui obtiennent un vif succès, ouvre un salon de beauté à Hertford, publie son autobiographie et, quelques semaines avant Noël 2006, lance son propre parfum, qui se vend très bien. Elle participe à d'autres séries de télé-réalité, dont *Celebrity Wife Swap, Celebrity Driving School, Celebrity Weakest Link* et *Celebrity Stars in Their Eyes.* Elle anime aussi ses propres émissions, comme *What Jade Did Next, Jade's Salon* et *Jade's P.A.*

Goody possède toutes les aptitudes qu'on attend d'une personne devant se soumettre à une surveillance constante, c'est-à-dire une absence totale de timidité et une tendance spontanée à l'exhibitionnisme, même si elle sait qu'on la tourne en ridicule. Avec une candeur touchante, elle livre des confidences sur sa vie intime à des millions de téléspectateurs sans dissimuler les épisodes sordides, les relations compli-quées et les situations catastrophiques. Cette singulière dispo-sition a une valeur considérable dans la culture de la célébrité.

Goody attire incontestablement l'attention et fait tout ce qu'elle peut pour la conserver, mais semble toujours indifférente, voire un peu blasée.

En 2007, toutefois, la participation de Goody à un épisode de *Big Brother* en compagnie de Jackiey Budden, sa mère, et de Jack Tweed, son amoureux, tourne mal. Elle malmène et ridiculise l'actrice de Bollywood Shilpa Shetty en lui lançant des injures grossières et racistes, en l'appelant par exemple « Shilpa Papadum ». Son comportement et ses propos suscitent 45 000 plaintes, son parfum est retiré des tablettes, et son éditeur renonce à publier l'édition de poche de son autobiographie. Elle se confond en excuses devant le public indien, puis participe à la version indienne de l'émission, intitulée *Bigg Boss*. Tout concourt à ce qu'elle sombre peu à peu dans l'oubli, comme c'est le cas de la plupart des concurrents de la télé-réalité. Cependant, en plein tournage de *Bigg Boss*, Goody reçoit devant la caméra un diagnostic de cancer du col de l'utérus. Ce nouveau rebondissement dans le scénario qui lui tient lieu de vie la ramène sous les feux de la rampe en lui offrant son dernier rôle principal. Diffusée en Grande-Bretagne par la chaîne The Living Channel, une série de trois émissions relatant sa lutte contre le cancer attire plus de 900 000 téléspectateurs. Elle troque ses derniers jours contre gloire et argent en empochant notamment 1 million de dollars pour les droits de diffusion de son mariage, puis s'éteint en mars 2009 à l'âge de 27 ans.

Venant d'apprendre qu'elle était atteinte du cancer, Goody déclare au journal *News of the World* : « J'ai passé toute ma vie adulte à parler de ma vie. Aujourd'hui, la seule chose qui a changé, c'est que je parle de ma mort. Ça me va. »

« J'ai vécu devant la caméra, poursuit-elle, et je vais sans doute mourir devant elle. Je sais que bien des gens n'approuvent pas ce que je fais, mais, au point où j'en suis, je me fous pas mal de ce qu'on pense de moi. Tout ce qui compte pour moi, c'est ce que je veux. »

La culture de la célébrité n'a pas de limites, pas même la mort. Tant qu'on peut en tirer un bon scénario, ça fonctionne. L'insignifiance de ceux qui, comme Goody, sont prêts à tout pour connaître la gloire a quelque chose de tragique. Ils deviennent des clowns. Pour une société qui accorde plus d'importance au divertissement qu'à la substance, ces distractions insensées sont une nécessité. La pensée critique ou la philosophie demandent trop d'effort pour être absorbées. Vestiges d'une ère révolue, le théâtre classique, le journalisme sérieux et la littérature sont confinés aux marges de la culture. Toute œuvre ne procurant pas un divertissement facile est rejetée comme étant inaccessible, élitiste. La massification de la culture débouche souvent sur sa dégradation totale. À ce propos, la philosophe Hannah Arendt écrivait :

> Le résultat n'est pas une désintégration, mais une pourriture, et ses actifs promoteurs ne sont pas des compositeurs de Tin Pan Alley, mais une sorte particulière d'intellectuels, souvent bien lus et bien informés, dont la fonction exclusive est d'organiser, [de] diffuser et [de] modifier des objets culturels en vue de persuader les masses qu'*Hamlet* est aussi divertissant que *My Fair Lady*, et, pourquoi pas, tout aussi éducatif. Bien des grands auteurs du passé ont survécu à des siècles d'oubli et d'abandon, mais c'est encore une question pendante de savoir s'ils seront capables de survivre à une version divertissante de ce qu'ils ont à dire[33].

*
* *

La culture nord-américaine a été privée des outils linguistiques et intellectuels permettant d'appréhender la complexité et de distinguer la réalité de l'illusion, ou du moins les a-t-elle passivement abandonnés. On a substitué à l'écrit le clinquant de l'image. Le discours public contemporain est conçu pour être compris par un enfant de dix ans ou un adulte n'ayant fréquenté que l'école élémentaire. Nous parlons et réfléchissons presque tous à ce niveau, et le divertissement est à l'avenant. La culture est devenue une vaste réplique du Pays des jouets des *Aventures de Pinocchio* : séduits par la promesse d'un monde sans école où l'on ne fait que s'amuser, les garçons y sont transformés en baudets, symbole de l'ignorance et de la stupidité dans la culture italienne.

L'illettrisme, ou analphabétisme fonctionnel, est très répandu en Amérique du Nord. Aux États-Unis seulement, on compte 7 millions d'analphabètes complets, 27 millions de personnes ne sachant pas lire suffisamment pour remplir un formulaire de demande d'emploi, et 30 millions d'individus incapables de lire une phrase simple[34]. Environ 50 millions d'Américains ont le niveau de lecture d'enfants de 10 ans. Bref, l'analphabétisme complet ou fonctionnel touche le tiers de la population. Le tiers des diplômés du secondaire ne liront plus un seul livre pour tout le reste de leur vie ; en 2007, 80 % des familles américaines n'ont ni acheté ni lu le moindre livre[35]. Le Canada ne fait pas meilleure figure : « Près de la moitié (42 %) des adultes en âge de travailler (de 16 à 65 ans) possèdent un faible niveau de littératie[36] », un taux comparable à celui de son voisin du sud.

La télévision, média sachant manipuler les images au point où celles-ci peuvent prendre le dessus sur la réalité, est devenue le vecteur principal de la communication de masse. En moyenne, les ménages laissent leur téléviseur allumé près de sept heures par jour, et l'Américain moyen passe quotidiennement plus de quatre heures devant le petit écran. Cela équivaut à 28 heures par semaine, ou encore à 2 mois par an ; avant l'âge de 65 ans, il aura passé 9 ans devant la télévision. La télévision parle un langage familier, véhicule des clichés rassurants et diffuse des images captivantes, le tout dans un format prévisible, et ce, qu'il s'agisse d'une émission de télé-réalité ou d'une sitcom. Média de masse, elle influence la manière dont les gens se parlent et interagissent, et procure à son public un faux sentiment d'intimité avec les membres de l'élite (acteurs célèbres, journalistes, politiciens, magnats des affaires, vedettes sportives, etc.). Tout ce qu'elle montre acquiert une valeur. Une personne qu'on ne voit pas à la télévision est en quelque sorte dépourvue d'importance. La télévision confère autorité et pouvoir. En dernière analyse, c'est elle qui décide de ce qui compte dans la vie.

Sur ses réseaux de divertissement carburant aux potins, la télévision nous bombarde inlassablement des banalités que débitent ses experts grassement payés, ses annonceurs privés ou ses animateurs de talk-shows. Cette culture de l'image et de la formule-choc arrive à séduire ceux qui savent lire, mais qui ont abandonné les livres. L'histoire fournit d'autres exemples d'époques marquées par des taux d'analphabétisme élevés et de vastes campagnes de propagande. Cependant, depuis l'ère des dictatures soviétiques ou fascistes, voire depuis l'impitoyable domination de l'Europe par l'Église catholique au Moyen Âge, jamais le contenu de l'information n'a-t-il été orienté de manière aussi habile et systématique. La propagande s'est substituée aux idées et à l'idéologie. On confond connaissance et émotions. Les marques de commerce sont devenues le mode d'expression de l'individualité. Ce déclin rapide des valeurs et de la culture générale, qui touche autant les analphabètes que ceux qui ont renoncé à la lecture, offre un terreau fertile au développement d'un nouveau type de totalitarisme.

La culture de l'illusion, nous l'avons vu, prospère en privant les citoyens des outils linguistiques et intellectuels permettant de distinguer le réel des faux-semblants. Elle appauvrit le langage. La *Princeton Review* a analysé les débats électoraux ayant opposé Al Gore et George W. Bush en 2000, Bill Clinton, George Bush père et Ross Perot en 1992, John F. Kennedy et Richard Nixon en 1960, et Abraham Lincoln et Stephen A. Douglas en 1858. Les chercheurs ont comparé les transcriptions à l'aide d'un test de vocabulaire normalisé indiquant le niveau d'instruction minimal que doit posséder un lecteur pour comprendre un texte. Lors du débat Lincoln-Douglas, Lincoln a employé un langage dont la compréhension exige 11,2 années de scolarité, tandis que le discours de Douglas en demandait 12. Pendant le débat Kennedy-Nixon, les deux candidats ont parlé une langue accessible à une personne ayant cumulé 10 ans de scolarité. En 1992, les propos de Clinton obtiennent un score de 7,6 années, ceux de Bush père 6,8 et ceux de Perot 6,3. Les débats de 2000 obtiennent sensiblement les mêmes résultats, avec 6,7 années pour Bush fils et 7,6 pour Gore[37]. La donne a sans doute un peu changé en 2008 avec Barack Obama, mais la tendance n'en est pas moins manifeste.

Envoûtés par l'image, les électeurs votent en fonction des sentiments que leur inspirent les candidats. Ils votent pour le slogan, le sourire, la sincérité présumée, le charme ainsi que le récit de vie du prétendant, rédigé avec le plus grand soin. Tout est dans le style, dans le scénario, rien dans le contenu, dans les faits. Les politiciens ont saisi que, pour obtenir des votes, ils doivent reproduire cette fausse intimité avec le public que savent si bien créer les célébrités de tout acabit. Les électeurs doivent comprendre, grâce à d'habiles mises en scène concoctées par les stratèges en communication des machines politiques, que le candidat est «l'un des nôtres». À l'instar de toute vedette, le politicien doit donner au citoyen l'impression qu'il «partage sa douleur», comme se plaisait à le dire Bill Clinton. Celui-ci doit se reconnaître en lui. Sans ce lien, fruit de stratégies de communication hautement sophistiquées, nul politicien ne peut espérer le moindre succès dans la culture de la célébrité.

La rhétorique à l'œuvre lors des campagnes électorales troque la réalité pour un optimisme illusoire, non sans souligner l'essentielle grandeur de la nation. Les campagnes se suivent et se ressemblent: mêmes clichés éculés, mêmes discours empathiques livrés par des candidats «comme vous et moi», mêmes éloges pompeux servis par des partisans enthousiastes... Néanmoins, une métaphore n'est jamais vide de sens: elle est révélatrice de l'état de la culture. Un changement de métaphore est un changement *fondamental,* comme l'avait bien compris le critique littéraire canadien Northrop Frye.

Lors d'un grand rassemblement politique sur le thème de l'emploi tenu le 10 octobre 2008 à Colombus, Ohio, le candidat Obama demande: «Allons-nous nous tourner vers l'avenir... ou vers le passé?

– Vers l'avenir! répond la foule.

– Allons-nous nous tourner vers l'avenir avec espoir ou regarder vers le passé avec crainte? précise le candidat.

– Avec espoir! Vers l'avenir!

– Gens de l'Ohio, scande Obama, si vous voulez contribuer à mon élection, si vous êtes prêts, vous pouvez dès maintenant aller voter par anticipation au bureau qui se trouve juste ici, de l'autre côté de la rue. [Hourras et applaudissements] Si chacun d'entre vous est prêt à aller chercher ses amis, ses voisins, à prendre le téléphone et à faire tout le nécessaire, je vous assure que nous ne gagnerons pas seulement en Ohio : nous remporterons l'élection générale. Vous et moi, ensemble, nous allons transformer ce pays et changer le monde. [Hourras et applaudissements] Que Dieu vous bénisse. Que Dieu bénisse les États-Unis d'Amérique. [Hourras et applaudissements] »

La culture de la célébrité a engendré ce que Benjamin DeMott appelle la « politique poubelle ». La politique poubelle ne défend pas d'idéaux comme la justice ou les droits de la personne. Elle personnalise et moralise les enjeux au lieu de les cerner. « Elle n'a que faire des débats structurés, leur préférant l'optimisme et la moralité de l'Amérique, et a massivement recours aux discours du type "je partage votre douleur" », ajoute DeMott. Avec elle, rien ne change, « c'est-à-dire que les processus et pratiques renforçant l'écheveau des privilèges socioéconomiques existants ne connaissent aucune interruption ». Cette forme de politique redéfinit les valeurs traditionnelles, favorisant « l'arrogance plutôt que le courage, la mièvrerie plutôt que l'empathie, la résignation plutôt que l'humilité, et l'anti-intellectualisme plutôt que la solidarité avec le citoyen ordinaire ». Elle « minimise l'ampleur de problèmes intérieurs graves et complexes en exagérant celle des menaces de l'extérieur. Il lui arrive d'être le théâtre de revirements tout aussi brusques qu'inexpliqués, où sont hypertrophiés de manière spectaculaire des enjeux jusque-là considérés comme peu importants ». Enfin, elle « tend systématiquement à empêcher les électeurs de prendre conscience des inégalités socioéconomiques et des autres formes d'injustice[38] ». La politique est aujourd'hui le produit d'une culture malade dont la raison d'être est incarnée par des célébrités qui, comme l'a écrit Boorstin, sont « des coquilles vides dans lesquelles se reconnaissent les êtres insignifiants que nous sommes devenus. La vie des vedettes est divertissante, mais ne saurait élargir les horizons de ceux qui les admirent, car les célébrités ne sont qu'un miroir grossissant qui reflète les hauts et les bas de monsieur et madame Tout-le-Monde[39] ».

Les électeurs qui vouent un culte à la célébrité ne s'intéressent pas aux prises de position antérieures des candidats, ni ne comparent les prétentions de ceux-ci avec les faits, données et rapports dûment publiés. Pour eux, le réel se résume à ce qui est qualifié de réel par le journal télévisé, un chef politique, la publicité ou le responsable des prêts de leur banque. Les analphabètes, fonctionnels ou complets, et les gens qui font comme s'ils l'étaient, sont entièrement coupés de tout lien avec le passé. Ils vivent un éternel présent. Ils ne comprennent pas les conditions des prêts que leur accordent des requins de la finance et qui débouchent sur la saisie de leur maison en les poussant à la faillite. Ils ne peuvent déchiffrer les clauses en petits caractères de leurs demandes de carte de crédit, qui risquent pourtant de les plonger dans un endettement excessif. Otage de la culture de la consommation, ils répètent inlassablement clichés et slogans abrutissants en se réfugiant dans le confort de leurs marques préférées. Ils fréquentent les chaînes de fast-food non seulement parce que les repas n'y coûtent pas cher, mais aussi parce qu'on peut y choisir son plat à partir d'images plutôt que de mots ; tout aussi illettrés, les employés enregistrent leurs commandes sur des caisses dont les touches sont souvent marquées de pictogrammes. Leur vie est un état permanent d'amnésie, une quête de nouvelles formes d'évasion et de satisfactions rapides.

Les célébrités nous vendent une image idéalisée de nous-mêmes qui, dans les faits, restreint nos horizons et le champ de notre expérience plutôt que de les élargir. C'est ce que Boorstin appelle « l'effet miroir » :

> Une des incidences les plus profondes et les moins remarquées de l'ère des artifices est ce que j'appellerais volontiers l'effet miroir. Presque tout ce qui est fait pour ouvrir de nouveaux horizons, rendre la vie plus intéressante, plus passionnante, plus colorée, plus « fabuleuse » et plus riche de promesses finit par avoir l'effet contraire. Les tentatives opiniâtres et minutieuses d'élargissement du champ de notre expérience accomplissent l'inverse :

elles le rétrécissent. La quête frénétique de l'inattendu accouche d'aventures minutieusement planifiées. Prisonniers de nos besoins sans bornes et de nos possibilités sans cesse accrues, nous transformons nos rêves exigeants en images faciles à comprendre. Reflet simultané de nos comportements et de ce à quoi nous nous conformons, elles abolissent la distance entre l'idéal et l'action. Les frontières de notre monde sont tapissées de miroirs : peu importe où l'on regarde, aussi loin que l'on aille, nous ne découvrons plus que nous-mêmes ; nous sommes tous désormais empêtrés dans nous-mêmes[40].

Tout acteur du théâtre politique ou de la culture de la consommation doit impérativement maîtriser l'art du faux-semblant. Un politicien qui a recours à la propagande de masse pour créer une fausse intimité avec la population n'a plus besoin d'être compétent, sincère ou honnête : il lui suffit d'en avoir l'air. Avant tout, il doit avoir quelque chose à raconter, un récit de vie. Que ce dernier soit vrai ou non, qu'il concorde ou non avec les faits, tout cela est sans importance : ce qui compte, c'est qu'il soit plausible et accrocheur. Ce sont les plus grands virtuoses de l'artifice qui l'emportent. Ceux qui ne maîtrisent pas l'art du divertissement ou n'ont pas de scénario valable à offrir sont ignorés. Ils deviennent « irréels ».

Dans cette culture de l'apparence, la communication repose sur des scénarios, des images et des pseudo-drames. Scandales, ouragans, morts prématurées, déraillements... Ces événements conviennent parfaitement à l'écran d'ordinateur ou de télévision. La politique internationale, les négociations syndicales ou les plans de sauvetage des banques ne sont ni matière à récits de vie palpitants ni source d'images captivantes. L'histoire d'un gouverneur qui fréquente des prostituées fait la manchette de tous les bulletins de nouvelles, tandis que les propos sérieux d'un politicien qui souhaite réformer une réglementation ou limiter le gaspillage de fonds publics sont jugés ennuyeux. Jadis, rois, reines et empereurs se servaient des intrigues de cour pour amuser leurs sujets ou détourner leur attention. Aujourd'hui, on nous divertit en nous gavant des petites manies des célébrités du cinéma, de la politique et du journalisme, et des scandales les impliquant. Ces histoires deviennent notre mythologie. Comme sous le règne de Néron, la comédie, la politique et les sports sont interchangeables. En cette ère du divertissement, de l'image et de la satisfaction immédiate, honnêteté et réalisme sont fort peu prisés. La réalité est complexe, soporifique, et nous sommes réticents à composer avec cette complexité, voire incapables de le faire. Nous exigeons d'être comblés, réconfortés par des clichés, des stéréotypes et des paroles inspirées : chacun peut réaliser ses ambitions ; nous vivons dans le plus formidable pays du monde ; nous nous démarquons tant par nos vertus morales que par nos attributs physiques ; l'avenir nous garantit gloire et prospérité grâce à nos qualités individuelles, à la grandeur de la nation ou au fait que nous sommes le peuple élu... Dans ce monde, la qualité première de tout système de croyances est sa constance. Le fait d'amplifier un mensonge ou un récit mythique, de le répéter et de le reprendre en boucle dans les bulletins de nouvelles lui confère une aura de vérité incontestable. Nous sommes prisonniers de ces inlassables répétitions. On nous balance des notions comme « guerre contre le terrorisme », « pro-vie » ou « changement », dans les limites desquelles la pensée complexe, l'équivoque ou l'autocritique n'ont pas leur place.

> L'avènement du divertissement a été considéré comme une expression de la démocratie venue briser les chaînes d'une prétendue répression culturelle, écrit Neal Gabler. On a dit la même chose de la consommation qui nous libérait de la vieille culture fondée sur la production en permettant à quiconque de payer pour satisfaire ses désirs. Néanmoins, tant le divertissement que la consommation ont souvent fini par provoquer la même intoxication : la dépendance au plaisir de se sentir émancipé de la raison, de ses responsabilités, de la tradition, de sa classe sociale et des autres contraintes pesant sur le soi[41].

Déconnectée de la réalité, la nation a trouvé refuge dans la pensée magique. Les faits sont reconnus ou niés selon leur concordance avec les idées reçues, si bien que la recherche de la vérité a perdu toute pertinence. Le discours public est dominé par des événements préfabriqués, allant des potins de stars aux divertissements les plus sophistiqués, en passant par les présentations savamment mises en scène des politiciens et les spectacles sportifs. « Ainsi, les pseudo-événements qui colonisent maintenant les murs échappent à ce qu'on avait coutume d'appeler le vrai et le faux. Les progrès mêmes qui sont à leur origine ont rendu les images plus vivantes, plus attirantes, plus frappantes et plus persuasives que la réalité, même si on les sait fabriquées, arrangées ou tronquées[42]. »

Dans son livre intitulé *Public Opinion*, Walter Lippmann distingue « le monde extérieur de ses représentations intério-risées par le public ». Pour lui, un « stéréotype » est un modèle, simplifié à l'excès, qui aide à donner un sens au monde. Il donne quelques exemples de stéréotypes réducteurs entrete-nus à propos de groupes entiers, comme « les Allemands », « les Européens du midi », « les Nègres », « les diplômés de Harvard », « les agitateurs », etc. Les stéréotypes, note-t-il, rassurent par le semblant de cohésion qu'ils donnent au chaos de l'existence et rendent la réalité facile à comprendre. Ils s'approchent de la propagande, comme l'a aussi remarqué Boorstin, dans la mesure où ils simplifient le réel plutôt que de l'appréhender dans toute sa complexité[43].

Les pseudo-événements, ces mises en scène orchestrées par les agents de relations publiques, les machines politiques, la télévision, Hollywood ou les publicitaires, sont d'une tout autre nature. Même si on les sait créés de toutes pièces, on peut les croire réels, car ils ont la capacité de susciter une puissante réaction émotive qui submerge la réalité en la remplaçant par un récit fictif finissant souvent par être considéré comme vrai. C'est cette capacité des pseudo-événements à prendre le pas sur la réalité qui a plongé les vétérans d'Iwo Jima dans le déses-poir. Mis au jour, un stéréotype voit sa crédibilité entachée, voire détruite. Les pseudo-événements, eux, sont immunisés contre un tel effondrement. La révélation des mécanismes sophistiqués régissant leur production ne fait qu'ajouter à leur puissance et à la fascination qu'ils exercent, comme en font foi les reportages télévisés évaluant l'efficacité des campagnes électorales. Les journalistes, en particulier ceux de la télévision, ne se demandent plus si le contenu politique qu'on y véhicule est vrai, mais plutôt si le pseudo-événement a bien rempli sa mission. On l'évalue à son aptitude à créer l'illusion. Plus un pseudo-événement semble réel, plus il est apprécié. Si l'illusion n'acquiert aucune crédibilité, on considère alors l'opération comme un échec. La vérité, elle, ne présente aucun intérêt. En politique – comme dans la plupart des domaines de la culture –, ceux qui réussissent le mieux sont ceux qui conçoivent les fictions les plus convaincantes.

Un public qui ne sait plus distinguer l'authenticité de la fiction est condamné à interpréter le réel à travers le filtre de l'illusion. Pour renforcer celle-ci et lui conférer une crédibilité, on invoquera un phénomène isolé, des données sans importance ou des anecdotes; toutefois, si ces informations nuisent au message, elles seront rejetées. Plus la réalité est dure – plus, par exemple, les saisies et le chômage augmentent –, plus les gens cherchent le réconfort de l'illusion. Quand on confond opinion et faits, quand aucune norme universelle ne permet de déterminer ce qui est vrai en droit, en sciences ou en journalisme, quand la compétence la plus prisée est l'aptitude à divertir, le mensonge devient vérité et on peut prêter foi à ce qu'on veut. Voilà le vrai danger des pseudo-événements; voilà pourquoi ils sont nettement plus pernicieux que les stéréotypes. Au contraire de ces derniers, les pseudo-événements n'expliquent pas le réel: ils s'y substituent. Ils redéfinissent le réel en fonction des paramètres établis par leurs créateurs qui, tout en retirant des profits colossaux de la vente d'illusions, ont intérêt à ce que les structures de pouvoir qu'ils contrôlent restent en place.

Dans l'ancienne culture orientée vers la production, l'individu devait avoir ce que l'historien Warren Susman appelait du caractère. La culture contemporaine, vouée à la consommation, exige de ses sujets qu'ils aient ce qu'il désignait par le terme de personnalité. Il s'agit d'un glissement de valeurs: on est passé d'une morale rigide à un artifice de l'apparence. Là où les vieilles valeurs de l'épargne et de la tempérance encourageaient le travail, l'intégrité et le courage, la culture de la consommation n'en a que pour la séduction, la fascination et la popularité. « Dans cette nouvelle culture de la personnalité, tous doivent assumer un rôle social comparable à celui d'un acteur, écrivait Susman. Chaque Américain doit se donner en représentation[44]. »

Les régimes totalitaires ont pour origine des mouvements sociaux propagandistes qui font mine d'inviter les gens à « adopter les croyances qui leur conviennent ». Il s'agit cependant d'une ruse. La droite chrétienne, par exemple, milite pour l'enseignement du créationnisme en le présentant comme une option à considérer par rapport à la théorie de l'évolution enseignée dans les cours de biologie. Attribuer au créationnisme le statut d'option, alors qu'il s'agit d'une doctrine que nul biologiste ou paléontologue sérieux ne considère comme scientifique, revient pourtant à lancer un assaut meurtrier contre la notion même d'un travail intellectuel rigoureux et impartial. Un bref passage dans l'univers hermétique d'une école chrétienne suffit pour se rendre compte qu'on y enseigne exclusivement les thèses créationnistes. Si les tenants de ce courant prenaient le pouvoir, leur défense du principe de la diversité des points de vue laisserait vite place à un intégrisme tout aussi intransigeant qu'irrationnel.

Avec leur propension à substituer des faux-semblants à la réalité, les pseudo-événements sont à la culture au sens large ce que le créationnisme est à la droite chrétienne : ils ébranlent la vérité. Ils sont suffisamment convaincants pour engendrer leur propre réalité. Chacun de nous porte en soi des sentiments et des perceptions à l'égard des politiciens, des célébrités, du pays ou de la culture qui sont en fait des mirages découlant de pseudo-événements. Là où le lavage de cerveau annihile tout libre arbitre, le recours aux pseudo-événements persuade, si bien que des millions de personnes deviennent incapables de discerner ou de remettre en cause les structures qui les appauvrissent, voire qui détruisent leur vie. La culture de l'illusion rejette les valeurs fondamentales d'une société ouverte. Elle mine l'aptitude à réfléchir par soi-même, à tirer ses propres conclusions, à exprimer sa dissidence quand le bon sens indique que quelque chose ne tourne pas rond, à s'auto-critiquer, à contester l'autorité, à découvrir l'histoire, à reven-diquer des changements et à reconnaître qu'il existe une diversité de points de vue et de manières d'être socialement et moralement acceptables. Un peuple privé de la capacité à dis-tinguer le vrai du faux et tenu en otage par les faux-semblants que produisent les pseudo-événements n'est plus en mesure d'assurer la continuité d'une société libre.

Ceux qui baignent dans l'illusion sont aveugles aux signes de catastrophe. Il est rare que la dégradation de la planète, la cruauté du capitalisme mondialisé, l'imminence d'une crise du pétrole, l'effondrement des marchés financiers ou les dan-gers de la surpopulation viennent ébranler les illusions voilant la conscience. Les mots et les images employés par les créa-teurs de pseudo-événements pour interpréter le monde n'ont aucun rapport avec ce qui se passe autour de nous. Loin d'avoir mis un terme au mythe, les progrès scientifiques et technolo-giques ont plutôt renforcé son pouvoir trompeur. Nous vivons dans des mondes imaginaires, virtuels, créés par des entrepri-ses qui profitent de notre mystification. Les produits et expé-riences (en fait, les expériences en tant que produits) tant vantés par les célébrités sont des mirages. Ils font miroiter à ceux qui les achètent le renouveau de leur personnalité, la gué-rison de leurs blessures. Comme l'écrit Wendell Berry dans *The Unsettling of America* :

> Les gens dont la culture politique est fondée sur le renoncement au pouvoir, au savoir et au sens des responsabilités, et dont la souffrance psychique se caractérise par une angoisse de l'inuti-lité, n'hésitent pas à dépenser sans compter. Ce sont des consom-mateurs idéaux. En les exposant à de petites doses d'ennui, d'impuissance, de misère sexuelle, de mortalité et de paranoïa, on peut leur faire acheter pratiquement n'importe quoi (ou voter pour n'importe qui), tant que l'emballage est « attrayant »[45].

Le marché ne manque d'ailleurs pas de produits qui pro-mettent stimulation, puissance, charme, invincibilité, popula-rité, beauté et originalité.

L'adhésion à cette foi aveugle en l'illusion est une variante sécularisée de la conversion. Ces faux-semblants nous font croire que nous avons tous droit au bonheur et au succès, que notre marasme est provisoire, que nous pouvons apaiser nos souffrances en misant uniquement sur notre force intérieure et qu'il faut honorer le culte de soi. Critiquer ces illusions et dénoncer leur caractère mensonger en mettant au jour la cruauté de ce régime dominé par la grande entreprise équivaut à admettre qu'on a perdu la foi, à apostasier. Avec son bonheur de façade, ses émotions fabriquées et sa confiance dans la bienveillance du pouvoir, la culture de l'illusion nous impose de chanter avec le chœur, sans quoi nous nous verrons immédiatement éliminés, comme les perdants d'une émission de télé-réalité.

Chapitre 2

L'illusion de la sexualité

> *Le capitalisme n'est pas mauvais ou cruel lorsque la marchandise*
> *livrée est une putain ; le profit n'est pas mauvais ou cruel lorsque le travailleur*
> *aliéné est une pièce de viande femelle ; les vampires de la grande entreprise ne*
> *sont pas mauvais ou cruels lorsqu'ils s'organisent en bandes criminelles pour*
> *vendre du cul ; le racisme n'est pas mauvais ou cruel lorsque c'est une salope*
> *noire, asiatique, latina ou juive qui écarte les cuisses pour satisfaire les envies*
> *du premier venu ; la pauvreté n'est pas mauvaise ou cruelle lorsqu'elle s'en*
> *prend à des femmes dépossédées qui n'ont que leur corps à vendre ; la violence*
> *des dominants contre les dominés n'est pas mauvaise ou cruelle lorsqu'elle*
> *s'appelle sexe ; l'esclavage n'est pas mauvais ou cruel lorsqu'il est sexuel ;*
> *la torture n'est pas mauvaise ou cruelle lorsque ce sont des femmes,*
> *des putes, qui en sont victimes. La nouvelle pornographie est progressiste ;*
> *c'est un vaste cimetière où la gauche se laisse mourir.*
> *La gauche ne peut avoir à la fois ses putains et ses politiques[1].*
>
> Andrea Dworkin

DANS UN RECOIN du centre des congrès Sands Expo, à Las Vegas, se trouve le stand de la fondation Pink Cross, où l'on distribue des tracts contre la pornographie. Celui-ci jure un peu dans le décor du salon annuel organisé par le magazine *Adult Video News* (AVN) : d'obédience chrétienne, cette association dirigée par l'ex-vedette porno Shelley Lubben vient en aide aux femmes qui travaillent dans l'industrie de la pornographie.

Dans un congrès qui célèbre l'industrie porno, il va de soi que le stand de Lubben n'est pas des plus fréquentés. La plupart des visiteurs du salon sont des hommes d'âge moyen déambulant dans les allées avec un appareil photo pendu au cou. Les rares qui se rendent au fond de la salle jettent un regard curieux à la banderole rose et passent leur chemin.

Certes, le hall d'exposition regorge d'un contenu bien plus attrayant. Les stands tenus par des producteurs et des distributeurs de porno abondent. Sur nombre d'entre eux, le public est accueilli par des femmes en minijupe et soutien-gorge qui tournoient, se penchent et écartent les jambes en s'agrippant à des barres de strip-teaseuse, font semblant de se masturber et montrent leurs seins à la foule de curieux. Suspendues au plafond, d'immenses banderoles annoncent les nouvelles parutions, comme *Anal Buffet*, *Fetish Fuck Dolls*, *Gangbang My Face 3*, *Fuck Slaves 3*, *Milk Nymphos 2* et *Slutty and Sluttier 6*.

À une trentaine de mètres du stand de la fondation Pink Cross se trouve celui de VegasGirls, un service local d'escortes. Sur la table se trouve un genre de roue de fortune dont l'allure artisanale rappelle quelque bricolage d'écolier. Ceux qui la font tourner courent la chance de gagner divers rabais, voire la visite gratuite d'une strip-teaseuse. De petites cartes au fini glacé sont disposées en éventail. Sur chacune d'elles, on peut voir la photo d'une femme à peine vêtue posant de manière suggestive, un prénom, le numéro de téléphone de l'agence et la mention « Photo authentique ».

« Si tu veux photographier mes nichons, tu dois prendre ma carte, explique une femme à un homme d'âge moyen qui brandit un appareil photo.

– Si j'appelle à ce numéro, est-ce que c'est toi qui vas venir ?

– Tiens, chéri, dit-elle en lui tendant sa carte. Je vais venir. »

Des vedettes pornos sont présentes sur de nombreux stands. On y voit aussi des hommes faire la queue patiemment, dans l'espoir d'obtenir un autographe et, qui sait, de se faire photographier avec une vedette des studios Wicked Pictures, comme Kaylani Lei, Kirsten Price ou Jessica Drake. En général, pour les besoins de la photo (prise par un ami ou quelqu'un d'autre se trouvant dans la file), ils enlacent la taille de l'actrice qui prend alors un air coquin, empoigne l'entrejambe du client ou se passe la langue sur les lèvres. Sur les stands, des écrans géants passent des films pornos en continu : scènes de sexe anal, orgies, fellations. Diffusées à profusion dans tout le centre des congrès, ces images deviennent très vite abrutissantes.

Dans un film porno, il n'est pas question de sexe. Les actrices n'y jouent pas, car aucune d'elles n'est autorisée à y montrer le moindre signe de sa personnalité. La seule émotion qu'on leur permet d'exprimer est le désir irrépressible de satisfaire les envies des hommes, en particulier celles qui requièrent leur humiliation physique et psychologique. L'éclairage est cru, clinique, et les images sont retouchées. Les femmes ont le sexe rasé afin d'avoir l'air de petites filles ou de poupées gonflables. Le porno, qui prétend être sexualité, n'en est qu'une pâle imitation, tout aussi tordue que sophistiquée. Les actes qu'il met en scène vont au-delà de ce qu'un humain peut endurer et les scénarios sont absurdes. Corps sculptés, toilettés et manucurés, poitrines aussi opulentes qu'artificielles, lèvres gonflées qui font la moue, érections éternelles... tout cela n'a rien de réel. Le maquillage et la postproduction masquent les imperfections. On n'y voit aucune sueur perler, aucune ride sillonner la peau, aucun comédon. La sexualité y est réduite à un éventail de pratiques limité. Point de corps humides et enchevêtrés, de battements de cœur, de souffles brûlants et d'ardente tendresse. Les actrices sont des marionnettes, des produits femelles bien emballés. Privées de la moindre émotion, dépourvues de toute beauté authentique, elles semblent faites en plastique. La pornographie ne fait pas l'apologie du sexe, si l'on définit celui-ci comme étant une rencontre entre deux partenaires. Elle sert plutôt la cause de la masturbation, excitation solitaire qui exclut l'intimité et l'amour. Elle offre la possibilité de se branler au détriment d'autrui.

« J'ai été accro au porno pendant deux ans », confie Scott Smith, 29 ans, originaire de Cleveland, Tennessee, qui tient le stand de la fondation Pink Cross. Il a commencé à regarder des sites internet pornos pendant ses premières années d'université.

« Au début, j'y allais une fois par jour, généralement la nuit, quand mon colocataire n'était pas là, poursuit-il. Tu essaies de faire ça discrètement. Plus tard, je me suis mis à en regarder plusieurs fois par jour, juste le temps qu'il fallait pour me masturber. Je n'ai jamais compris pourquoi ils font des films si longs : moi je les arrêtais toujours aussitôt que j'avais joui. »

Smith raconte que ces images ont miné son aptitude à vivre l'intimité. Il n'était plus capable de distinguer ses fantasmes pornographiques de la réalité de ses relations. « Le porno perturbe ta manière de voir les femmes, explique-t-il. Tu finis par vouloir que celles que tu fréquentes se comportent comme celles que tu vois dans les films de cul. J'avais peur de m'engager dans une relation. Je ne savais pas à quel point j'étais atteint. Je ne voulais faire de mal à personne, alors je me tenais loin des femmes. »

Chaque année, environ 13000 films pornographiques sont tournés aux États-Unis, pour la plupart dans la vallée de San Fernando, en Californie. Selon l'*Internet Filter Review*, les revenus mondiaux de la pornographie, si l'on tient compte de ceux de la distribution dans les chambres d'hôtel et certains bars ainsi que de l'univers en expansion du sexe sur internet, ont atteint 97 milliards de dollars en 2006. Ce montant est supérieur aux revenus de Microsoft, de Google, d'Amazon, d'eBay, de Yahoo!, d'Apple, de NetFlix et d'EarthLink combinés. Aux États-Unis seulement, les ventes annuelles de l'industrie sont estimées à plus de 10 milliards. L'économie de la pornographie ne fait pas l'objet d'un suivi systématique. On sait cependant qu'il s'agit d'un domaine très lucratif pour certaines sociétés américaines parmi les plus importantes : General Motors a longtemps été l'un des principaux actionnaires de DirecTV, qui distribue chaque mois plus de 40 millions de flux vidéo pornos dans les foyers des États-Unis ; AT&T Broadband et Comcast Cable sont quant à elles les deux plus importantes entreprises à satisfaire les amateurs du genre, par l'entremise de leurs réseaux Hot Network et Adult Pay Per View, pour ne nommer que ceux-là. AT&T et DirecTV récoltent environ 80 % des sommes dépensées par les consommateurs de porno.

Les 12-17 ans sont de grands consommateurs de pornographie sur internet. Ce groupe est d'ailleurs de plus en plus ciblé par les producteurs. « La moyenne d'âge des utilisateurs a baissé, en particulier au Royaume-Uni et en Europe continentale, explique Steve Honest, directeur de production de la filiale européenne de Bluebird Films. La pornographie est devenue le nouveau rock'n'roll. Les jeunes l'adoptent comme mode de vie et y dépensent leur argent. Nous ciblons une clientèle de 16 à 25 ans et plus.»

Au stand de la fondation Pink Cross, je fais connaissance avec Patrice Roldan, 26 ans. La jeune femme, qui a fait carrière sous le pseudonyme de Nadia Styles, a joué dans son dernier film porno en novembre 2008. Sa feuille de route compte près de 200 films, dont *Lord of Asses*, *Anal Girls Next Door*, *Monster Cock Fuckfest 9*, *Deep Throat Anal*, *Trophy Whores* et *Young Dumb & Covered in Cum*. Cheveux noirs, 1,65 mètre, 50 kilos, Roldan est vêtue d'une ample robe noir et violet, et porte un foulard, des bas, des mi-bas et des ballerines, noirs aussi. Elle semble avoir choisi la tenue qu'une vedette porno ne devrait jamais porter en public : celle d'une maîtresse d'école.

Comme bien des femmes qui dérivent dans l'univers de la pornographie ou de la prostitution, Roldan a eu une enfance difficile, marquée entre autres par la violence de sa mère. Chassée par elle de la maison à l'âge de 17 ans, elle passe quelque temps dans des refuges pour sans-abri. Un jour, elle répond à une petite annonce parue dans le *LA Weekly* qui demande des modèles féminins pour une rémunération de 1 000 dollars. Il s'agit là d'une porte d'entrée courante dans l'industrie porno. Elle commence par jouer dans des scènes diffusées sur internet. À l'époque, elle a un petit ami et elle se sent «coupable» de lui cacher son nouveau travail, mais le salaire est bon. Le petit ami finit par découvrir le pot aux roses, si bien que leur relation dégénère et devient violente, verbalement et physiquement. Roldan prend ensuite du galon et passe d'internet au cinéma. Elle a 19 ans lors du tournage de son premier film.

«Le tournage d'un film est une tout autre expérience, me raconte-t-elle alors que nous nous asseyons non loin du stand de la fondation. Mon premier film a été produit par le studio New Sensations. On m'a maquillée. Il y avait un décor, des caméramans partout. Je me sentais comme une star. C'était une scène de couple classique. À cette époque, j'essayais seulement de survivre.»

On lui avait promis 1 000 dollars pour ce premier film. On ne lui en remettra que 600 après le tournage, avec en prime une gonorrhée. Chaque mois, les vedettes pornos subissent des tests de dépistage du VIH et d'autres infections transmises sexuellement, mais elles «font tant de scènes entre les tests qu'on peut dire qu'un mois, c'est long». Une fois guérie, elle se met à participer à trois ou quatre tournages par mois. Au cours de sa carrière, elle connaît plusieurs épisodes de gonorrhée et d'autres ITS. Elle tombe enceinte et se fait avorter. Les exigences du métier se font de plus en plus dures. On la filme avec de multiples partenaires et les scènes deviennent «extrêmement brutales; ils me tiraient les cheveux, me giflaient comme une vulgaire poupée de chiffon».

«Le lendemain, j'avais mal partout, se souvient-elle. C'est arrivé souvent. À une époque, seules quelques stars, comme Linda Lovelace, acceptaient de faire des trucs comme le sexe anal. Aujourd'hui, tout le monde s'attend à ce que tu le fasses.»

Plus tard, on l'affecte aux films *gonzo.* Généralement tournés dans une maison ou une chambre d'hôtel, les films *gonzo* sont de la «porno-vérité». On y voit souvent les acteurs s'adresser directement au public par l'intermédiaire de la caméra. Ces films, qui ont repoussé les limites de la pornographie, sont généralement très violents et les actrices doivent y copuler avec un nombre élevé de partenaires successifs. Selon le magazine *Adult Video News,* «les films *gonzo* ou sans intrigue dominent aujourd'hui largement l'industrie porno: ils coûtent beaucoup moins cher à tourner que les films avec scénario et, élément tout aussi important, ils constituent un produit de choix pour le masturbateur solitaire qui souhaite aller droit au but, se branler devant les bons passages; si, par la suite, il veut se farcir une histoire avec acteurs et dialogues, il n'a qu'à se louer le dernier DVD offert par Netflix[2]».

Pendant chaque tournage, Roldan doit se faire sodomiser par plusieurs partenaires, pour la plupart «très brutaux». Par moments, un homme lui pénètre l'anus en même temps qu'un autre lui pénètre le vagin et qu'elle fait une fellation à un troisième qui finit par éjaculer sur son visage. Elle doit se livrer à des «baises faciales» à répétition, des hommes font aller et venir leur pénis dans sa bouche sans ménagement. Elle subit aussi ce que, dans le jargon du milieu, on appelle «ATM» (pour *ass-to-mouth*, «du cul à la bouche»), où un homme retire son pénis de l'anus de la femme pour l'insérer immédiatement dans sa bouche.

Pendant qu'elle me parle de sa carrière d'actrice porno, le regard de Roldan devient vide, absent. Sa respiration se fait haletante, sa voix monocorde. Je reconnais les symptômes que j'ai constatés lors d'interviews de personnes marquées par la guerre souffrant du syndrome de stress post-traumatique. «Ce que vous décrivez là, c'est un traumatisme», lui dis-je. «Oui», répond-elle calmement.

Shelley Lubben, qui a elle aussi été actrice porno, abonde dans le même sens. «Tu dois faire ce qu'on te demande, explique-t-elle. La concurrence est trop forte. Ils peuvent toujours trouver d'autres filles. Celles qui amènent des amies sont récompensées. Elles se sentent comme des célébrités, attirent l'attention. Elles cherchent avant tout à être sous les projecteurs, à mettre leur ego en valeur, à gagner en notoriété. Elles ne sont pas conscientes de l'avilissement qu'on leur fait subir. Elles sont d'une génération qui a grandi devant la porno. Elles en sont saturées et ne se demandent même pas si c'est bien ou mal: elles sont tombées dedans. Elles se droguent pour s'engourdir. Elles se font déchirer l'anus et subissent des hémorragies de l'utérus, contractent le VPH et l'herpès, éteignent toute émotion et meurent. Leur esprit est en panne. Comme les vétérans du Vietnam, elles souffrent du syndrome de stress post-traumatique. Elles ne savent plus qui elles sont et passent leur temps dans les boutiques de vêtements ou à se droguer. Elles ne s'achètent pas de maison. Elles font la fête et, à la fin, elles se retrouvent comme moi, sans rien d'autre qu'un herpès génital et une paire de faux seins.»

«La dépendance à la pornographie ressemble à toutes les autres, reprend Lubben. Dans un premier temps, on est curieux, mais, très vite, on a besoin de drogues de plus en plus dures pour être satisfait: *gang bangs,* bestialité, pornographie juvénile... Ça devient de plus en plus dégoûtant. Dans mon temps, on ne faisait jamais d'ATM. Aujourd'hui, celles qui le font le mieux gagnent des prix. De plus, les hommes dépendants font sentir à leurs femmes qu'elles ne sont pas à la hauteur des vedettes pornos. Ils se demandent : "Pourquoi ne me suce-t-elle pas comme une star porno ?" Ce qu'ils veulent n'est pas réel. La pornographie détruit l'intimité. Je les reconnais tout de suite, les hommes dépendants : ils sont éteints, incapables de me regarder dans les yeux. L'intimité leur est inaccessible. »

« Dans les années 1970, continue Lubben, quand les mœurs et les lois ont commencé à évoluer et que le porno a cessé d'être un phénomène marginal, on avait un scénario standard avec pénétrations vaginales et fellations – les scènes de sexe anal étaient relativement rares –, qui se terminait par une éjaculation sur le corps de la femme. »

Robert Jensen, auteur de *Getting Off: Pornography and the End of Masculinity,* m'a expliqué un jour : « Sitôt que le marché a été saturé de milliers de films, l'industrie porno a dû inventer de nouveaux concepts pour maintenir la croissance de ses bénéfices. Il fallait que ceux-ci procurent des sensations inédites. Elle aurait pu explorer la piste de l'intimité, de l'amour, des liens entre deux personnes, mais cela n'intéressait pas son public, majoritairement masculin. Elle a plutôt mis l'accent sur le pouvoir et la cruauté des hommes avec, dès les années 1980, le sexe anal comme moyen de domination des femmes. On a ensuite assisté à une escalade : pénétrations multiples, double pénétration anale, bâillon et autres pratiques physiquement et psychologiquement dégradantes. »

« Que dire d'une culture où la cruauté est si facile à vendre ? Quelle est la différence entre l'apologie de la violence guerrière et celle de la violence propre à la domination sexuelle ? Selon moi, si tant de gens trouvent difficile de parler de pornographie, ce n'est pas parce qu'il est question de sexualité : notre culture est saturée de sexe. C'est plutôt parce qu'elle traduit une réalité très embarrassante : nous acceptons que la culture soit noyée d'images de femmes réduites à l'état de marchandises sexuelles. De plus en plus, la pornographie ne montre pas des femmes s'adonnant à des activités sexuelles, mais plutôt des corps féminins faisant l'objet de pratiques d'une cruauté croissante. De nombreux hommes – peut-être la majorité d'entre eux – aiment ça. »

Toute cette cruauté a des conséquences néfastes non seulement sur les esprits, mais aussi sur le corps des actrices. Elles sont nombreuses à subir à répétition des déchirures vaginales ou anales nécessitant de la chirurgie. Une fois consacrées, certaines vedettes, telle Jenna Jameson, ont le loisir de refuser de jouer avec des hommes et n'acceptent que les scènes avec d'autres femmes. Toutefois, rares sont celles qui acquièrent un tel pouvoir de négociation. Comme la plupart de ses consœurs, Roldan s'abstenait de manger à la veille d'un tournage : elle purgeait son appareil digestif à coups de lavements et de laxatifs. « Je me laissais crever de faim pour ne pas avoir à sucer ma propre merde, explique-t-elle. Le pire, c'était quand la queue du gars sortait du cul sale d'une autre fille. Pas le choix, il fallait le faire. »

« Je n'étais plus capable d'aller aux toilettes, poursuit-elle. Je suis devenue végétarienne, et ça ne marchait pas plus. Je prenais des lavements et des laxatifs. Je me suis fait faire un nettoyage du côlon : on m'a littéralement rincé l'intestin à l'eau. Parfois, mon anus restait grand ouvert pendant des jours. C'était terrifiant. »

On encourage les acteurs pornos à faire preuve de brutalité et d'hostilité. Certains hommes, raconte Roldan, « haïssaient les femmes ; ils me crachaient au visage. La première fois, ça m'a démolie, mais à cause des mauvais traitements que j'ai subis dans ma jeunesse, je me disais que c'était bien qu'ils soient brutaux. Je disais des trucs comme : "Traite-moi comme une petite garce", "Je suis ta pute" ou "Baise-moi comme une salope". Je m'attribuais les qualificatifs les plus dégradants parce que je croyais que c'était ça, être sexy, et que c'était ce que les gens voulaient entendre, au moins ceux qui achètent ce genre de films. Pour eux, tu n'es qu'une pute. Tu n'es rien, et ils veulent voir que tu le sais ».

Roldan devait souvent jouer avec des hommes qui la dégoûtaient, dont la sueur et l'odeur la « hérissaient ». Sitôt les caméras arrêtées et les spots éteints, elle quittait les lieux en titubant, tout endolorie, le visage souvent couvert de sperme. « On me donnait parfois une serviette de papier pour m'essuyer le visage, mais il arrivait qu'on me dise : "Ne nous touche pas. Tu es dégueulasse." Je me souviens de la première fois que j'ai eu le visage enduit de sperme. J'étais écœurée, mais j'ai assuré. J'ai fait semblant d'avoir aimé tout ce qu'ils m'avaient fait. J'étais fière d'être une bonne actrice de *gonzo*. C'est ce qui m'a rendue célèbre. »

Dans la deuxième année de sa carrière, son revenu annuel a atteint les 100 000 dollars. Elle s'est mise à consommer divers médicaments, dont des analgésiques et des relaxants musculaires.

« Le style de vie d'une vedette porno, c'est de dépenser son argent à mesure qu'elle le gagne en achetant de l'herbe, de l'alcool, de la coke, de l'ecstasy et du Vicodin, résume-t-elle. Je tenais à être la bonne *gonzo girl* qu'ils voulaient que je sois. Je prenais tout ça pour ne rien ressentir. L'année suivante, j'ai troqué le Vicodin pour la vodka, et je me suis mise à en boire des bouteilles entières. Toutes les filles que j'ai connues prenaient de l'alcool. Le fait de boire nous empêchait de sentir la douleur, tant physique que psychologique. Je me rappelle être rentrée chez moi un jour en voiture et m'être dit : "Je pourrais me faire arrêter pour conduite avec facultés affaiblies." »

Roldan avait l'habitude de socialiser avec les autres actrices qu'elle appelle, comme tout le monde dans l'industrie, les « filles ». Elles passaient souvent leurs journées à boire. « La plupart d'entre elles se sentent très seules », me confie-t-elle. Vivre une relation amoureuse lui manquait, « mais l'idée d'avoir un petit ami me semblait bizarre ».

Des entreprises du domaine de la pornographie comme JM Productions ou Extreme Associates, qui diffusent un vaste éventail d'agressions infligées aux femmes, comme des scènes de viol on ne peut plus explicites, ne font rien pour dissimuler l'inconfort et la douleur qu'endurent leurs actrices. Au contraire, inconfort et douleur sont les principaux arguments de vente de leurs produits. JM Productions a lancé les premières vidéo de «baises de gorge brutales», comme en témoigne la série *Gag Factor,* dans laquelle des femmes se font enfoncer des pénis dans le gosier jusqu'à ce qu'elles aient des haut-le-cœur, voire jusqu'à ce qu'elles vomissent. Sur le site internet consacré à la série, les producteurs promettent «les meilleures baises de gorge jamais filmées» et illustrent leur engagement avec des photos de femmes en train de faire des «gorges profondes». Le résumé d'un des films commence par une fiche semblable à un casier judiciaire: «Pervertie le: 10 octobre 2008. Nom: Ashley Blue. [...] Âge: 25 ans. Statut: Heureuse? Ville natale: Thousand Oaks, Californie.» La fiche accompagne la photo d'une femme aux cheveux noirs, couchée sur le dos, les yeux fermés. Elle a un pénis enfoncé dans la gorge et le visage couvert de sperme.

«Nous fêtons ton départ à la retraite! continue le résumé. Vous êtes nombreux à vous rappeler que la supergarce Ashley Blue est la salope de service officielle de JM depuis longtemps. Mais, comme les semelles des vieilles chaussures, les putes du porno finissent par s'user, et il faut alors s'en débarrasser. Nous soulignons donc le départ à la retraite d'Ashley en lui offrant cette dernière baise faciale. Profitez-en[3]!»

*

* *

Las Vegas, ville de toutes les illusions, se prête parfaitement à la célébration de la pornographie. Cœur corrompu et volontairement dépravé de l'Amérique, elle est, comme l'a si bien dit Marc Cooper, le dernier bastion de la sincérité en Amérique. Las Vegas, en effet, s'est départie du moralisme et de l'hypocrisie propres à la société de consommation, dont elle révèle ainsi l'essence. On y célèbre la marchandisation des êtres humains dans un tapage de couleurs criardes. Ici, point de passé, point d'histoire, point de sens de la continuité, point de véritable communauté. Les immenses complexes touristiques et les grands casinos illuminant le désert sont des monuments érigés à la gloire de l'avidité et du vice, dans un pays affligé par la dégradation de l'environnement, les fermetures d'usines et de commerces, le délabrement des infrastructures et l'appauvrissement de la population.

Las Vegas est la capitale du spectacle. Toutes les heures, sur le lagon artificiel du casino Treasure Island, on présente une bataille navale opposant deux clippers armés de canons à fumée et mettant en scène des femmes pirates court-vêtues. Au New York-New York, les touristes peuvent admirer une réplique de l'horizon de la ville éponyme. Ceux qui préfèrent Venise opteront pour un tour de gondole en contreplaqué conduite par un apprenti chanteur d'opéra sur les canaux intérieurs de l'hôtel Venetian, qui imitent ceux de la Cité des Doges. D'autres assisteront à la pathétique éruption du volcan artificiel embrasant de sa fausse lave les arbres en plastique de la « forêt tropicale » attenante à la réception du Mirage, avant d'aller manger au pseudo-bistro français Mon Ami Gabi, à l'ombre d'une copie en modèle réduit de la tour Eiffel.

Un midi, dans le vain espoir d'échapper à la laideur et à la cacophonie du Strip, je suis allé manger chez Mon Ami Gabi, où les serveurs portent veste noire, chemise blanche, nœud papillon noir et long tablier blanc. Toutefois, comme partout ailleurs à Las Vegas, il n'y a là qu'un exotisme de façade. Le menu propose hamburgers, sandwichs, gaufres et, ce que je suppose être une concession à la France, du pain perdu, que les Américains appellent *french toast*. Les clients ont une vue sur le forum du Caesars Palace, décoré de statues romaines qui parlent, mais pas en latin, bien sûr. De là, quelques pas suffisent pour se rendre au Luxor, où l'on peut voir les pyramides de Gizeh en modèle réduit.

Las Vegas offre une caricature des autres cultures et des autres pays. La ville est un monument aux pseudo-événements, un lieu où l'on peut faire l'expérience des stéréotypes comme s'ils étaient réels. Derrière la façade de chaque hôtel thématique et de chaque casino se trouvent cependant les mêmes machines à sous, les mêmes jeux de roulette, les mêmes tables de blackjack, bref, les mêmes sources d'abrutissement. À Las Vegas, le touriste visite des variantes aseptisées et tronquées d'autres pays, exemptes d'étrangers à la langue incompréhensible, aux mœurs bizarres, aux idées et traditions différentes et à la cuisine singulière. Ici, tout le monde parle anglais ; les Américains sont majoritaires. Au-delà des apparences, tout est pareil. Partout, il y a de la bière pression et des hamburgers. Le tumulte du monde réel, avec sa multitude de cultures et de modes de vie, est dépersonnalisé, nettoyé, rassurant, accessible. Il ne s'agit toutefois que d'un jeu. Le New York-New York plume sa clientèle avec la même efficience que le Luxor. C'est là précisément le but du jeu : encaisser l'argent du touriste ; une fois ses poches vides, celui-ci n'a plus la moindre importance. Au contraire du reste du pays, Las Vegas affiche avec une brutale franchise sa nature profiteuse.

Las Vegas récupère le discours réconfortant de la télévision. Bon nombre de machines à sous font d'ailleurs entendre les indicatifs musicaux de films ou d'émissions de télé, et empruntent les voix de personnages d'*Austin Powers*, d'*I Love Lucy* ou de *The Price is Right* pour enhardir leurs clients qui, la mâchoire pendante et les yeux vitreux, tirent à répétition le bras des appareils ou, comme on le voit de plus en plus, appuient sur un bouton pour faire défiler les pictogrammes. À Las Vegas, un exotisme illusoire maquille la banalité rassurante d'un univers familier. Dans ce pays dont moins de 10 % de la population détient un passeport, combien de citoyens sont en mesure de faire la différence entre l'illusion de la France et la France réelle ? Entre celle de l'Égypte et la vraie Égypte ? Qui s'en soucie ?

En 1985, dans son essai intitulé *Se distraire à en mourir*, Neil Postman a qualifié Los Angeles de « capitale symbolique » des États-Unis :

> Au cours de l'histoire, différentes villes se sont succédé comme centre de rayonnement de l'esprit américain. À la fin du XVIIIe siècle, Boston, par exemple, fut le foyer d'un progressisme politique dont le retentissement se fit entendre dans le monde entier – et seuls les faubourgs de Boston étaient susceptibles d'être le point de départ d'un tel mouvement de pensée. [...] Au milieu

du xixᵉ siècle, New York devint le symbole du *melting pot* américain [...]. Au début du xxᵉ siècle, Chicago, ville des hommes aux épaules larges et des grands vents, symbolisa l'énergie et le dynamisme de l'Amérique industrielle. Il devrait exister quelque part dans Chicago une statue de *hog butcher* [jeu de mots sur *hog*, qui signifie à la fois cochon et locomotive] pour rappeler l'Amérique des chemins de fer, des bestiaux, des aciéries et des entrepreneurs aventuriers. [...]

Aujourd'hui, il faut se tourner vers Las Vegas pour trouver la métaphore de notre personnalité et de nos aspirations nationales ; son symbole étant un panneau publicitaire de dix mètres de haut représentant une machine à sous et une *girl*. Ville entièrement consacrée au divertissement, Las Vegas est la parfaite image de notre civilisation dans laquelle tous les discours publics prennent de plus en plus la forme de divertissements. Notre politique, notre religion, nos informations, nos sports, notre éducation et notre commerce ont été transformés en joyeux sous-produits du show-business. Et cela sans guère soulever de protestations et sans même que la plupart des gens ne s'en aperçoivent[4].

Le Strip de Las Vegas est un véritable monument au culte américain de l'enfance éternelle, érigé sur notre peur de devenir adultes. Dans *The Last Honest Place in America,* son portrait de Las Vegas, Marc Cooper écrit :

Dans une société baignant dans l'univers télévisuel, où la frontière entre enfance et âge adulte est de plus en plus floue, voire en voie d'être effacée, où enfants et adultes s'habillent de la même façon, mangent la même chose, ont souvent les mêmes expressions et passent des heures devant les mêmes émissions de télé valorisant le factice au détriment de l'authentique (comme en font foi les manigances sophistiquées de la télé-« réalité » ou le fait de qualifier de « paysages » des hôtels faits d'acier et de béton), il est peu surprenant de constater qu'une éruption volcanique bidon ou un combat de pirates arrangé émerveillent tout autant les enfants de dix ans que leurs parents. En ajoutant à cela le fait que les Américains trouvent un certain réconfort dans le culte de la technologie, y compris celle qui sert des fins si puériles, la logique du Strip commence à devenir parfaitement intelligible[5].

La trame des films pornographiques est souvent empruntée aux émissions de télé-réalité ou aux sitcoms les plus populaires. Au salon d'AVN, je me retrouve face à un présentoir qui fait la promotion d'une nouveauté intitulée *I'm Dreaming of Genie* (titre évoquant la sitcom *I Dream of Jeannie*). La maison qui l'a produite a aussi fait *Paris and Nicole Go to Jail* (qui s'inspire de l'émission de télé-réalité *The Simple Life*) et *Getting It Up with the KardASSians* (qui rappelle *Keeping Up with the Kardashians,* une autre télé-réalité). Jessica Lynn, 23 ans, joue le rôle de Genie ; présente sur le stand, elle porte un costume identique à celui de la célèbre princesse des mille et une nuits de la télévision.

« Généralement, je fais ce que j'ai envie de faire et je réfléchis ensuite, confie-t-elle. Je ne fais pas encore de sexe anal ; je joue essentiellement dans des scènes "homme-femme" et "femme-femme". » Elle pratique l'ATM, mais affirme qu'elle « n'aime pas ça ; il y a beaucoup d'infections ». Elle prétend pouvoir jouir pendant un tournage, ce qui n'arrive jamais, selon la plupart des ex-actrices pornos (dont Lubben). « Je peux jouir s'il y a un vibrateur », précise-t-elle. Récemment, raconte Lynn, ses parents ont découvert son métier et lui ont demandé d'y renoncer. Son petit ami, qu'elle appellera plus tard son « mari », « est à l'aise avec ça ». Elle lui amène quelquefois « des filles à la maison ». « J'adore regarder mon mari baiser d'autres filles, le voir leur donner du plaisir. » Elle raconte avoir joué dans des scènes « où ça devenait trop violent, trop dur », et a déjà vu « un acteur boire son propre sperme ». Elle dit épargner de l'argent en vue d'étudier à l'université et affirme se tenir loin des drogues. « Il y a beaucoup de filles qui craquent. Elles m'appellent. J'ai reçu pas mal d'appels. Leur vie les tourmente, elles sont presque toutes toxicomanes. »

Jeff Thrill écrit des scénarios de films pornos pour Hustler Video Group sous le nom de plume de Roger Krypton. Il est l'auteur de *Not the Bradys XXX*, de *This Ain't the Munsters XXX*, de *Very Happy Days*, de *This Ain't Gilligan's Island XXX* et de *This Ain't the Partridge Family XXX*, dont l'affiche est décorée d'une rangée de petits oiseaux en forme de pénis ailés.

« Il y a toujours eu des pastiches dans le porno », observe-t-il. « Dans le passé, on a pu voir *Forrest Hump*, par exemple. Ces imitations n'étaient pas très fidèles, par contre. Dans mes films, nous nous assurons que les acteurs ressemblent aux personnages originaux et, si Dieu le veut, qu'ils parlent comme eux. »

Son grand succès de 2008 a été *Who's Nailin' Paylin: Adventures of a Hockey MILF*, dont la vedette ressemble à Sarah Palin. L'actrice Lisa Ann y tient le rôle d'un personnage nommé Serra Paylin, Nina Hartley incarne Hillary Clinton, et Jada Fire est Condoleeza Rice. Elles jouent dans une scène à trois. Serra Paylin se livre à des ébats avec des soldats russes en visite. Un retour en arrière montre l'étudiante Paylin suivre un cours sur la « théorie du big bang » donné par un professeur de sciences créationniste. Les scènes de fornication sont ponctuées de retentissants « *Drill, baby, drill!* » et de « *You betcha!* ».

Le film a fait parler de lui à Fox News, et tant *The Colbert Report* que *The O'Reilly Factor* en ont traité. Le DVD a connu un franc succès: selon Thrill, ses ventes ont été quatre fois supérieures à celles des autres titres de Hustler, et ce, dans un contexte où les ventes de DVD et de magazines pornos sont en chute libre à cause du contenu gratuit offert sur internet. Thrill me raconte qu'il vient tout juste de terminer le scénario d'*Everybody Loves Lucy* (inspiré de la série des années 1950 *I Love Lucy*). « Le public raffole de ces personnages familiers, qu'il connaît bien, explique-t-il. On ne croirait pas qu'il y a des gens qui aimeraient voir baiser Herman Munster [hideux personnage de la sitcom des années 1960 *The Munsters*], mais oui, il y en a! »

Thrill consacre de six à huit heures à l'écriture d'un scénario, qui comprend généralement cinq scènes et tient sur une douzaine de pages. « Quand les acteurs se mettent à baiser, on leur demande de rester dans leur personnage, explique-t-il, mais on sait bien qu'aucun d'eux ne remportera d'Oscar. »

La sexualité que l'industrie porno prétend encourager est tout aussi fausse, absurde et invraisemblable que la façade de l'hôtel-casino Luxor. Ses fondements ne sont pas l'amour ou l'érotisme, mais bien le pouvoir et l'argent. La pornographie est le lieu d'une transaction fondée sur la transformation de femmes en objets auxquels on assigne une valeur et qu'on exploite en vue de réaliser des profits. La plupart des vedettes pornos sont aussi des prostituées. Elles offrent leurs services, moyennant des tarifs qui se chiffrent généralement en milliers de dollars, sur les sites internet d'escortes liés au milieu de la pornographie.

Quand je lui demande comment elle décrirait les producteurs et réalisateurs de l'industrie, l'ex-actrice Jan Meza, qui a déjà joué dans une scène où elle copulait avec 25 hommes, me répond laconiquement : « Des maquereaux. » Les vedettes pornos gagnent entre 1 500 et 3 000 dollars de l'heure lorsqu'elles se prostituent. Roldan, par exemple, était parfois envoyée avec d'autres filles dans une ville, disons New York, où elle passait une semaine à l'hôtel pour recevoir des clients dans sa chambre.

Lubben indique que le congrès et la cérémonie de remise des prix d'*AVN* donnent l'occasion à ces vedettes pornos de luxe et à leurs clients de se rencontrer.

« Neuf actrices sur dix se prostituent, dit-elle. Elles rencontrent plusieurs de leurs gros clients à Las Vegas pendant le congrès. Le soir venu, certaines d'entre elles gagnent vraiment beaucoup d'argent : jusqu'à 2 000 dollars de l'heure. »

Les plus célèbres peuvent recevoir jusqu'à 30 000 dollars par semaine comme prostituées rattachées à un hôtel. Les clients « t'ont vue dans un film et veulent que tu leur fasses exactement ce qu'ils t'ont vue faire, explique Roldan. J'étais mal à l'aise de rencontrer ces inconnus, des hommes mariés. J'errais dans ces villes et je me sentais triste, vide. Personne ne se souciait de moi, pas même mon impresario. Tout ce que j'avais, c'était l'argent, et rien d'autre ».

Les films pornos les plus populaires dépassent constamment les limites physiques et psychologiques des actrices en intégrant des pratiques dont la brutalité verbale et physique augmente sans cesse.

Dans une chambre de motel aux murs blancs nus, Ariana Jollee, 21 ans, est assise à un bureau en aggloméré et donne une interview promotionnelle avant le tournage du film

65-Guy Cream Pie, produit en 2005 par Devil's Films. Elle se prépare à avoir des rapports sexuels avec 65 hommes au bord de la piscine intérieure d'un complexe touristique de Prague. Elle sourit à la caméra. Jollee a les cheveux noirs, lisses et coupés en frange sur le front, les joues pleines et le menton légèrement empâté; un tatouage d'inspiration tribale entoure le biceps d'un de ses bras potelés; elle porte des jeans et un ample débardeur noir. Sa carrière a commencé en 2003, alors qu'elle avait 20 ans, par un film intitulé *Nasty Girls 30.* Ayant joué dans des centaines de films, elle est l'une des plus célèbres actrices de *gonzo* de l'industrie et prétend apprécier la brutalité extrême. Elle raconte à la caméra avoir pris part à un *gang bang* impliquant 21 hommes le jour de son 21e anniversaire, et affirme avoir hâte de faire la même chose avec 50 partenaires (ce nombre grimpera à 65 le jour du tournage). Le terme *cream pie* («tarte à la crème») désigne le fait pour un homme d'éjaculer dans le vagin ou l'anus d'une femme plutôt que sur son corps.

«Je vais me taper 50 types! 50! 50! 50! s'exclame Jollee. Peut-être même plus! Ce sera super! [...] En tout cas, je suis tout excitée!»

Elle s'esclaffe en se jouant dans les cheveux. «En plus, tous ces gars vont venir en moi!» Elle regarde la caméra avec une timidité feinte: «Dans mon cul et dans ma chatte! précise-t-elle en souriant et en plissant le nez. Dans le cul, c'est ça que je préfère. J'aimerais trouver le roi des pervers et lui faire sucer ces 50 décharges pour qu'il les recrache dans ma bouche.» Elle joue avec sa frange. «Ce serait tellement bon! Ce serait géant! Ce serait dégoûtant!» Elle ricane. «Ça me ferait jouir!» Elle ramène ses cheveux vers l'arrière.

«C'est un gros, gros fantasme. Ça a toujours été un gros fantasme pour moi de baiser avec plusieurs hommes à la fois. Beaucoup de femmes en rêvent.» Sa voix se fait chuchotante; elle plisse les yeux: «Tous ces hommes, qui veulent te baiser, ils sont tous là, avec leurs bites, putain! C'est tellement bon. Tellement bon! Oh! ça y est je suis toute mouillée», confie-t-elle en ricanant de plus belle. Elle a les genoux pliés, les pieds sur sa chaise, et la caméra se concentre sur son entrejambe bien visible. Elle se met le pouce dans la bouche en prenant un air de petite fille sage, et fixe la caméra en souriant.

« Si vous écoutez ça avant de regarder la scène, laissez-moi vous dire que vous allez passer de bons moments. [...] Chacun de ces salauds va... vous savez... ça va être la baise de leur vie ! » Elle prend un air songeur. « Mais qui sait ? dit-elle en levant les mains. Ils vont peut-être me mettre en pièces. Ils vont peut-être me donner une leçon. » Elle esquisse un sourire en se grattant le genou d'un air absent. « En tout cas, on verra bien. Je ne suis peut-être pas aussi gourmande que je le pense. On verra. Je suis tout excitée. »

Quand tout sera fini, reconnaît-elle, « j'aurai l'air d'une loque », mais « j'aurai été bien baisée ». L'intervieweur lui demande dans quel état seront son vagin et son anus après avoir été pénétrés par tant d'hommes. Elle parle de ses organes génitaux avec détachement, à la troisième personne : « Ils sont capables d'en prendre. Ils en redemandent. Ils aiment ça. Ils reprennent leur forme après. La chatte est bien serrée ; elle retrouve toujours sa taille normale. »

Jollee aborde brièvement sa vie privée. Un jour, raconte-t-elle, avant de se livrer à des *gang bangs* dans des films, elle a eu une relation sexuelle avec 12 hommes dans un camion de pompiers. « Je ne vous dirai pas quel âge j'avais, lance-t-elle en rigolant. C'était tellement bon ! Toute ma vie, je serai reconnaissante à l'homme qui m'a emmenée là. Je lui parle encore, c'est un très bon ami. C'est un pervers, mais j'adore les pervers. J'aime les gens libres. »

Tandis qu'elle relate cet épisode de sa vie, son enthousiasme semble s'émousser quelque peu. Un bref frémissement parcourt son visage. En la voyant ainsi perdre de l'assurance, on a vaguement l'impression que le fait d'avoir été emmenée à la caserne de pompiers par un ami « pervers » et d'avoir eu une relation sexuelle avec 12 hommes dans un camion n'a pas été une expérience aussi excitante qu'elle le prétend, et que, pour la jeune fille qu'elle était alors, cette aventure n'avait pas grand-chose à voir avec la soif de liberté ou le désir sexuel. Elle reprend vite sa contenance initiale : « J'espère que tout le monde va prendre son pied. Je sens que je vais jouir. »

Son sourire s'élargit. « À ceux qui viennent de voir le film, voici de quoi j'ai l'air avant de commencer. » Elle glousse. « Ça devrait être agréable. » La caméra fait un zoom et parcourt son corps de haut en bas pendant que la jeune femme se joue dans les cheveux. Elle saisit son entrejambe. « Tout est intact pour le moment. » Elle sourit et plisse le nez en se frottant joyeusement les seins. Elle s'assoit et souffle à la caméra : « Je suis prête. Je suis foutrement excitée, les mecs. C'est terrible ! » Reprenant son ton enthousiaste de collégienne, elle répète : « Je suis tellement excitée ! Vous rendez-vous compte ? Je ne tiens plus en place ! » Les genoux sur la poitrine, elle se balance sur la chaise et se remet le pouce dans la bouche. Elle glousse à nouveau et, de sa main libre, balaie sa frange.

Le tournage de *65-Guy Cream Pie* dure six heures. Jollee et ses 65 partenaires se livrent à des fellations, à des pénétrations vaginales et anales, à des doubles pénétrations et à des doubles pénétrations anales. Les hommes éjaculent en elle et partout sur son corps. Offert en prime, le DVD sur les coulisses du tournage montre Jollee une fois la séance terminée, après le départ de son dernier partenaire. On la voit se lever péniblement sur le lit en fer forgé, nue, le corps couvert de sperme, les cheveux attachés. Elle bondit du matelas souillé pour atterrir sur les tuiles bordant la piscine et se met à sautiller en rigolant devant un grand palmier en pot.

« Ramasse tes papiers, et vite ! ordonne le réalisateur.

– Est-ce que je peux au moins m'essuyer ? demande-t-elle en lui montrant sa main gluante. Mes stupides papiers ! Je ne m'en vais nulle part. Laisse-moi juste me nettoyer rapidement. Je vais faire ça vite. »

La jeune fille marche sur la pointe des pieds dans le couloir, les bras tendus le long du corps, les doigts écartés. Elle se regarde un moment.

« Tu ne m'embrasses pas ? badine un assistant de production.

– Je t'embrasserais bien, mais... Je donnerais bien de gros putain de baisers juteux à tout le monde», réplique-t-elle.

Toujours nue, elle passe à côté d'un groupe d'hommes bien habillés qui tiennent une réunion de postproduction. Elle est la seule femme en vue. Les messieurs l'ignorent. Elle fouille dans un sac de sport et en sort une serviette blanche qu'elle emporte à la salle de bains. Elle plaisante avec l'équipe de tournage : «Non, non, non, ne me touche pas ! Crois-moi : tu le regretterais. » Un spot s'éteint tandis qu'elle ouvre la porte de la salle de bains. Le lavabo de la pièce aux murs en marbre est jonché de serviettes de papier chiffonnées. Jollee erre distraitement en tenant ses bras loin de son corps.

«Bravo ! Bon spectacle ! commente le caméraman.

– Oui... n'est-ce pas ? » Jollee dépose la serviette, puis s'essuie le ventre avec un essuie-tout. Elle se penche pour nettoyer soigneusement son entrejambe. «Oh, mon Dieu ! » s'exclame-t-elle en examinant la serviette de papier.

Elle se redresse en riant franchement : «Qu'est-ce que tu en penses ?

– Je pense... Je pense que tu les as complètement vidés, ces gars ! répond le caméraman.

– Ils m'ont vidée aussi, je ne peux pas le nier », répond-elle en riant à gorge déployée. Elle tire une lingette d'une boîte. «Regarde-moi. Je crois que je vais m'évanouir. »

Elle s'arrête, le temps de déplier la lingette, puis fixe la caméra. Avec son maquillage qui a coulé, elle semble avoir deux yeux au beurre noir. Elle ne sourit plus. Son état d'esprit est difficile à décoder.

«C'était un bon *gang bang* ? demande-t-elle.

– Oui, oui, c'était très intense. Du bon boulot ! »

Jollee fait un signe de tête.

«Merci, dit-elle doucement. J'ai fait de mon mieux. »

Son attention se porte sur son ventre, qu'elle essuie avec la lingette. Elle plie les genoux et se tamponne le vagin, ce qui la fait expirer bruyamment. «Oh, mon Dieu ! Je dois me doucher ! Je dois vraiment me doucher ! » Elle inspecte la lingette et soupire : «Merde ! » Elle se relève soudain, tout sourire, en rigolant : « Tu t'amuses avec ta caméra ? C'est bon, n'est-ce pas ? C'est comme avoir du pouvoir. C'est comme... Ouuuuh ! C'est tellement amusant ! Tellement amusant ! [...] C'est comme si on te permettait d'être un pervers parce que tu as la caméra en main. »

Elle se voit dans le miroir et éclate de rire. « Bon, je laisse tomber. » Elle jette la lingette souillée sur la table, puis quitte la salle de bains, toujours nue, pour se mêler à l'équipe de production qui s'affaire dans le hall.

En 2005, Jollee a aussi été la vedette d'un autre film de JM Productions, *Swirlies*, dans lequel, au terme des ébats, le personnage masculin plonge la tête de sa partenaire dans la cuvette des toilettes et tire la chasse d'eau. Dans la publicité, les producteurs s'engagent à ce que « toutes les putes subissent le traitement *swirlies*. On les baise, puis on les jette aux toilettes et on tire la chasse d'eau ».

Dans *Swirlies*, Jollee sonne chez un homme appelé Jenner. Elle se plaint du fait que, à l'école, le petit frère de celui-ci a fait un *swirlie* au sien. Après moins d'une minute de l'habituel dialogue empesé, la scène de sexe commence. Fellations, coïts vaginaux et pénétrations anales se succèdent dans une variété de positions, avec gros plans sur les organes génitaux. Pendant la « baise faciale », l'homme enfonce son pénis si profondément dans la gorge de la femme qu'elle vomit presque. Jenner finit par éjaculer au visage de Jollee, puis l'emmène aux toilettes pour un *swirlie*. Pendant les scènes de sexe, Jollee s'exprime en ces termes :

« Enfonce-la dans mon petit cul... Baise-moi ce foutu cul bien serré ! Ah, c'est foutrement bon ! [...] C'est foutrement bon ! Une queue bien dure dans un petit cul bien serré ! Baise-moi comme un petit chien ! Un petit chien ! Baise-moi bien fort avec ta bite bien dure ! Bien fort ! Déverse ton putain de sperme chaud sur ma petite gueule de salope, de sale petite pute[6] ! »

Depuis que la pornographie a fait son entrée dans les foyers de la classe moyenne, d'abord grâce au magnétoscope dans les années 1980, puis par internet un peu plus tard, elle a dégénéré en un amalgame explicite de sexe et de brutalité physique à l'encontre des femmes : une violence extrême et des actes tous aussi dégradants qu'épouvantables donnent le ton à un érotisme de plus en plus tordu. La pornographie a toujours eu pour fondement l'érotisation d'un pouvoir masculin illimité, mais, de nos jours, elle l'exprime également par l'entremise de la violence, voire de la torture. Elle reflète la cruauté endémique d'une société qui reste indifférente au massacre de centaines de civils innocents à Gaza, en Irak et en Afghanistan par les États-Unis et leurs alliés, qui jette à la rue les personnes atteintes de maladie mentale, qui compte plus de deux millions de détenus, qui refuse de fournir des soins de santé à des dizaines de millions de pauvres, qui valorise la possession d'armes à feu en condamnant leur contrôle et qui claironne un ultranationalisme infect en chantant les louanges du capitalisme sauvage. La violence, la cruauté et la dépravation mises en scène par cette pornographie sont l'expression d'une société qui a perdu tout sens de l'empathie.

Les photos de la prison d'Abou Ghraib qui ont été publiées, de même que les centaines d'autres qui restent classifiées, pourraient tout aussi bien avoir été prises sur le plateau d'un film porno. L'une d'elles montre un homme agenouillé devant un autre comme s'il lui faisait une fellation ; sur une autre, on voit un prisonnier tenu en laisse par une soldate américaine. Il y a aussi des clichés d'hommes nus et enchaînés, ou encore d'un groupe de captifs nus, empilés les uns sur les autres à même le sol, dans une scène évoquant un *gang bang* carcéral. Des centaines d'autres photos, qui sont tenues secrètes mais que des membres du Congrès ont pu voir à huis clos, montrent des prisonniers irakiens contraints à des séances de masturbation forcée et à des actes sexuels simulés. On rapporte également l'existence d'images de relations sexuelles entre gardiens. Toutes ces photographies témoignent de l'existence d'un puissant courant de brutalité sexuelle et perverse dans la culture contemporaine. Elles emploient le même langage que la pornographie, la lutte professionnelle, la télé-réalité, les vidéoclips et la culture d'entreprise : celui du contrôle absolu, de la domination totale, de la haine raciale, du fétichisme de l'esclavage, de la soumission et de l'humiliation. Bref, le langage d'un monde sans pitié. On y voit des êtres humains réduits au statut de marchandises, de simples objets. Ces photos illustrent les mêmes travers que la pornographie *gonzo*.

La convergence de la torture et de la pornographie va de soi. Toutes deux rabaissent des êtres humains à l'état d'objets soumis. Dans le porno *gonzo*, la femme est dépouillée de ses attributs humains et forcée d'implorer l'agression. Elle n'a plus d'identité propre. Sa valeur est celle d'un jouet, d'une poupée. Son rôle se résume à satisfaire tout caprice qu'un homme juge agréable. Elle perd son nom, le troquant pour un nom de scène minable et généralement vulgaire. Elle devient une esclave qu'on souille et agresse devant la caméra. Le film est ensuite vendu à des consommateurs qui, à leur tour, sont tout excités par l'illusion de pouvoir eux aussi dominer et agresser une femme, d'appartenir au camp des tortionnaires.

Parmi les soldats accusés d'avoir commis des actes de torture à Abou Ghraib, trois étaient des femmes. Il semble qu'elles s'y soient adonnées de plein gré. La pornographie est désormais partie prenante de la culture, en particulier chez les jeunes, pour qui l'humiliation, la brutalité, le viol et les autres formes de violence deviennent socialement acceptables une fois éliminé tout risque de sanction. Le pouvoir absolu sur autrui s'exerce presque toujours au travers du sadisme sexuel.

> L'essentiel de mon travail est de satisfaire les désirs d'hommes qui, à la base, se soucient peu des femmes et veulent voir d'autres hommes les venger de celles qu'ils n'ont pas su séduire quand ils étaient jeunes, confie Bill Margold, acteur et producteur de pornographie. Je suis convaincu de ce que j'avance, et les gens de l'industrie détestent ma franchise. [...] Quand nous éjaculons au visage d'une femme ou que nous la brutalisons, nous vengeons nos clients de leurs illusions perdues. J'en suis persuadé. On m'a félicité pour les actes répréhensibles que j'ai commis dans des films. Quand j'étrangle, sodomise ou brutalise une personne, le public m'acclame, puis, quand mon désir tordu a été assouvi, on m'ovationne[7].

Un acteur connu sous le nom de Max Hardcore, qui a fait quatre ans de prison au Texas pour diffusion de matériel obscène, est à l'origine de bon nombre des formes de brutalité aujourd'hui largement répandues dans l'industrie. Pionnier du *fisting* anal (insertion du poing dans l'anus) et de la «baise faciale», il plaçait des spéculums dans le vagin ou l'anus de ses partenaires ou leur urinait dessus, parfois directement dans la bouche. Il les giflait, les ligotait, leur infligeait des *swirlies,* les tirait par les cheveux et les jetait par terre en les traitant de putes, de garces, de salopes ou de traînées.

Dans ces films pornos, les femmes implorent de se faire agresser. Elles se qualifient elles-mêmes de putains ou de salopes. Elles se font brutaliser par des groupes d'hommes qui pénètrent leur anus et leur vagin à répétition et enduisent leur visage de sperme. Bref, elles se font violer. Leur seule raison d'être est de satisfaire les désirs des hommes des manières les plus dégradantes et les plus douloureuses possible. Dans presque tous les dialogues, on les entend lancer des répliques comme «Je suis une salope!», «Je suis une pute!», «Je suis une traînée!» ou «Baise-moi bien fort avec ta grosse bite!»

*
* *

À un stand, je fais connaissance avec un dénommé Barry, qui refuse de me donner son nom de famille. Il vend des lots de 100 DVD produits par son entreprise, Pain and Orgasm, sous les marques Torture Portal, Masters of Pain et Bacchus Studios. Il reconnaît que la «porno-torture» est illégale dans de nombreux États; j'apprendrai plus tard qu'un grand jury de Billings, au Montana, l'a accusé d'avoir distribué des DVD obscènes par la poste. Les titres des films mentionnés dans l'acte d'accusation en disent long: *Torture of Porn Star Girl, Pregnant and Willing* et *Defiant Crista Submits.* S'il est condamné, il est passible d'une peine maximale de 5 ans de prison et d'une amende de 250 000 dollars par chef d'accusation.

Barry, 58 ans, les cheveux grisonnants attachés en queue de cheval, une étoile de David dorée au cou, produit des films depuis 1998. Chose peu surprenante, il considère que l'État se mêle trop des affaires de l'industrie. Il exploite un site web où, moyennant 24,95 dollars par mois, les abonnés peuvent voir ses films de *bondage* et de torture ainsi que, dit-il, un « spectacle en direct ».

« Il y a de plus en plus de limites, de plus en plus d'ingérence de l'État là où il ne devrait pas y en avoir, déplore Barry. Les gens devraient pouvoir regarder ce qu'ils veulent, tant que ça met en scène des adultes consentants et qu'il n'y a pas d'enfants ou d'animaux. L'État doit rester hors de nos chambres à coucher ! »

Pour lui, la pornographie traditionnelle n'a aucun intérêt. « Je n'ai rien à dire sur le porno, explique-t-il. Je n'en tourne pas. Je n'en regarde pas. Ça m'ennuie. Je fais dans le *bondage*. Ligotez-les et baisez-les, et là je vais peut-être y jeter un coup d'œil. »

« Je ne fais pas vraiment partie de l'industrie, poursuit-il. Tout ce que je sais, c'est que, partout dans le monde, il y a bien des gens qui aiment voir des jeunes filles se faire torturer. »

Barrett Blade, de son vrai nom Russell Alex Heil, est un acteur et réalisateur de porno qui joue dans ses propres films avec sa femme, Kirsten Price. Sa carrière a débuté vers la fin des années 1990, raconte-t-il, quand une amie qui réalisait des films pornos l'a invité à un tournage.

« À mes débuts dans l'industrie, le *gonzo* était très marginal, se souvient-il. Il y avait plus de longs-métrages, plus de films avec scénarios. Comme acteur, je ne fais pas beaucoup de *gonzo*. Je suis un amant. J'en filme en tant que réalisateur, mais je n'en fais pas. Je ne suis pas capable de jouer dans une scène avec une fille qui, avant le tournage, pleure dans son coin, terrorisée. Je ne suis pas capable de jouer si les filles n'ont pas de plaisir. »

Aujourd'hui, la plupart des films se passent des scénarios très minces du porno d'autrefois. Les scènes de sexe commencent presque immédiatement. De plus, le porno est ouvertement raciste. On y dépeint les hommes noirs en animaux primitifs, musclés et incultes, capables de prouesses sexuelles hors du commun. Les femmes noires, elles, sont enflammées d'une concupiscence brute et bestiale. Les Latino-Américaines sont sensuelles et provocantes, et les Asiatiques, telles des geishas, sont soumises. Cette année, certains films en nomination pour les prix d'AVN ont pour titre *Get That Black Pussy You Big Dick White Bastard Muttha Fucka*, *My Daughter Went Black and Never Came Back* ou *Oh No! There's a Negro in My Mom!* Cette pornographie, écrit Gail Dines, est « un *minstrel show*[8] nouveau genre ». Elle permet à des hommes blancs, bien à l'abri de la culture noire et des quartiers mal famés, d'être les voyeurs d'un monde dépravé, effrayant et figé dans des stéréotypes raciaux et sexuels. Cette pornographie, explique Dines, fonctionne de la manière suivante :

> [...] un *peep-show* offrant aux Blancs un aperçu de la culture noire authentique, pas de celle des plantations, mais de celle du ghetto, lieu affranchi de toutes les conventions de la civilisation blanche. Dans l'imaginaire raciste blanc, le ghetto est le domaine des maquereaux, des prostituées et des corps insatiables, un monde de débauche où le spectateur blanc est invité, contre un prix d'entrée, à s'encanailler. Dans le ghetto, l'homme blanc oublie momentanément sa « blancheur » et s'identifie à l'homme noir, se sentant alors aussi habile et débridé que lui. Il n'a plus besoin de se demander si son organe érectile est assez gros pour satisfaire la femme blanche (ou l'homme blanc), et n'a plus à craindre d'offrir une mauvaise performance, d'avoir une éjaculation peu abondante ou de se faire enfermer dans une cage comme le pauvre mari de *Blacks on Blondes* [film « interracial » où un homme est littéralement enfermé dans une cage pendant que sa femme se livre à des ébats sexuels avec des Noirs]. En fait, le ghetto représente la liberté par rapport à la cage, et la récompense est une femme blanche (ou un homme blanc) aux désirs assouvis, entièrement féminisée, transformée en baiseuse passive[9].

Selon Dines, le corps noir dont la pornographie « interraciale » célèbre le caractère indomptable est celui que la culture blanche dominante cherche à maîtriser et à confiner.

De même que les jeunes Blancs de la banlieue adorent écouter du hip-hop et que les hommes blancs admirent avec envie les exploits des athlètes noirs, le Blanc qui consomme de la pornographie aime pouvoir s'identifier à l'homme noir en toute sécurité, à domicile, grâce à la médiation de l'écran. L'homme noir en chair et en os, le vrai, doit quant à lui être tenu le plus loin possible de ces chambres à coucher, et toutes les grandes institutions se mobilisent pour défendre la société blanche. L'idéologie que les hommes blancs appliquent à la pornographie pour accroître leur plaisir sexuel est la même que celle qui vient légitimer leur domination de l'homme noir : elle excite davantage le consommateur blanc, mais rend insupportable la vie du corps authentique que les médias contrôlés par les Blancs représentent (mal)[10].

En moyenne, les cachets versés aux acteurs porno représentent environ le tiers de ceux que reçoivent leurs consœurs. Ces hommes possèdent le talent particulier de pouvoir rester en érection très longtemps, et ce, en présence des autres acteurs, du réalisateur et de l'équipe de production. Barrett Blade m'explique que bon nombre d'acteurs prennent du Viagra ou s'injectent du Caverject dans le pénis. « Des gars lisent un bouquin en attendant leur tour avec la bite comme ça, dit-il en mimant une érection avec ses doigts. Ceux qui se font des injections gardent une blessure ouverte à la base du pénis. Ils saignent sur les femmes. Ils finissent vite par ne plus pouvoir s'en passer. Ils doivent aller chercher une fiole au frigo chaque fois qu'ils veulent baiser, même à la maison avec leur copine. »

Le stand de Jim Powers est orné d'une grande affiche où l'on peut lire « Tu veux baiser une vedette porno ? » Les amateurs sont invités à visiter le site fuckafan.com pour « voir des superstars du cinéma XXX avec de vrais gars ». Powers, qui a entre autres réalisé *Detention Whores*, *Mexicunts* et *Squeals Like a Pig*, filme de « vrais » fans ayant des relations sexuelles avec des stars pornos, et offre ces séquences aux abonnés de son site internet. Le stand voisin du sien est celui d'une entreprise de chirurgie esthétique proposant « augmentation mammaire, liposuccion, agrafage de l'estomac, implant de fesses, rhinoplastie, injection de Botox, implant cutané facial, et bien plus encore ».

«Je déniche des vrais gars et je les invite à baiser une star comme Kenci», explique-t-il en se tournant vers une jeune femme vêtue d'un short, d'un soutien-gorge et coiffée d'une casquette de base-ball.

Powers raconte que, la veille, il a tenté de filmer une scène avec un fan et que les choses «ont vraiment mal tourné». «Il en a bavé pendant des heures, mais s'en est tiré avec un sandwich gratuit. Quand la caméra démarre, c'est difficile.» Aujourd'hui, le producteur est contrarié parce que trois amateurs qui s'étaient engagés à se faire filmer avec Kenci ne se sont pas présentés. Powers dit produire «du contenu stupide pour gens stupides», et soutient que le porno est l'exemple même de la «"stupidification" des États-Unis». «C'est une société YouTube, poursuit-il. Un pays *Jackass*. Tout le monde connaît sa petite heure de gloire. Il suffit d'une bande-annonce accrocheuse: on attire l'attention des gens, puis ils achètent le film et se branlent.»

«Il fut un temps où les vedettes pornos étaient de vraies actrices, se souvient-il. Elles avaient 24 ou 25 ans et prenaient leur travail au sérieux. Celles d'aujourd'hui ont 19 ans. Ce sont des prostituées et elles s'en foutent. Des produits jetables dans un monde jetable.» Il regarde Kenci avec dédain: «Je parie qu'elle ne sait même pas ce qu'est un livre.» Il me demande si je souhaite être filmé en pleine action avec Kenci. «Non merci.» Il m'explique qu'il n'a personne d'autre sous la main. Il a accès à une maison située tout près, une équipe de tournage et une actrice porno, mais il n'a pas de fan. Il ne consulte pas Kenci.

L'ex-vedette porno Sharon Mitchell est la fondatrice de l'Adult Industry Medical Healthcare Foundation, qui offre tests et traitements aux acteurs et actrices du milieu. Elle tient une clinique située à Los Angeles. «Les prestations qu'ils offrent, essentiellement du sexe ininterrompu, et les pratiques sexuelles auxquelles ils s'adonnent sont extrêmement risquées, beaucoup plus qu'à l'époque où j'étais dans le métier, explique Mitchell dans une entrevue diffusée en 2007 à la radio publique américaine. À mon époque, on me permettait d'exiger le port du préservatif et je pouvais choisir les actes sexuels que j'allais pratiquer. Aujourd'hui, il suffit au premier venu d'avoir une fiole de Viagra et une caméra Hi-8 pour s'improviser réalisateur ou producteur de porno et vendre ses trucs sur internet. Ces dilettantes recrutent de très jeunes personnes et ce qui m'inquiète, c'est que personne ne leur demande : "Es-tu vraiment prête à te lancer là-dedans?" »

«Quand j'ai fondé ma clinique en 1998, raconte encore Mitchell, il y avait un acteur qui transmettait délibérément le VIH à ses collègues actrices. J'ai fini par le trouver et j'ai réalisé qu'il passait des tests anonymes dans différentes cliniques locales, puis mettait le nom de quelqu'un d'autre sur les résultats. À l'époque, tout le monde ne se soumettait pas au dépistage et les résultats n'étaient pas centralisés. En matière de soins de santé, le déni est la norme dans l'univers de la pornographie.»

« J'offre mes services de clinicienne dans un milieu que je connais très bien puisque c'est de là que je viens, rappelle Mitchell à l'animateur Scott Simon. Je suis consciente des pressions que les actrices et acteurs subissent pour ne pas utiliser de préservatif. On leur offre plus d'argent. On leur dit : "Écoute, ce film ne se vendra pas si on y voit des préservatifs."

– Sans tomber dans les détails explicites, ne croyez-vous pas que, à l'ère des retouches par ordinateur et des effets spéciaux numériques, il n'est plus vraiment nécessaire de mettre ainsi la santé des acteurs en danger, de même qu'on n'exige pas de Tom Cruise qu'il saute véritablement d'un douzième étage? demande Simon.

– Absolument, répond Mitchell, mais on ne les considère pas comme des acteurs : on les voit comme des marchandises, des parties du corps dont on fait un produit dans le but de gagner de l'argent. Même si la pornographie est aujourd'hui très répandue, les producteurs ne vont pas se mettre à dire "OK, allons de l'avant et dépensons un demi-million de dollars pour effacer les préservatifs", ce qui, bien sûr, serait techniquement possible. Ils ne veulent pas investir davantage.

– En aidant les acteurs pornos, ne les encouragez-vous pas tout simplement à poursuivre leurs activités dangereuses? demande Simon.

– Certains jours, j'ai l'impression d'essayer de vider l'océan avec une petite cuillère. Mais il m'arrive d'être surprise. Nous dépistons un nombre considérable de cas d'infections au VIH qui auraient fini par gagner l'industrie. Je peux affirmer que j'ai littéralement sauvé des vies. Nous avons envoyé beaucoup de monde en désintox, et avons aidé bien des gens à quitter l'industrie et à reprendre leurs études. Nous avons un programme de bourses. Malgré tout cela, je vois parfois des jeunes filles débarquer chez nous et je sais très bien qu'elles vont se faire écraser par tous ces producteurs, qu'elles vont devoir faire toutes sortes de choses qu'elles n'ont sans doute jamais faites ou qu'elles n'auraient jamais cru faire. Je me dis alors : "Est-ce que je ne fais que les engraisser pour la boucherie ? Qu'est-ce que je suis en train de faire ?"[11] »

Pour l'industrie porno, internet est à la fois une malédiction et une occasion en or. Le cyberespace lui a permis d'élargir considérablement son public, mais a facilité l'accès à du matériel gratuit, si bien que les DVD et les magazines pornos connaissent actuellement un sort comparable à celui de la presse écrite. Les actions de Playboy ont perdu 81 % de leur valeur, et l'entreprise a annoncé en 2008 qu'elle allait se départir de sa division DVD. On estime qu'il existe 4,2 millions de sites pornos à l'échelle mondiale, soit 12 % du nombre total de sites, recevant chaque mois 72 millions de visites. Images ou vidéos pornographiques sont l'objet du quart des requêtes soumises chaque jour aux moteurs de recherche, soit 68 millions d'entre elles. Environ 40 millions d'Américains visitent régulièrement des sites pornographiques. Des sites d'hébergement comme YouPorn ou xtube.com permettent aux amateurs équipés de caméscopes de télécharger leurs propres vidéos explicites. Ces sites, de pair avec le téléchargement illégal, ont fait chuter d'au moins 20 % les profits de l'industrie, selon les intervenants du milieu.

Les sites et les films pornos les plus populaires sont ceux qui présentent des manières inédites d'humilier les femmes et de les traiter avec cruauté. Dans les films proposés sur le site Slut Bus, par exemple, une femme est attirée dans une fourgonnette où elle se voit offrir de l'argent en échange de relations sexuelles; après le tournage, elle est abandonnée en bordure de la route; on fait mine de lui tendre la somme promise, mais la fourgonnette quitte aussitôt les lieux, si bien que la femme se retrouve sans argent. Le message est clair: les femmes sont de dociles machines à sexe; elles ne sont bonnes qu'à baiser et il est inutile de les rémunérer pour leurs services.

« Notre mission? Ramasser les filles les plus chaudes qu'on puisse trouver, les amener à nous laisser les baiser, venir sur leurs jolis petits minois et filmer tout ça », explique le texte de présentation du site.

Le texte se poursuit ainsi: « Le plaisir? Traiter ces sales petites putes comme elles le méritent [...]. On les baise, puis on leur donne un coup de pied au cul, bonsoir et merci! Vous croyez vraiment que ces salopes méritent d'être payées? Ha ha ha! Repensez-y! »

De tels scénarios, où l'on incite des femmes à avoir des relations sexuelles avant de les abandonner, sont courants. Sur le site Creampie Thais, qui demande 29,95 dollars par mois pour un abonnement on peut lire:

> Vous en avez marre de ces salopes coincées qui ne veulent que des cadeaux, des dîners au resto et de l'argent, et qui accaparent tout votre temps et toute votre attention? N'avez-vous jamais rêvé d'un petit jouet sexuel *bien soumis* à remplir de votre semence virile? Chez Creampie Thais, je ne fais que ça. Je ramasse des putes thaïes bien chaudes dans les rues de Thaïlande. Que ce soit dans un bar, dans un supermarché, sur une plage ou en pleine rue, je démolis leur jeune chatte bien lisse en la remplissant de mon foutre. Une fois qu'elles ont sucé ma bite et que j'ai déversé mon sperme dans leur fente réceptive, je les largue dans leur monde en les laissant se débrouiller seules. Ces filles sont prêtes à tout pour recevoir mon foutre dans leur chatte asiatique bien serrée. Peut-être croient-elles que ça les mènera à la terre promise, ou peut-être veulent-elles tout simplement se reproduire. Prennent-elles la pilule? On s'en balance! Se protéger? Jamais de la vie! Est-ce que j'ai des enfants illégitimes en Thaïlande? Probablement. Voilà une *foutue bonne affaire*[12]!

Jan Meza a travaillé comme actrice porno dans des films du genre BBW (pour *big beautiful women,*). Elle a joué dans environ 40 films et dans des séquences diffusées sur une vingtaine de sites web. Lorsqu'elle a quitté l'industrie, elle était dépendante aux analgésiques, buvait abondamment et frôlait la dépression nerveuse. Aujourd'hui, elle est mariée et termine un doctorat en psychologie à l'université du Texas, à Austin.

«Plus la société perd contact avec la réalité, en particulier en matière de relations interpersonnelles, moins les gens savent comment se comporter, comment interagir avec autrui, et plus ils se tournent vers la pornographie, constate-t-elle. Ils s'abreuvent de ce fantasme et s'imaginent que leur réalité devrait y correspondre. Ils s'enfoncent de plus en plus profondément dans l'illusion, car la pornographie n'est jamais réelle. Elle n'a rien à voir avec la vraie vie. C'est une maladie. »

Jersey Jaxin – c'était le nom de scène de Meza – a fini par plier bagage. «Les gars te frappent au visage; le sperme [...] de 20 ou 30 types te souille le visage et les yeux, se souvient-elle. Ils te déchirent, le rectum te sort du corps. Ça ne finit jamais. On te voit comme un objet et non comme un être humain avec une âme. Et tout le monde s'en fout. Les gens se droguent, incapables de supporter ce qu'on leur fait subir. » Elle estime que la proportion de femmes qui prennent de la drogue avant un tournage atteint «75 %, et va croissant. Elles doivent s'engourdir. [...] Des docteurs bien particuliers offrent leurs services à l'industrie: si tu vas en voir un pour un simple rhume, il peut te prescrire du Vicodin, du Viagra ou tout ce que tu désires. Il n'en a que pour l'argent. Tu es un numéro. Tu as des bleus, des yeux au beurre noir. Tu es déchirée, meurtrie. Les tripes te sortent du corps. Sur un plateau de tournage, ce n'est pas jojo. Tu en sors amochée ».

«Ces temps-ci, les gens se défoncent au *crystal meth,* à la cocaïne et à l'héroïne, observe Meza. Tu dois t'engourdir avant un tournage. Plus tu travailles, plus tu dois t'engourdir. Plus tu deviens dépendante, plus ta vie intime ne devient qu'affaire de drogue. [...] Toute ta vie finit par se réduire à la porno. Moi, je buvais. Beaucoup. Ma drogue, c'était la vodka. La bouteille, c'était le jouet avec lequel je m'assommais. Avant les tournages, après les tournages... Quand ça ne dérangeait pas l'équipe, on m'attendait avec une bouteille. »

« Il y a des scènes de 45 minutes qui nous ont demandé 13 heures de tournage. [...] Tu finis par être déchirée, épuisée, irritée. Tu saignes, tu es pleine d'égratignures, tu as le visage couvert du sperme d'une foule de mecs, mais tu ne peux pas te laver parce qu'ils veulent prendre des photos. Tu as le corps complètement souillé, et ils te disent : "Ne bouge pas !" Tu as beau dire n'importe quoi, comme "Stop !", personne ne t'écoute. Il y a bien ce signal de dernier recours où tu pinces la cuisse de ton partenaire pour qu'il y aille plus doucement, mais la plupart d'entre eux s'en foutent. Ils ont une autre scène à faire. Ils n'en ont que pour l'argent. Ils ont oublié qui ils sont et se foutent bien de la personne à qui ils font mal. Dans cette industrie, tu n'as pas d'âme[13] », conclut-elle.

*
*   *

Parce qu'elle réduit la femme à un simple corps, la pornographie a aussi des traits communs avec la nécrophilie. Au milieu des stands de compagnies de production et de distribution, de services d'escortes et de fabricants de jouets sexuels les plus variés, des exposants offrent des poupées grandeur nature en silicone dont le réalisme anatomique est saisissant.

Au stand de Lovable Dolls, trois grandes vitrines ornent un mur en fausse brique près duquel se dresse la réplique d'un lampadaire en fer forgé. La première vitrine présente deux poupées. L'une d'elles porte des cuissardes à talons aiguilles en latex et s'appuie sur un mince cadre couvert de velours rouge. Ses doigts effleurent la main de l'autre poupée, coiffée celle-là d'une perruque noire frisée et vêtue d'un bustier. Parmi les poupées des deux autres vitrines, l'une a les oreilles pointues d'un lutin, et l'autre ce que la représentante Bronwen Keller appelle « un visage délibérément fantasmagorique ».

« Les têtes sont amovibles, explique-t-elle. Nous offrons une vaste gamme de têtes dont le dessus s'ouvre pour donner accès à la fixation. Les yeux aussi sont amovibles. On les remplace de l'intérieur pour éviter d'endommager les cils. »

Nous regardons la poupée aux oreilles de lutin derrière la vitre. Les grosses fleurs en plastique qui l'entourent donnent l'impression qu'elle émerge d'un jardin tropical. Elle a un piercing au nombril.

« Nous les expédions vêtues de lingerie, précise Keller. Elles arrivent entièrement maquillées et manucurées, et portent une perruque et des chaussures. On fixe leur tête avant de les mettre en boîte, ce qui produit tout un effet ; en ouvrant son colis, le client s'exclame : "Oh ! Voici ma copine, prête à se mettre à la tâche !" »

Vendues 7 500 dollars pièce, les poupées sont fabriquées sur mesure : l'entreprise propose divers modèles de seins, de langues, de bouches et de vulves, sept couleurs de peau et onze couleurs d'yeux. Les clients peuvent ainsi créer leur propre poupée. À la base, il s'agit de répliques en silicone de stars en chair et en os qui signent des autographes à leurs fans en les autorisant à leur mettre la main aux fesses pendant qu'on les prend en photo. Le stand voisin, celui de Realdoll, est encore plus troublant : quatre cloches de verre y sont alignées, sous lesquelles se trouvent des têtes de femme en silicone aux lèvres ouvertes de manière à recevoir un pénis. Au-dessus d'une vitrine, repose le torse sans tête, sans bras et sans jambes d'une femme à la vulve parfaitement réaliste et garnie d'une touffe de poils pubiens. Les hommes qui passent devant le stand glissent leurs doigts dans la fente rose en silicone.

Le Dr Z – un pseudonyme – est invité au salon pour parler des joies d'avoir une poupée en silicone. Ce professeur d'anatomie de 52 ans, mince et barbu, porte un pantalon kaki, une chemise à col orange et des bottes. Il possède huit poupées auxquelles il a donné des noms, dont Lindsey, Danielle, Sunni, Trixie, Candy et Shawna.

« Vous entrez dans votre chambre et elles sont là, tout autour de vous. Elles ont l'air vraies, confie-t-il. C'est comme avoir une famille. Chacune a sa personnalité. »

Le Dr Z cache son passe-temps à la plupart de ses amis. Ses poupées sont remisées sous clé dans le placard de la salle de bain. Quand il est seul, il les dispose un peu partout dans la maison, y compris dans son lit. Il les prend en photo, les maquille soigneusement et leur parle. Il a commencé à utiliser des poupées gonflables quand il était marié, les emportant avec lui lorsqu'il voyageait. Il n'en a jamais dit mot à sa femme. Le couple est aujourd'hui divorcé. « Hé ! Je ne la trompais pas ! » tient-il à préciser. « Aucune femme avec laquelle je suis sorti n'est au courant, raconte-t-il. C'est mon jardin secret. Ces poupées ont vraiment amélioré mes relations, car elles m'ont permis d'essayer des choses. Elles aident aussi à détendre une relation. Ma femme se servait du sexe pour me contrôler. »

« Vous devez faire preuve de créativité, explique-t-il. Vous devez faire en sorte qu'elles semblent interagir avec vous. J'ai vécu des relations où la femme restait étendue, passive comme une statue. La même chose peut arriver avec les poupées, mais il y en a qui sont plus agréables que certaines femmes. Vous pouvez leur faire faire des choses avec leurs mains, enlacer leurs bras autour de votre cou, les suspendre à des cordes élastiques pour leur donner la position de votre choix. Leurs yeux sont ajustables. »

Pour faire tenir ses poupées, le Dr Z se sert de l'anneau situé derrière leur cou. Il les place dans sa balançoire érotique et les photographie munies de ses jouets sexuels. « C'est fantastique, car vous gardez le plein contrôle », affirme-t-il. Ces poupées « vous épargnent la contrainte d'avoir à partager un dîner bien arrosé avec une femme ». Il explique qu'il enduit de lubrifiant la bouche, le vagin et l'anus de ses poupées avant de les pénétrer et raconte que trois des quatre meilleures fellations qu'il a reçues dans sa vie ont été le fait de ses poupées en silicone.

« Quand vous êtes sur une poupée, vous avez l'impression d'être sur une vraie femme », soutient-il. Quand il a des relations sexuelles avec l'une d'elles, il la regarde dans les yeux « pour établir un bon contact visuel ». « Je leur parle comme à des animaux de compagnie, confie-t-il en souriant, mais elles ne perdent pas leurs poils. » Au fil des années, il a « compris ce qui marche bien ».

« Vous ne pouvez pas les battre à votre guise, explique-t-il, car cela peut les endommager, mais une fessée, ça va. Elles remuent comme des vraies. »

Ses poupées ont des corps semblables à ceux des femmes qu'il juge inaccessibles. « D'expérience, je sais que les femmes qui ressemblent à ces poupées sont perturbées mentalement ou émotionnellement, explique-t-il. Il est difficile de trouver une personne qui soit à la fois spirituelle, intelligente et jolie, et qui veuille être avec vous. Il y a aussi la question de la taille des seins. J'en ai une qui a des seins ridicules. Elle est très difficile à habiller. J'ai appris à connaître la valeur des vêtements féminins. Tout le monde souhaite contrôler l'apparence d'une femme, son milieu, ce qu'elle représente et l'impression qu'elle dégage », affirme-t-il.

Nous observons les poupées derrière la vitrine et Dr Z m'indique les veines du pied de l'une d'elles en m'apprenant qu'il s'agit de l'arcade veineuse dorsale. « Pour moi, c'est vraiment fantastique ! »

« Une de mes poupées, Sunni, est blonde et a le look d'une prostituée, me confie-t-il. Elle fait des fellations formidables. Comme une *beach bunny* californienne, elle a la peau foncée et se fait toujours bronzer. C'est avec son bikini noir et sa perruque blonde qu'elle est le plus heureuse. Son bikini lui va à ravir. J'habille la plupart de mes poupées de sous-vêtements et de soutiens-gorge sport. Elles se fréquentent, comme des sœurs. Je n'ai jamais éjaculé dans l'une d'elles : j'ai recours au coït interrompu, ça facilite le nettoyage. Dans ma baignoire, il y a une tringle de suspension et j'utilise une douche téléphone. Elles peuvent absorber les huiles corporelles. Voyez-vous, de même que des vieillards ont besoin de soins, ces poupées peuvent être considérées comme des personnes dans le coma. Vous avez la responsabilité d'assurer leur confort. Je me comporte toujours en gentleman avec elles. Je n'entreprends jamais de rapports sexuels sans leur avoir demandé la permission. Je dors avec elles. Je les couche sous une couverture électrique et le silicone absorbe la chaleur. »

À l'instar des vedettes pornos, ces poupées se résument à des bouches, à des vagins et à des anus accommodants. Leur unique raison d'être est de permettre à un homme de pénétrer leurs orifices comme bon lui semble, que ce soit avec son pénis, ses mains ou n'importe quel objet. On peut leur cracher au visage, les gifler, les engueuler, comme on le fait avec les femmes des films pornos, mais, avec les poupées, il n'y a aucun risque de plainte ou de révolte. Leur bouche en silicone aura toujours les lèvres pulpeuses, légèrement ouvertes, prêtes à recevoir en silence le pénis de leur propriétaire.

*

* *

Le point culminant du salon annuel d'AVN est la cérémonie de remise des prix, souvent désignés sous le nom d'Oscars du porno. Acteurs et actrices foulent le tapis rouge de l'énorme centre des congrès de Mandalay Bay. Vedettes, producteurs et réalisateurs prennent place à leurs tables au centre de l'immense salle bordée de gradins en U où sont assis les fans. Parmi les prix, mentionnons ceux du meilleur film à thématique anale, de la meilleure scène de lesbiennes à trois, de la meilleure scène de double pénétration et de la meilleure série dans la catégorie « gros culs ».

La gagnante de la statuette de la meilleure starlette remercie « tous ceux qui se branlent en me regardant faire des cochoncetés ».

Le prix de la meilleure scène de sexe anal revient à Sunny Lane pour son rôle dans *Big Wet Asses 13*. « C'est plus fort que moi, je raffole de cette bite ! » confie-t-elle à la foule avant de présenter son partenaire, Manuel Ferrara. « Voici l'homme. Je devais choisir Manuel pour ma première scène anale : il est tellement passionné, tellement tendre, et il sait assurément se servir de sa grosse queue. Pour cette scène, je me suis préparée en m'asseyant sur un godemiché anal pendant ma séance de maquillage. Après ça, j'étais prête, tout à toi.

– J'ai fait exactement la même chose pour toi pendant que je me maquillais, ajoute Ferrara d'un air malicieux.

– Oh! Comme c'est gentil! répond-elle. J'aimerais remercier Elegant Angel Productions pour tout, pour la chance qu'ils m'ont donnée de montrer mon cul d'une aussi belle façon!»

Je me farcis trois heures de ce verbiage insipide, qui calque sans la moindre ironie la banalité des galas de remise de prix grand public. Accompagné des danseuses de la succursale locale des bars Spearmint Rhino, le rappeur Flo Rida divertit la foule. Le propriétaire d'Evil Angel Video, John «Buttman» Stagliano, présente un numéro de danse accompagné d'images de George W. Bush, de Donald Rumsfeld, de la prison d'Abou Ghraib, de la société Halliburton, de la guerre d'Irak et de slogans pour la liberté d'expression, défendue par l'industrie comme le droit constitutionnel à diffuser de la pornographie. Par ce numéro de cinq minutes, Stagliano dénonce le recours du gouvernement au Patriot Act pour persécuter les entreprises de divertissement pour adultes et leur clientèle.

«Est-ce qu'on les a crus quand ils ont dit que ces lois n'allaient servir qu'à combattre les terroristes?» demande-t-il.

Ex-danseur des Chippendales et ex-acteur porno, Stagliano est porteur du VIH. Il a déjà été accusé par le gouvernement fédéral d'avoir commis des actes obscènes entre adultes. Il est marié à l'ex-star porno Tricia Devereaux, dont le nom de scène était Karen Stagliano, elle aussi séropositive, comme d'ailleurs bon nombre d'anciens acteurs de l'industrie.

La pornographie a évolué depuis l'époque des photos retouchées des doubles pages centrales de *Playboy* et des films cochons vendus dans des boutiques miteuses. Elle est désormais produite et largement diffusée par de grandes entreprises ayant pignon sur rue. Elle montre de moins en moins la sexualité entre hommes et femmes, et diffuse plutôt des scènes dans lesquelles on voit des groupes d'hommes se branler et éjaculer sur le visage d'une femme ou lui déchirer l'anus avec leurs pénis. La pornographie est parvenue à sa conclusion logique. Après avoir réduit les femmes au statut de marchandises sexuelles, elle les a privées de leur qualité d'êtres humains. Elle a aussi gagné la guerre culturelle. Pornographie et commerce grand public ne font plus qu'un. Les photos utilisées par les studios Wicked pour leur publicité pourraient avoir été empruntées à un catalogue de Victoria's Secret. Soutiens-gorge et slips en dentelle, candélabres, talons aiguilles, cheveux au vent, colliers de perles et dos cambrés sont devenus de véritables symboles de la culture de masse. Les combats menés par des féministes comme Andrea Dworkin, Susan Faludi, Susan Brownmiller et Gloria Steinem dans le but de libérer les femmes de la tyrannie sexuelle se sont soldés par un échec : le *bondage* et la chosification sont désormais partie intégrante de la culture, et tant les femmes que les hommes y ont une part de responsabilité. Le strip-tease, la promiscuité, le sadomasochisme, l'exhibitionnisme et la pornographie sont désormais du dernier chic.

« Comment se fait-il que, au plus profond de nous-mêmes, chacun de nous rêve à un moment ou l'autre de sa vie d'être une star porno ? » demande Faye Wattleton avec le plus grand sérieux dans le documentaire *Thinking XXX*. Elle est présidente du Center for the Advancement for Women.

Cette brutale imitation de la sexualité est devenue synonyme d'émancipation. La mode s'inspire de la pornographie ; les vidéoclips mettent en scène des vedettes pornos et miment des scènes à l'avenant ; la publicité exploite abondamment la puissance d'impact du genre ; les images granuleuses des *sex tapes* d'icônes de la vacuité comme Pamela Anderson ou Paris Hilton soulignent leur allure de stars pornos ; Madonna a composé son personnage, ses chorégraphies et ses vidéoclips en jouant avec les limites que la pornographie a fait voler en éclats ; des vedettes du hip-hop comme Snoop Dogg, 50 Cent et Yella se font producteurs de porno ; Howard Stern interviewe des stars pornos ; des centres de conditionnement physique offrent des cours de danse à la barre et de strip-tease ; l'autobiographie de Jenna Jameson est publiée par HarperCollins et caracole en tête de la liste des best-sellers du *New York Times* pendant six semaines, l'épisode de *E ! True Hollywood Story* lui ayant été consacré obtient les meilleures cotes d'écoute; des émissions de télé-réalité comme *The Girls Next Door* et *Rock of Love* mettent en scène une célébrité masculine que de multiples participantes tentent de séduire; l'émission *The Girls Next Door,* qui met en vedette l'octogénaire Hugh Hefner et des femmes assez jeunes pour être ses petites-filles, exhale des relents d'inceste et de pédophilie; le réseau de télévision HBO pare la pornographie, la prostitution et le striptease d'un prestige factice avec des émissions comme *Thinking XXX, Katie Morgan's Sex Tips, Cathouse* et *G-String Divas*... Bref, le langage, la brutalité et la faillite morale de la pornographie façonnent désormais la culture populaire. Il existe un lien direct entre l'absence de sentiments propre à la culture porno et ces soirées où des étudiants se saoulent, ont des relations sexuelles puis ne se parlent plus.

La pornographie affirme que les femmes, qu'elles en soient conscientes ou non, sont des objets, des prostituées qui ne sont bonnes qu'à être dominées et rudoyées. Sitôt qu'ils ont obtenu ce qu'ils attendent d'elles, les hommes peuvent s'en débarrasser. La pornographie fait l'apologie de la cruauté et de la domination propres à l'exploitation sexuelle de la même façon que la culture populaire exalte la cruauté et la domination propres à la guerre, observe Robert Jensen. Il s'agit de la même tare, celle du pouvoir du monde des affaires et de l'empire : « Parce que j'ai les moyens de recourir à la force pour contraindre autrui à faire ce qui me plaît, je dois y recourir. » L'humain et le sacré sont oblitérés au profit d'un culte de la puissance, du contrôle, de la force brute et de la douleur. L'empathie, l'érotisme et la compassion font place à un illusoire sentiment de toute-puissance. À l'instar des casinos et des complexes touristiques de Las Vegas et des autres symboles de ce fantasme qu'est devenue l'Amérique, la pornographie est la façade étincelante d'une culture nécrophile.

Chapitre 3

L'illusion du savoir

Les hommes meurent, mais la ploutocratie, elle, est immortelle.
Les jeunes générations doivent apprendre à se mettre à son service[1].

Upton SINCLAIR

MAUVAISE GESTION de l'économie, ratés de la politique impériale au Moyen-Orient, effritement des droits constitutionnels, absence d'un régime universel d'assurance maladie... Les multiples problèmes qui affligent les États-Unis peuvent être imputés aux établissements chargés de reproduire et de soutenir l'élite intellectuelle du pays. Harvard, Yale, Princeton, Stanford, mais aussi Oxford, Cambridge, l'université de Toronto, l'Institut d'études politiques de Paris et la plupart des autres hauts lieux du savoir, affichent des résultats plus que médiocres en ce qui concerne la transmission de l'aptitude à réfléchir et à poser des questions. En fait, grâce aux filtres que sont les tests normalisés, les activités d'enrichissement, la reconnaissance des équivalences, le tutorat grassement payé, les écoles privées de luxe, les examens d'admission et la déférence aveugle envers l'autorité, ces vénérables institutions s'affairent essentiellement à créer des hordes de gestionnaires compétents. L'effondrement de l'économie mondiale est d'ailleurs largement attribuable aux liens unissant les salles de cours des campus soigneusement entretenus de Cambridge, de New Haven, de Toronto et de Paris aux centres du pouvoir financier et politique.

Les universités d'élite méprisent le travail intellectuel rigoureux, qui, par nature, se méfie de l'autorité, défend farouchement son indépendance et recèle un potentiel subversif. Elles fragmentent le savoir en disciplines hautement spécialisées, qui offrent des réponses pointues s'inscrivant dans des structures rigides. Économiques, politiques ou sociales, les hiérarchies que servent ces institutions reposent sur des postulats univoques, telle la primauté d'un marché sans entraves, et un vocabulaire qui leur est propre. Ces terminologies, par lesquelles les « spécialistes » se démarquent en tant qu'élite, nuisent à l'acquisition d'une vision globale, dissuadent les néophytes de poser des questions embarrassantes, font obstacle à la recherche du bien commun, fragmentent les disciplines, divisent le corps professoral, les étudiants et les chercheurs, et incitent les universitaires à s'enfermer dans leur tour d'ivoire en négligeant les questions morales, politiques et culturelles les plus pressantes. Ceux qui osent faire preuve d'esprit critique – comme Noam Chomsky, Howard Zinn, Dennis Kucinich ou Ralph Nader – sont marginalisés, exclus des grands débats. Les universités d'élite ont renoncé à toute autocritique. Elles refusent de remettre en cause un système n'ayant que son propre maintien pour raison d'être. Dans ces institutions, il n'y a que l'organisation, la technologie, la promotion personnelle et les systèmes d'information qui comptent.

Dans un article de 1967 intitulé « Éduquer après Auschwitz », Theodor Adorno soutient que « la barbarie » à l'origine de l'Holocauste « persiste tant que durent les conditions qui favorisent cette rechute », et qu'il « faut mettre en évidence » et critiquer, grâce à l'éducation, « les mécanismes qui produisent les hommes capables de telles actions[2] ». L'école ne doit donc pas se contenter d'enseigner des compétences. Elle doit transmettre des valeurs. Si elle ne le fait pas, un autre Auschwitz sera toujours possible : « Tout enseignement politique devrait finalement concentrer ses efforts pour empêcher qu'Auschwitz ne se reproduise. Ce ne serait possible que dans le cas où, sans crainte de se heurter à des puissances quelconques, il se consacrerait ouvertement à ces problèmes importants entre tous. Il lui faudrait se constituer en sociologie, enseigner le jeu des formes sociales qui agissent à l'arrière-plan des formes politiques[3]. »

Si nous ne prenons pas conscience du « jeu des formes sociales qui agissent à l'arrière-plan des formes politiques », le pouvoir de l'argent s'exercera de manière nettement plus impitoyable en délaissant les artifices de la société de consommation pour renouer avec la répression pure et simple.

Lors d'un récent séjour à Toronto, j'ai déjeuné avec Henry Giroux, professeur au département d'études anglaises et culturelles à l'université McMaster, située à Hamilton, en Ontario. Alors qu'il était titulaire de la chaire Waterbury à l'université d'État de Pennsylvanie, poste qu'il a occupé pendant de nombreuses années, Giroux s'est illustré comme l'un des dénonciateurs les plus clairvoyants et les plus virulents de la mainmise du monde des affaires sur l'État et de la destruction méthodique du système d'éducation américain. Ses travaux l'ont cependant confiné aux marges du monde universitaire de son pays : il posait les questions embarrassantes qu'Adorno considérait que tout professeur devait poser. En 2004, Giroux s'est installé au Canada, où il a publié *The University in Chains: Confronting the Military-Industrial-Academic Complex*[4].

> L'émergence de ce qu'Eisenhower a appelé le complexe militaro-industriel-universitaire a soumis l'enseignement supérieur à une emprise encore plus forte que celle qu'anticipait et craignait tant ce président, m'a expliqué Giroux. La plupart des universités, en particulier après les événements du 11-septembre, ont subi une offensive des nationalistes chrétiens, des néoconservateurs réactionnaires et des fondamentalistes du marché, qui les considéraient comme le maillon faible de la lutte contre le terrorisme. On a incité des étudiants de droite à surveiller de près les cours donnés par des professeurs progressistes, et les grandes entreprises ont resserré leur emprise sur l'université, comme en font foi non seulement la généralisation de modes de gestion empruntés au monde des affaires, mais aussi le financement de recherches et de programmes servant de manière flagrante leurs intérêts. L'université d'État de Pennsylvanie, où j'enseignais alors, s'est acoquinée avec les pouvoirs économique et militaire. Autrement dit, des projets de recherche étaient

désormais financés par le Pentagone et par certaines entreprises, si bien que le savoir devenait de plus en plus militarisé, se mettant au service du développement d'armes vouées à la destruction, à la surveillance et à la mort. À cet assaut s'est ajouté le fait que les milieux universitaires devenaient de plus en plus insignifiants comme force d'opposition : des professeurs se sont réfugiés dans des discours inoffensifs, d'autres évitent soigneusement de soulever des enjeux critiques en classe par crainte d'être congédiés, tandis que bon nombre d'entre eux ont tout simplement cessé de croire à la nécessité de défendre l'université en tant qu'espace public démocratique.

Adorno aurait été atterré par le nihilisme dans lequel ont sombré les universités d'élite. Il savait que le mal radical n'est possible qu'avec la collaboration d'une population frileuse, craintive et désorientée, un appareil de propagande et des médias de masse n'offrant guère plus que du divertissement, et un système d'éducation qui refuse de transmettre des valeurs transcendantes et de stimuler la conscience individuelle. Le philosophe craignait justement l'avènement d'une culture qui tournerait le dos aux difficultés inhérentes aux choix moraux, sources d'angoisse, pour se vautrer dans une puérile virilité : « Ce modèle d'éducation par la dureté, auquel bien des gens croient sans doute sans y avoir réfléchi, est parfaitement erroné. Cette idée, selon laquelle la virilité consiste en une capacité suprême d'endurance, servait depuis longtemps de masque à un masochisme qui – la psychologie l'a montré – ne s'associe que trop facilement au sadisme[5]. »

La culture contemporaine est dominée par le sadisme. Tel un courant électrique, celui-ci alimente la télé-réalité, la radio-poubelle et la pornographie, et entretient le sentiment d'appartenance et la docilité nécessaires au bon fonctionnement de la grande entreprise. Cette virilité exacerbée trouve son aboutissement logique à Abou Ghraib, dans les guerres d'Irak et d'Afghanistan et dans l'indifférence généralisée à l'égard des sans-abri, des pauvres, des personnes atteintes de maladie mentale, des chômeurs et des malades.

« Les forces politiques et économiques qui alimentent les crimes contre l'humanité (guerres illégales, torture, indifférence envers la malnutrition chronique ou les épidémies, génocides, etc.) agissent toujours par l'intermédiaire de l'éducation, poursuit Giroux. Aucune résistance à de tels actes ne peut prendre forme sans un minimum de connaissances et de réflexion. Il faut nommer ces crimes, puis transformer l'indignation en tentatives concrètes d'empêcher leur existence même. »

Cependant, tout indique que nous ne les nommons pas. Nous acceptons le système qu'on nous impose en tâchant d'y trouver une place confortable. Nous restons confinés à nos étroits ghettos et fermons les yeux devant la funeste superstructure de l'État-entreprise.

*
*   *

« Silence politique. Voilà comment je résume la situation. La plupart des enjeux actuels ne suscitent qu'une résistance molle, isolée », constate Chris Hebdon, étudiant de premier cycle à l'université de Californie (uc) à Berkeley. Il poursuit en décrivant les rassemblements à Sproul Plaza, centre historique du militantisme à Berkeley. Les étudiants y tiennent des tables d'information et de recrutement destinées à leurs collègues, une pratique que les Américains nomment *tabling*.

> Des étudiants organisent des tables pour le Darfour, poursuit Hebdon, mais on n'en voit que très rarement, sinon jamais, qui traitent de l'Afghanistan, de l'Irak ou de la militarisation. À Sproul Plaza, la répartition des tables reflète la fragmentation ethnique, et celles-ci ont une vocation délibérément carriériste : futurs avocats, futurs médecins, futurs ingénieurs, futurs gens d'affaires, etc., se réclamant de leur identité américano-ce-que-vous-voudrez. Pour avoir le droit de tenir un stand, une association doit se conformer à des règles et à une procédure strictes. On en voit d'ailleurs très peu qui offrent de l'information sur la mondialisation, le pouvoir de la grande entreprise ou, pire encore, la commercialisation de Berkeley. Trop d'étudiants et de professeurs ont d'autres chats à fouetter, sont ultra-

spécialisés, atomisés, timorés. Assoiffés de prestige et d'argent, ils suivent les tendances, si bien qu'ils sortent rarement du cadre habituel. L'université de Californie aime bien brandir son slogan « L'excellence dans la diversité », or celui-ci passe sous silence le revers de la médaille du multiculturalisme : la fragmentation de la communauté étudiante en petits marchés, le morcellement de cette impétueuse marée en gouttelettes dont la variété n'a d'égale que l'impuissance. Sproul Plaza, où, debout sur le toit d'une voiture de police, Mario Savio a jadis lancé son cri de ralliement pour le Free Speech Movement, illustre parfaitement cette désorientation : s'y agglutinent des dizaines de tables de clubs sportifs, de cercles voués aux arts ou au divertissement, d'organismes ethniques, de groupes d'aide à la préparation de CV pour carriéristes et d'associations défendant des causes sans importance. La confusion règne. Devant cette absence de cohésion, on se demande vraiment comment des jeunes si brillants peuvent rester à ce point muets.

À Berkeley, l'oligarchie qui a corrompu l'enseignement supérieur s'affiche publiquement. Les universités d'élite les plus riches, telles Yale ou Stanford, assignent les places en résidence étudiante par tirage au sort ; elles traitent leurs étudiants de manière soigneusement égalitaire, car elles s'attendent à ce qu'ils accèdent tous à l'élite. À l'inverse, Berkeley et de nombreuses autres universités publiques accordent leurs chambres en fonction de la capacité des étudiants à payer. Elles ont succombé à la logique capitaliste du « choix »[6]. À Berkeley, les plus pauvres doivent se contenter de résidences connues sous le nom d'« unités » (Unité 1, Unité 2, Unité 3...), tandis que les plus riches et les étudiants athlètes qu'on a recrutés profitent de la fortune de leur famille ou d'une bourse pour obtenir une place à Foothill ou à la somptueuse résidence Clark Kerr, ex-école privée pour enfants sourds et aveugles. La qualité des repas servis est à l'avenant. De grandes entreprises ont conclu des contrats d'exclusivité avec les universités, éliminant ainsi toute concurrence en matière de distribution de biens et de services. À Berkeley, Coca-Cola a le monopole des boissons et aliments, y compris lors des matchs de football. Le stade

California Memorial est tapissé des logos d'entreprises comme Cingular et Allstate.

L'université de Berkeley a négocié avec British Petroleum (BP) une entente pour la mise sur pied de l'Energy Biosciences Institute. Contre 500 millions de dollars, l'université fournit à la multinationale chercheurs et équipements, fruits d'investissements publics répartis sur des dizaines d'années, qui feront avancer la recherche sur les biocarburants. British Petroleum pourra donc fermer un de ses centres privés et profiter de laboratoires financés par le secteur public. L'entreprise détiendra la propriété intellectuelle des innovations rendues possibles par ce partenariat.

> Quand j'ai envie de regarder un match de football, je vais à Tightwad Hill, une colline surplombant le stade où les gens peuvent boire leur bière et rigoler plutôt que de se contenter de crier et de huer, explique Hebdon. La foule qui se rassemble à Tightwad Hill est représentative de la diversité de Berkeley : étudiants, grands-parents, alcooliques, familles de sportifs, enfants... Une culture du plaisir partagé de manière spontanée y règne. Cette liberté relative offre tout un contraste avec l'encadrement néo-pavlovien de la foule entassée dans le stade, au pied de la colline. Au stade, on se sent assiégé. Ça commence dès l'entrée : les billets coûtent plus de 25 dollars, il est interdit d'apporter de la nourriture, et si on a soif, on est obligé d'acheter à prix d'or du Coca-Cola, de l'eau Dasani ou du jus Minute Maid.

L'entraîneur de l'équipe de football est l'employé le mieux payé de l'université de Berkeley. Il gagne environ 3 millions de dollars par an. Par ailleurs, les frais de scolarité sont en augmentation constante, et ce, depuis plusieurs décennies. Les étudiants de premier cycle paient 100 % du coût de l'enseignement qu'ils reçoivent, car l'État de Californie a aboli la subvention à laquelle ils avaient droit[7]. Pourtant, selon sa charte, l'université n'est pas censée imposer de frais de scolarité. Berkeley est un microcosme de l'ingérence des grandes entreprises dans l'éducation. En renonçant à un enseignement qui sache contester les postulats et valoriser l'autocritique, l'université a vendu son âme au diable. Charles Schwartz, professeur émérite de physique, a tracé un graphique montrant que, de 1993 à 2007, le nombre de cadres s'est accru de 259 %, contre 24 % pour l'ensemble des employés et un maigre 1 % pour le corps professoral.

Quand le conseil d'administration de l'université de Californie a annoncé que des milliers de nouveaux étudiants ne pourraient être admis pour cause d'impasse budgétaire, Schwartz a élaboré un plan. Dans un esprit de service public plutôt que d'enrichissement personnel, il a proposé aux autorités de l'université de retrancher 1 % du salaire de chaque employé gagnant plus de 100 000 dollars. Il ne s'agit pas d'une idée nouvelle : quelques semaines plus tôt, Barack Obama avait lui-même limité les salaires des membres de son équipe à 100 000 dollars. « Une telle mesure rapporterait 29 millions, a-t-il expliqué aux membres du conseil. C'est plus qu'il n'en faut pour couvrir les coûts qu'occasionnerait la présence des 2 300 étudiants que vous comptez refuser l'an prochain. » Le conseil d'administration a ignoré sa suggestion[8]. Chris Hebdon raconte :

> Berkeley se construit une image en mettant en avant ses équipes de sport, de football en particulier. Ce programme de promotion du sport universitaire représente un investissement colossal. Notre chancelier, dans un grand geste d'égarement, vient d'annoncer qu'il compte amasser 1 milliard de dollars pour financer les activités sportives en vendant 3 000 sièges de première rangée à des donateurs privés : moyennant 225 000 dollars, ceux-ci auront leur place réservée pour une période de 30 à 50 ans[9]. Berkeley se transforme peu à peu en une école de métiers. Les étudiants, par exemple, se disent pour la plupart favorables à l'idée de mettre l'accent sur les sports.

En décembre 2006, l'université a annoncé qu'elle prévoyait couper une quarantaine de grands chênes répartis sur une surface de plus d'un demi-hectare afin de construire un centre d'entraînement pour ses étudiants athlètes. Pour contrecarrer le projet, des opposants ont bâti des cabanes rudimentaires dans les arbres et s'y sont relayés. Le règlement municipal de Berkeley interdit l'abattage de tout chêne de Californie dont le tronc dépasse 15 centimètres de diamètre, mais le campus se trouve à l'extérieur des limites de la ville. La contestation a duré 21 mois. En septembre 2008, les protestataires ont été expulsés, et les arbres rasés.

Pendant les deux années qu'a duré ce conflit qui a fait beaucoup de bruit, la majorité des étudiants appuyaient le projet de centre sportif et pestaient contre les «hippies», raconte Hebdon. Un étudiant, vétéran de guerre, a été considéré comme une «menace imminente» pour avoir occupé un arbre avec une pancarte qui disait «Démocratisons le conseil d'administration de l'UC». En effet, rares sont les étudiants qui savent que les membres du conseil, qui supervisent le fonctionnement global de l'université, sont nommés plutôt qu'élus, au contraire de ce que la loi exige. Ils sont peu nombreux à s'être posé la question. J'ai le souvenir très vif d'avoir vu une personne qui vendait des pierres à lancer aux occupants, avec l'appui manifeste de la foule présente sur les lieux. Quand je vois des choses comme ça, je me dis que Berkeley, jadis renommée pour sa conscience politique, est devenue un lieu peuplé de gens cruels, profondément frustrés, indifférents, obsédés par leur stratégie de carrière. Le campus accueille de nombreux militaires; s'enrôler dans l'armée est l'une des rares voies permettant d'étudier sans trop s'endetter. Nous avons adhéré en bloc à l'idée voulant qu'éducation rime avec formation et «réussite» (au sens pécuniaire) plutôt que de viser une transmission de l'art de la pensée critique et de la discussion, poursuit Hebdon. La culture compétitive de l'efficience (omniprésence de l'univers numérique, rythme de vie frénétique, existence fondée sur le réseautage carriériste, prestige, argent, etc.) éloigne les prétendus meilleurs éléments de leurs responsabilités sociales et des idéaux écologiques et démocratiques. Quelque part sur la route vers le libre marché, Berkeley a oublié que l'apprentissage a peu à voir avec les poignées de main, le peaufinage de CV et la réponse des marchés.

Rien n'illustre mieux les contradictions de Berkeley comme établissement public que sa variante des grilles en fer forgé entourant les campus de Harvard ou de Yale : ses laboratoires nationaux à sécurité maximum. Le Laboratoire national Lawrence-Berkeley, situé en retrait du campus, demeure un mystère pour la plupart des gens. On l'associe à la contribution historique de l'université de Berkeley aux recherches sur la technologie nucléaire, domaine foncièrement centralisé et antidémocratique qui constitue une menace pour les droits civils. Le labo est desservi par des autobus spéciaux interdits aux étudiants; l'accès en est restreint et ce qui s'y passe est protégé par le plus grand secret. Ses chercheurs sont peu portés à parler, car ils n'ont aucune sécurité d'emploi. On fait croire aux étudiants que ces laboratoires sont prestigieux. Après tout, ils attirent une manne d'argent des contribuables grâce au financement de la recherche scientifique par le gouvernement fédéral, conclut Hebdon.

*
* *

Dernièrement, j'ai revu une ex-camarade de classe de la Harvard Divinity School (l'école de théologie de Harvard); elle est maintenant professeure de théologie. Quand je lui ai demandé ce qu'elle enseignait, elle m'a inondé d'un torrent de termes abscons issus du jargon de sa spécialité. Malgré trois années passées au séminaire, je n'ai strictement rien compris de ce qu'elle m'a dit. Cet enfermement dans des enclaves lexicales impénétrables est le fait de toutes les facultés et disciplines universitaires du pays. Plus les universités produisent de diplômés à l'esprit atrophié, plus la société est envahie de ces étranges spécialistes qui parlent un mystérieux langage codé pour ne pas avoir à communiquer véritablement. Aveuglément, les experts maintiennent la hiérarchie capitaliste qu'on ne leur a jamais appris à remettre en cause et toisent avec un mépris à peine voilé ceux de leurs concitoyens qui ne saisissent rien de leur discours et de leurs écrits.

Selon tous les critères propres à la tradition occidentale, observe John Ralston Saul, ces spécialistes sont incultes. Ils sont incapables d'appréhender le rapport essentiel entre pouvoir et morale. Ils ont oublié, s'ils l'ont jamais su, que les traditions morales sont le produit de la civilisation. Ils en savent d'ailleurs très peu sur leur propre civilisation, si bien qu'ils ignorent comment en assurer la pérennité. «L'un des symptômes les plus flagrants d'une civilisation sur le déclin, écrit Saul, est précisément que son langage se fragmente en une multitude de dialectes qui font obstacle à la communication, tandis qu'une civilisation saine, en plein essor, se sert quotidiennement du langage pour maintenir l'évolution de la machine sociale. Les élites cultivées, responsables, ont pour mission d'encourager les flux d'informations[10]. »

Les dialectes confidentiels que parlent les élites contemporaines font obstacle à la communication et au sens commun. Les escrocs de la finance et les économistes qui ont bricolé notre système financier persistent à s'adresser à nous dans le langage ésotérique des spécialistes de Wall Street et des grandes écoles de gestion. En employant des termes comme *titrisation, désendettement, fonds commun de créances* ou *couverture de défaillance,* ils excluent leurs concitoyens du débat. Ce repli dans des ghettos spécialisés est un phénomène qui s'étend à toutes les disciplines universitaires. De nombreux professeurs de littérature analysent les romans en les détachant complètement de leur contexte social et utilisent le vocabulaire abscons des tenants de la déconstruction pour priver de leur force les œuvres qu'ils étudient. D'Euripide à Russell Banks, les écrivains ont créé une littérature qui fait office de miroir et de loupe, renvoyant à leurs lecteurs le reflet de l'hypocrisie, de la corruption des mœurs et de l'injustice tout en observant ces vices de près. La littérature éclaire les sociétés en leur révélant leurs tares. N'est-ce pas Charles Dickens qui a attiré l'attention de la classe moyenne sur la vie dans les taudis et les maisons de correction de Londres? N'est-ce pas Honoré de Balzac qui, d'un tome à l'autre de *La comédie humaine,* a mis à nu le cœur âpre d'une certaine France? N'est-ce pas Upton Sinclair qui, avec *La jungle,* a montré à ses lecteurs les abattoirs et les bidonvilles de Chicago?

Entre les mains des universitaires, qui comprennent rarement la réalité du monde ou qui, à tout le moins, ne s'en préoccupent guère, les œuvres littéraires sont éviscérées, déconstruites, réduites à leurs détails les plus obscurs, à leurs aspects les plus futiles. Dans toutes les disciplines se creusent des fossés comme celui qui sépare, d'une part, les études littéraires et la philosophie et, d'autre part, le réel. Les économistes élaborent des modèles théoriques d'une grande complexité, mais connaissent à peine John Law, n'ont jamais étudié la crise de la tulipe en profondeur et ignorent tout de l'éclatement de la bulle des chemins de fer ou de la déréglementation à l'origine de la Grande Dépression. Ils ignorent que la démocratie athénienne est née des réformes sociales et des politiques égalitaires mises en œuvre par Solon, qui avait entre autres décidé d'effacer toutes les dettes qui grevaient les Athéniens. Considérée comme dépourvue d'utilité pratique, l'étude des classiques a été abandonnée. On a ainsi relégué dans l'ombre ces leçons essentielles de l'histoire. Pourtant, un épisode comme la ruine de l'économie sous le règne de Tibère (faillites à grande échelle, effondrement du marché immobilier, débâcle financière), relaté par Tacite, ne peut que nous rappeler que notre cas n'est pas unique dans l'histoire, et nous apprend que cette crise a finalement été enrayée grâce à des dépenses publiques massives et à l'intervention de l'État, qui a notamment octroyé des prêts sans intérêt aux citoyens. Ceux qui sont frappés d'amnésie historique, qui croient que nous formons une société sans précédent n'ayant rien à apprendre du passé, sont restés des enfants. Ils vivent dans l'illusion.

Le jargon et la formation pointue des médecins, des professeurs, des économistes, des sociologues, des officiers de l'armée, des banquiers et des hauts fonctionnaires sont tels que chaque domaine s'en tient désormais étroitement à sa fonction. L'assujettissement de la société à l'État-entreprise et la notion de bien commun n'intéressent nullement les spécialistes. Leur rôle est de faire fonctionner le système, pas de l'étudier. Ils reprennent, parés d'habits neufs, le maniérisme ampoulé et le discours archaïque d'une aristocratie figée, corrompue et agonisante. Incapables de comprendre que la vérité peut être relative, ils fondent leurs décisions sur des idées reçues, telles la nécessaire primauté d'un marché déréglementé ou l'inéluctabilité de la mondialisation, érigées en absolus irréfutables. De nos jours, écrit Saul, «on n'a pas vraiment besoin de censure traditionnelle ni d'autodafés, bien que des cas se produisent régulièrement. Tout se passe comme si notre langage lui-même était responsable de notre incapacité à reconnaître la réalité et à agir en conséquence[11]».

Une bourse d'études m'a permis de fréquenter un pensionnat dès l'âge de dix ans. Après huit ans de collège privé en Nouvelle-Angleterre, puis huit autres d'université à Colgate et à Harvard, j'ai acquis une assez bonne compréhension du système. Plus tard, j'ai enseigné à Columbia et à Princeton ainsi qu'à l'université de New York. À leurs étudiants, et ce, quel que soit leur degré de médiocrité, ces institutions donnent l'assurance lénifiante qu'elles les accueillent non seulement parce qu'ils sont les meilleurs, mais aussi parce qu'ils méritent ce qu'il y a de mieux. On a vu cette mentalité à l'œuvre chaque fois que George W. Bush a ouvert la bouche. Voilà un homme aux capacités intellectuelles très limitées et à la fibre morale inexistante. Tout comme Lewis «Scooter» Libby[12], que j'ai jadis côtoyé au collège, Bush est l'exemple même de ces barons égocentriques, gâtés, riches et incultes que les écoles comme Andover, Yale ou Harvard produisent à la chaîne. À l'instar des autres membres de sa caste, Bush a gravi les échelons du pouvoir grâce à son argent et à ses relations. La vraie fonction de ces universités bien nanties est de reproduire l'élite; c'est ce qu'elles font, même si elles se targuent d'être accessibles au simple citoyen, claironnent leur attachement à la diversité sur les campus et se vantent de juger leurs étudiants au mérite. Cet amalgame d'un discours public égalitariste et d'une pratique privée élitiste suscite une bien étrange schizophrénie. Le constat d'Elyse Graham, à qui j'ai enseigné à Princeton et qui poursuit des études postdoctorales à Yales, va dans ce sens:

> Il existe dans ces écoles un certain type d'étudiant qui s'éprend de la mystique et du prestige de ses propres études. C'est celui qui voit son séjour à Princeton comme une chasse au trésor dont le but consisterait à amasser le plus grand nombre de souvenirs de Princeton pour en cultiver ensuite la nostalgie: «Combien de professeurs célèbres vais-je accumuler?» se demande-t-il notamment. Il termine ses études non seulement convaincu de faire partie de l'élite, mais aussi empreint de cette sérénité qui semble témoigner de vastes connaissances. L'université socialise ses étudiants en leur apprenant à bien présenter les idées, même les plus banales.

Ces institutions dorlotent leurs étudiants comme le feraient des complexes touristiques haut de gamme. Mon collège – et j'insiste sur le fait qu'il s'agit d'un collège – a fait construire un centre sportif de 26 millions de dollars. Il en possédait pourtant déjà un, tout à fait correct, doté de surcroît d'une piscine olympique. Néanmoins, la direction souhaitait rénover les installations pour mieux soutenir la concurrence des autres écoles privées, qui courtisent elles aussi les garçons et filles de l'élite. De la même façon, le campus de l'université Princeton est encombré de rutilants édifices neufs. Il semble toujours y avoir un projet de construction en cours. Cette perpétuelle expansion empiète sur de vastes espaces verts, faisant du site un lieu inspirant la claustrophobie. À l'heure où les écoles publiques tombent en ruines, où les universités publiques voient leurs budgets amputés et où les universités à but lucratif se transforment en écoles de métiers, les études supérieures dans les universités d'élite deviennent inabordables, y compris pour la classe moyenne. Les privilégiés s'isolent de plus en plus dans leurs opulents quartiers privés. Ces dernières années, comme la plupart des établissements d'enseignement supérieur, Harvard a perdu de l'argent. En 2008, sa fondation a perdu 8 milliards de dollars en 4 mois, et ses actifs ont fondu de 27 % en 2009. Après la tempête, cette université demeure tout de même très bien nantie, disposant, en 2011, d'un fonds de 32 milliards de dollars. Des institutions comme Yale, Stanford ou Princeton la suivent de près.

Les étudiants des écoles d'élite se font dire qu'ils ont été admis parce qu'ils sont meilleurs que les autres. La plupart en sont d'ailleurs convaincus au départ. Ils considèrent leur richesse et leur accès au pouvoir comme une extension naturelle de leurs talents et de leurs aptitudes plutôt que comme les fruits d'un système favorisant les privilégiés. On les socialise avec soin à la chapelle, sur les terrains de jeu minutieusement entretenus, dans les dortoirs et lors de réunions exclusives avec les riches et les puissants auxquelles on les convie tout naturellement. Ils font partie des mêmes clubs et fraternités. George W. Bush et John Kerry, qui se sont affrontés lors de l'élection présidentielle de 2004, ont tous deux fréquenté Yale et subi l'initiation préalable à leur admission dans Skull and Bones, l'hermétique société secrète de l'université.

C'est John D. Rockefeller III, ancien élève du collège Loomis-Chaffee, où j'ai moi aussi étudié, qui a prononcé le discours à l'occasion de notre cérémonie de remise des diplômes. Les familles riches et puissantes de Boston, de New York ou de Los Angeles sont constituées en tribu par ces institutions. École, famille et privilèges se conjuguent efficacement. Les membres de l'élite passent leurs vacances ensemble, font du ski dans les mêmes stations suisses et connaissent les mêmes restaurants de New York et de Paris. Ils déjeunent dans les mêmes clubs et jouent au golf sur les mêmes terrains. Lorsqu'ils obtiennent leur diplôme d'une université d'élite, ils savent qu'ils font désormais partie d'un cercle d'initiés et sont rompus à l'intimidant langage des privilégiés, truffé d'allusions à des futilités et à des traditions connues de la seule élite. Ils font montre d'un aplomb que ceux de l'extérieur tentent souvent d'imiter, non sans peine. Bien qu'ils ne le montrent pas en public, ils méprisent ceux qui n'ont pas leur raffinement ou leurs relations. Une fois leurs études complétées, ils ont les moyens de se barricader dans les quartiers qui leur sont réservés, comme Short Hills au New Jersey ou Greenwich au Connecticut. Hors de leur caste, ils connaissent peu de gens. Bien entendu, ils communiquent à l'occasion avec leur garagiste, leur portier, leur bonne d'enfants, leur jardinier ou l'entrepreneur qui rénove leur villa, mais ces contacts sont typiques des rapports guindés et dénués de sincérité qu'entretiennent les puissants avec les sans-voix. Les membres de l'élite sont rarement confrontés à d'authentiques divergences d'opinions. On ne leur demande pas de réfléchir à leur rôle dans la société ou au caractère injuste du système qui les soutient. Ce sont des béotiens dont l'autorité ne repose que sur la fortune. Emmitouflés dans leurs cocons, baignant dans l'autosatisfaction, ils se considèrent comme charitables et bons, ce qu'ils sont souvent, en effet, mais uniquement à l'égard des autres membres de l'élite ou, à l'occasion, des quelques laquais veillant à leur confort. Les criantes injustices qui condamnent la majorité des Afro-Américains à la pauvreté et les travailleurs à un niveau de vie leur permettant à peine d'assurer leur subsistance, tout comme les bravades impérialistes qui ont mené aux guerres d'Irak et d'Afghanistan, les laissent complètement indifférents. Pour donner à leur existence un mince vernis de compassion, ils participent à d'insignifiantes œuvres de charité, mises sur pied par leurs clubs sociaux. Tels d'éternels enfants, ils peuvent passer toute leur vie dans l'aveuglement le plus total. « C'est pour les hommes enfermés dans ces milieux étroits que les médias de masse peuvent créer un pseudo-monde extérieur, et aussi un pseudo-monde à l'intérieur d'eux-mêmes », écrivait C. Wright Mills[13].

Je viens d'une famille ouvrière du Maine. Les gens que j'ai le plus aimés n'ont pas fréquenté l'université. Ils étaient plombiers, postiers, ouvriers du textile, pour la plupart anciens combattants. Leur vie, marquée par la frugalité, n'avait rien de facile. Ils se sont pourtant montrés indulgents à l'égard de mon obsession pour la lecture et de mon inaptitude à manipuler des outils, sans parler de mon aversion pour la chasse, et ils ne manquaient pas de me rappeler que, bien que j'aie eu la chance d'étudier, je n'étais ni meilleur ni plus intelligent qu'eux. Si on est pauvre, on doit travailler sitôt ses études secondaires terminées, voire avant, comme ce fut le cas de mon grand-père. On s'enrôle dans l'armée parce que celle-ci est un des rares employeurs offrant assurance maladie et salaires décents. L'université est hors de portée. On y est livré à soi-même. Il s'agit là de la principale différence entre les membres de la classe ouvrière et ceux de l'élite.

Les écoles d'élite vantent souvent la diversité de leur population étudiante. Il s'agit cependant d'une pluralité d'origines ethniques plutôt que de classes sociales. Les processus d'admission, conjugués à des frais de scolarité ahurissants, excluent la plupart des pauvres et des travailleurs. Les dés sont pipés contre ceux dont les parents ne sont pas suffisamment riches et instruits. Quand mon fils, qui terminait son secondaire, a reçu les résultats de son examen SAT[14], nous avons été surpris de constater que sa note en compréhension de texte était inférieure à celle qu'il avait obtenue en mathématiques : lecteur avide et attentif, il n'aime pas les mathématiques. Nous avons donc décidé de faire comme bon nombre de familles instruites de la classe moyenne et d'embaucher un tuteur de la société Princeton Review, qui, contre 7 000 dollars, offre une préparation au SAT (en 2009, l'industrie américaine de la préparation aux tests d'admission affichait des revenus annuels de 726 millions de dollars, une hausse de 25 % par rapport à 2005). Mon fils allait ainsi pouvoir apprendre les trucs et les techniques permettant de réussir cet examen standardisé. Le tuteur lui prodiguait des conseils de ce type : « Arrête de te demander si le contenu de ce passage est vrai. Tu perds ton temps à réfléchir aux idées. Tu n'as qu'à régurgiter ce qu'on te donne. » La note de mon fils en lecture a finalement grimpé de 130 points, le propulsant dans le rang centile le plus élevé du pays. Est-il devenu plus intelligent grâce au tutorat ? Le fait de pouvoir régurgiter immédiatement un extrait au lieu d'y réfléchir ou de le critiquer a-t-il vraiment amélioré ses aptitudes en lecture ? L'évaluation, chronomètre en main, d'étudiants qui lisent un texte et répondent à des questions à choix multiples soigneusement sélectionnées constitue-t-elle une manière juste et efficace de mesurer l'intelligence ? Qu'en est-il des familles dépourvues des quelques milliers de dollars nécessaires pour engager un tuteur ? Quelles sont les chances de réussite de leurs enfants ?

Parce qu'elles ont systématiquement recours aux tests standardisés et que des gens sont prêts à payer cher pour une note parfaite, les universités d'élite admettent bon nombre de fainéants et d'étudiants riches ayant de bonnes relations. Dans *The Power of Privilege : Yale and America's Elite Colleges,* Joseph A. Soares révèle que, en 2000, selon les données internes de Yale, 14 % des étudiants avaient au moins un parent diplômé de cette même université. À Harvard, les donateurs les plus généreux (ceux qui donnent plus d'un million de dollars) siègent au comité des ressources financières de l'université. Selon un article du *Inside Higher Ed,* parmi les enfants des 340 membres de ce comité, 336 ont été admis ou ont déjà étudié à Harvard, et ce, même si l'institution n'accepte dans l'ensemble qu'un candidat sur dix. Daniel Golden, auteur de *The Price of Admission: How America's Ruling Class Buys Its Way into Elite Colleges, and Who Gets Left Outside the Gates*, soutient que Harvard dispose d'une liste, la « Z List » (à propos de laquelle l'université refuse d'émettre tout commentaire), qui comprend les noms de 25 à 50 candidats médiocres, mais ayant de bonnes relations. Cette liste est un outil important pour attirer de gros donateurs potentiels. Les recherches de Soares et de Golden montrent que la richesse suffit pour s'acheter une place dans une université de l'Ivy League[15].

J'ai enseigné à des étudiants brillants et passionnés, qui fréquentaient l'université pour cultiver leur esprit, posaient des questions essentielles et reconnaissaient l'importance de ce que leurs études pouvaient leur apporter. Ils ne constituaient cependant qu'une petite minorité. Dans l'ensemble, leurs compagnons d'études, dont la plupart finiraient à Wall Street ou dans quelque multinationale avec un salaire de départ de 120 000 dollars par an, abattaient un travail colossal et régurgitaient fidèlement l'information qu'on leur transmettait. Dans les cours ennuyeux comme dans ceux qui les stimulaient, ils obtenaient systématiquement des notes parfaites. Ils savaient tout de l'intrigue et des points saillants d'*Au cœur des ténèbres* de Joseph Conrad, mais étaient incapables d'expliquer en quoi ce roman est important. Leurs professeurs, craignant de se voir accoler l'étiquette « politique » et d'indisposer les légions de riches donateurs et d'administrateurs dirigeant l'institution, n'osaient pas souligner les parallèles évidents entre l'intrigue du roman et le fiasco de l'occupation de l'Irak par l'empire américain. Contrairement à ce qu'ils auraient dû faire, ils n'utilisaient pas ce récit pour mettre en lumière les travers de l'impérialisme. C'est donc dire que, même dans l'univers marginal et sous-financé des sciences humaines, des arts et des lettres, le contenu de l'enseignement traduit un vide moral.

Il existe un lien direct entre la faillite du système économique et politique et l'assaut lancé contre les sciences humaines, arts et lettres. En négligeant ces domaines d'études, l'élite a réussi à organiser l'éducation et la société autour de réponses prédéterminées à des questions prédéterminées. On inculque aux étudiants la mentalité nécessaire à la production de telles réponses, et ce, même si celle-ci a perdu toute pertinence. Toutefois, parce que sa formation et ses connaissances se limitent aux spécialités ayant pour seule fin le maintien des structures économiques et politiques existantes, la classe dirigeante se retrouve à court d'idées. Il s'agit d'ailleurs de l'essence de la fameuse méthode d'étude de cas de la Harvard Business School : un système didactique dont la logique, appliquée à la résolution d'un problème particulier, finit toujours par soutenir le capitalisme. L'élite est incapable de poser les grandes questions universelles sur lesquelles s'appuie l'enseignement de la philosophie et des sciences humaines, questions qui mettent en cause les postulats les mieux enracinés et analysent l'âpre réalité du pouvoir économique et politique. Elle a oublié – en fait, on ne lui a pas appris – que la nature humaine marie le bien et le mal. Elle est donc incapable de la moindre réflexion critique et ne comprend pas que toute réponse suscite de nouvelles questions, phénomène qui constitue la base même de la quête de sagesse propre à l'enseignement de Socrate.

Pour Socrate, toutes les vertus sont des formes de savoir. Si on forme un étudiant à devenir conseiller financier chez Goldman Sachs, on lui enseigne une compétence. Si on lui apprend à soupeser les manières stoïque, existentialiste, théologique ou humaniste de composer avec la réalité, on l'éduque à des valeurs, à la morale. Une culture se condamne elle-même à mourir si elle ne saisit pas l'interaction essentielle entre morale et pouvoir, si elle confond sagesse et techniques de management et si elle ignore que c'est à l'aune de sa compassion qu'on évalue une civilisation, et non à celle de son efficacité ou de sa consommation. La morale est le produit d'une civilisation, mais les membres de l'élite ne savent pratiquement rien de ces traditions, car ils sont, eux, le produit d'un vide moral. Ils manquent de lucidité envers eux-mêmes et leur culture, et sont seulement en mesure d'interpréter leurs problèmes personnels, et ce, sans avoir conscience de leurs propres préjugés ou des causes de leurs frustrations. Aveugles aux failles béantes qui menacent les structures économiques, sociales et politiques qu'on les a formés à servir, ils ne peuvent comprendre que celles-ci devront être radicalement modifiées, voire abolies, si l'on veut éviter la catastrophe. Ils sont devenus muets, incapables. Ludwig Wittgenstein avait d'ailleurs émis cette mise en garde : « Ce dont on ne peut parler, il faut le taire[16]. »

Comme l'écrit William Deresiewicz, critique littéraire et ancien professeur d'anglais à Yale, dans *The American Scholar* :

> C'est maintenant un lieu commun de dire qu'il existe diverses formes d'intelligence. Cependant, les universités d'élite ont beau émailler leurs cohortes d'étudiants de quelques acteurs ou violonistes, leurs critères de sélection et leur enseignement ne reposent que sur une seule d'entre elles : l'intelligence analytique. Bien que cette remarque vaille pour toutes les universités, les écoles d'élite sont plus enclines à méconnaître la valeur des autres types d'intelligence, précisément parce que cette forme particulière prévaut chez leurs étudiants (tout comme chez leurs professeurs et administrateurs). Chacun valorise naturellement ce qu'il possède et ce qui lui procure un maximum d'avantages. Toutefois, les intelligences sociale, émotionnelle ou créative, pour ne nommer que celles-là, ne sont pas celles qui priment au sein de l'élite universitaire[17].

L'intelligence est neutre sur le plan moral. Elle ne possède pas plus de vertus que l'habileté athlétique. On peut la mettre au service de l'exploitation de la classe ouvrière, de la répression ou de la guerre, mais on peut aussi en user pour combattre ces fléaux. Cependant, sitôt qu'on associe la valeur à la richesse, comme le font ces universités, toute réflexion critique sur la société et la sphère politique et toute réforme de celles-ci sont discréditées du seul fait de leur nature même. De manière implicite, ces institutions défendent une éthique selon laquelle il faut accumuler le plus d'argent possible pour entretenir ce système élitiste. Les recteurs, qui sont nombreux à être rémunérés comme des dirigeants d'une grande entreprise, doivent souvent consacrer toutes leurs énergies à la collecte de fonds plutôt qu'à l'éducation. Ils décernent à l'envi des doctorats honorifiques à des gestionnaires de fonds spéculatifs ou à des magnats de Wall Street dont les vies sont souvent des exemples d'abjection morale ou de cupidité sans bornes.

La déférence servile des écoles d'élite envers les riches n'échappe pas aux étudiants, malgré tous les beaux discours sur le service public qu'on leur sert. Afin de recueillir un maximum de fonds et d'assouvir leur insatiable appétit pour les dons, les universités mènent d'interminables campagnes de financement qui leur rapportent des milliards de dollars. Elles ne peuvent satisfaire leur constant besoin d'argent qu'en produisant des diplômés riches. Comme le disait John Ruskin, il n'est pas moins odieux de s'emparer de tout ce qu'on peut par la force de l'esprit que par celle de ses poings.

La plupart des étudiants de ces universités sont si obnubilés par la réussite qu'ils finissent par avoir peur de prendre des risques. Dès leur plus jeune âge, ils ont appris de parents zélés, de l'école ou des autorités à distinguer le succès de l'échec. On leur a inculqué l'obéissance : ils ne pensent qu'à leurs notes et cherchent à tout prix à plaire à leurs professeurs, y compris à ceux qui leur enseignent des inepties. Ils sont mus par l'ambition personnelle, ce qui implique nécessairement leur soumission à l'autorité, car ce n'est pas en contestant l'autorité qu'on prend du galon. L'étudiant, écrit Richard Hoggart,

> [...] découvre la technique de la « diagonalisation », apprenant à enregistrer les connaissances plutôt qu'à les manipuler et n'engageant dans sa formation, qui reste purement universitaire, qu'une fraction de sa personnalité et de ses goûts. La vie lui apparaît comme une échelle sans fin, comme un gigantesque système d'examens à répétition où chaque étape est marquée par des félicitations et des exhortations à viser encore plus haut. En même temps qu'il devient un virtuose de l'assimilation, il désapprend tout enthousiasme, autre que de commande, pour le travail. Les connaissances qu'il acquiert, la pensée et l'imagination des auteurs sont pour lui frappées d'irréalité. Il ne découvre jamais une œuvre pour elle-même, mais seulement dans la mesure où elle est « payante » à l'examen. Pendant presque une moitié de sa vie, il ne réagit qu'aux stimuli directement liés au

système scolaire, un peu comme le cheval de trait que ses œillères empêchent de découvrir autre chose que la route devant lui. Il faut ajouter que le boursier suit parfois les cours d'anciens boursiers devenus professeurs, qui eux-mêmes n'ont pas su se débarrasser de leurs œillères et qui l'encouragent à s'identifier à eux. Il n'est capable que d'une seule attitude devant la vie et la culture : c'est le réalisme du calculateur, l'acharnement à réussir. Mais un certain nombre d'autres attitudes intellectuelles lui restent décidément étrangères, et rien dans sa formation ne l'incline à les acquérir, qu'il s'agisse du goût de la découverte ou des remises en question[18].

Pur produit de ces institutions, poursuit Hoggart, l'étudiant « se retrouve tout désorienté dans un monde sans professeur à conquérir, sans médaille à décrocher, sans certificat et sans mentions "très bien"[19] ».

Les qualités et questionnements mêmes qui rendent possible une société ouverte sont souvent mis à mal par l'université d'élite. Celle-ci, écrit Saul,

> [...] s'évertue à trouver les candidats qui souffrent du déséquilibre adéquat et met tout en œuvre pour l'exacerber. L'imagination, la créativité, les vertus morales, les connaissances, le bon sens, une perspective sociale sont autant de facteurs condamnés à passer à la trappe. La compétitivité, une réponse toujours prête, l'art de manipuler les situations, telles sont les aptitudes que cette formation encourage. Poussés vers l'amoralité, les élèves deviennent d'une agressivité extrême dès lors qu'ils sont pris à partie par des non-initiés. Ils en viennent aussi à prendre pour argent comptant ces fameuses réponses préparées à l'avance. L'école met l'accent avant tout sur l'essor d'une forme débridée d'intérêt personnel : ce qui compte, c'est de gagner[20].

Un soir d'hiver, en rapportant des livres à la bibliothèque Firestone de l'université Princeton, j'ai regardé du coin de l'œil l'ouvrage qu'était en train de lire l'étudiant au comptoir principal. Signé Cal Newport et intitulé *How to Win at College*, le livre était présenté en quatrième de couverture comme étant « le seul guide qui vous aidera à avancer une fois admis. Des stratégies éprouvées qui vous permettront de tirer le maximum de vos années d'université. Les secrets de la réussite des meilleurs étudiants du pays». Le texte se poursuivait ainsi :

> Comment devenir un étudiant qui sort du lot ? Comment tirer le meilleur parti de ses études, choisir les activités les plus passionnantes et rédiger un CV qui fait tourner les têtes ? Comment bénéficier des plus belles opportunités une fois ses études terminées ? Basé sur les témoignages de la crème d'étudiants ayant fréquenté les meilleures universités du pays, de Harvard à l'université d'Arizona, *How to Win at College* propose 75 règles toutes simples qui vous propulseront au sommet du classement. Des stratégies éprouvées, parfois surprenantes, dont voici quelques exemples :
> - Ne lisez pas tout ce qu'on vous demande de lire.
> - Abandonnez des cours chaque trimestre.
> - Devenez président d'un club.
> - Préoccupez-vous de vos notes plutôt que de votre moyenne générale.
> - Ne passez jamais la nuit à étudier.
> - Écrivez une dissertation en trois jours.
> - Ayez toujours un «grand projet» en chantier.
> - Soyez meilleur que tout le monde dans un domaine.
>
> Vous découvrirez que la réussite n'a pas grand-chose à voir avec le génie ou l'assiduité. *How to Win at College* : un guide indispensable pour prendre une longueur d'avance en tirant le maximum de ces quatre années cruciales[21].

Dès leur arrivée sur le campus, les nouveaux étudiants cherchent à se tailler une place au sein d'un club social, d'une confrérie ou d'une société secrète, tentent d'être admis dans un programme d'études enrichi et manœuvrent pour décrocher un prestigieux stage d'été. Ils travaillent avec acharnement pendant de longues et éprouvantes heures, sollicitent des entretiens avec leurs professeurs pendant les heures de bureau pour s'assurer d'avoir bien compris les consignes, et contestent la moindre de leurs notes qui n'est pas excellente pour s'assurer de garder une bonne moyenne. Ils apprennent à amadouer l'autorité et à lui plaire, à ne jamais la contester. Au moment d'obtenir leur diplôme, ils sont parfaitement conditionnés à travailler sans relâche, que ce soit pour veiller à la circulation électronique de sommes astronomiques ou pour négocier de juteux contrats entre grandes entreprises.

> En les menant aux études supérieures les plus prestigieuses et aux emplois les plus lucratifs, le système a oublié de leur expliquer que les plus grandes réalisations ne peuvent être évaluées par une lettre, un chiffre ou un nom, écrit Deresiewicz. On a perdu de vue l'objectif fondamental de l'éducation : former des esprits, et non bâtir des carrières.
>
> Les étudiants qui situent l'enseignement qu'ils reçoivent dans une démarche intellectuelle plus large et envisagent le travail de l'esprit avec une âme de pèlerin sont très minoritaires, poursuit le critique littéraire. Ils ont souvent l'impression d'être marginalisés, notamment parce que l'université leur offre peu de soutien. Des endroits comme Yale, m'a fait remarquer l'un d'eux, sont peu propices à la recherche. Ils ne sont pas faits pour inciter les étudiants à poser des questions fondamentales. Les universités américaines n'ont sans doute jamais connu d'âge d'or intellectuel, mais les étudiants du XIXᵉ siècle avaient tout de même l'occasion de voir de telles questions soulevées par l'aumônier, ou encore dans les cercles littéraires ou les clubs de discussion qui pullulaient alors sur les campus[22].

Ce n'est pas d'hier que les écoles d'élite s'activent à dissocier l'enseignement supérieur de la culture de l'esprit. Au début du XIXᵉ siècle, déjà, William Hazlitt l'observait : « Les hommes ne deviennent pas ce que la nature voudrait qu'ils soient, mais ce que la société les fait [devenir]. Les sentiments généreux et les nobles mouvements de l'âme sont pour ainsi dire déformés, réduits, desséchés, arrachés et amputés, pour faciliter les contacts sociaux, comme lorsque les mendiants déforment ou amputent volontairement les membres de leurs enfants pour les rendre aptes à leur futur état de mendicité[23]. »

Depuis l'époque de Hazlitt, cependant, les choses se sont détériorées. Les formes de savoir ne répondant pas à des objectifs purement utilitaires ont été la cible d'une attaque concertée. En 2008-2009, le nombre d'offres d'emploi dans les départements d'anglais, de littérature et de langues étrangères répertoriées par l'Association américaine des langues modernes a baissé de 21 % par rapport à l'année précédente ; il s'agit de la plus importante diminution en 34 ans. Selon le Humanities Indicators Prototype, base de données mise sur pied récemment par l'Académie américaine des arts et des sciences, la part des sciences humaines, arts et lettres dans l'ensemble des diplômes de premier cycle a régressé à moins de la moitié de ce qu'elle représentait à la fin des années 1960. Seuls 8 % des diplômés américains du premier cycle, soit environ 110 000 sortants, ont étudié dans ces domaines. De 1970 à 2001, la proportion des diplômes en études anglaises a chuté, passant de 7,6 % à 4 % du total, de même que celle des diplômes en langues étrangères (de 2,4 % à 1 %), en mathématiques (de 3 % à 1 %), en sciences sociales et en histoire (de 18,4 % à 10 %). En revanche, la part des disciplines liées aux affaires, qui promettent aux étudiants de leur apprendre à devenir riches, a quant à elle connu une hausse fulgurante. De 1971 à 2009, la proportion des diplômes de premier cycle dans ces domaines est passée de 13,6 % du total à 21,7 %. L'administration des affaires a ainsi détrôné les sciences de l'éducation, qui ont glissé de 21 % du total à 8,2 %[24].

Dans *The Last Professors: The Corporate University and the Fate of the Humanities*, Frank Donoghue explique que, depuis quelques décennies, l'enseignement des sciences humaines, arts et lettres occupe une place de moins en moins importante. Tout cours ne répondant pas aux critères stricts de la formation professionnelle est, au mieux, marginalisé ou, comme ce fut le cas dans de nombreuses écoles, carrément aboli. On détourne les étudiants des grandes questions qui risqueraient de mettre en cause les postulats admis par l'élite du pouvoir. On ne leur apprend pas à ausculter et à interroger un système économique qui, taillé sur mesure pour l'État-entreprise, peut ainsi accueillir à bras ouverts des diplômés parmi les plus brillants.

Paru en 1869, l'essai de Matthew Arnold intitulé *Culture et anarchie* a longtemps été un ouvrage de référence sur l'éducation et ses objectifs les plus nobles. Pour son auteur, l'acquisition d'une vaste culture générale, de « ce qui a été dit et pensé de plus élevé[25] », permet au citoyen de se prémunir contre les méprises et les égarements de la vie contemporaine. Cette conception a prévalu pendant environ un siècle, ne serait-ce qu'en apparence, dans le milieu de l'enseignement supérieur. Ce vibrant éloge du savoir en tant que fin en soi, en tant que moyen d'aborder les grandes questions morales ou sociales, a néanmoins subi l'assaut du réel. La plupart des universités sont devenues des centres de formation professionnelle haut de gamme dont les étudiants cherchent à acquérir des compétences tangibles. Depuis 1983, le quotidien *US News and World Report* publie « America's Best Colleges », palmarès des universités de premier cycle qui offrent à leurs étudiants, dûment sélectionnés, la possibilité d'accéder au monde de l'élite. Dans les quelques institutions ayant maintenu l'enseignement des sciences humaines, arts et lettres, note Donoghue, c'est avant tout leur prestige qu'on vend. Certaines d'entre elles présentent d'ailleurs ces programmes comme un tremplin vers les spécialisations professionnelles proposées aux cycles supérieurs ou vers des emplois lucratifs.

L'assaut contre l'éducation a été lancé il y a plus d'un siècle par des magnats du capitalisme industriel comme Andrew Carnegie. En 1891, celui-ci félicitait les diplômés de l'école de gestion Pierce d'avoir « consacré toutes leurs énergies à apprendre la sténo et la dactylo » plutôt que « des langues mortes ». En 1909, l'industriel Richard Teller Crane n'y allait pas par quatre chemins en manifestant son dédain pour ce que les humanistes appellent « la vie de l'esprit » : ceux qui « ont un goût pour la littérature n'ont pas droit au bonheur », écrivait-il, car « les seuls hommes qui y ont droit [...] sont ceux qui sont utiles[26] ». Des industriels siègent aux conseils d'administration d'universités depuis les années 1870, et c'est en 1881 que le Waharton School, l'école de gestion de l'université de Pennsylvanie, a délivré la toute première attestation d'études en administration des affaires. Les capitalistes se sont toujours plaints du fait que les universités n'étaient pas rentables. Au début du XXe siècle, ceux-ci, tels les dirigeants de sociétés de financement ou les gestionnaires de fonds spéculatifs d'aujourd'hui, étaient « animés d'un anti-intellectualisme reposant sur des considérations éthiques et transcendant leur obsession des résultats nets, écrit Donoghue. Leur méfiance à l'égard du travail intellectuel en tant que tel les a amenés à exiger que, à supposer qu'elle dût continuer d'exister, l'université souscrive à des principes différents de ceux qui régissent les sciences humaines, arts et lettres[27] ».

Tandis que bon nombre d'écoles spécialisées dans l'enseignement des sciences humaines, arts et lettres fermaient leurs portes (au moins 200 depuis 1990), des dizaines d'universités privées à but lucratif ont vu le jour. Environ 45 institutions du genre sont inscrites à la Bourse de New York et au NASDAQ. Forte de ses 300 000 étudiants, l'université de Phoenix est la plus grande institution d'enseignement à but lucratif des États-Unis. Sur son site web, celle-ci se vante d'être «Votre université d'affaires ». Avec ses 90 campus, l'université DeVry occupe le deuxième rang des universités à but lucratif. Son directeur de l'exploitation et cofondateur Ronald Taylor énonce sans détour les objectifs de l'organisation : «Pour la conduite de ses affaires, DeVry applique un principe très simple : si vous demandez aux employeurs de quoi ils ont besoin et que vous leur fournissez ce dont ils ont besoin, les gens que vous leur envoyez seront embauchés[28]. » Les universités à but lucratif, ainsi qu'un nombre sans cesse croissant d'universités à but non lucratif, ont pour unique mission d'offrir une formation professionnelle. En se mettant ainsi au service des grandes entreprises, elles finissent par en adopter les valeurs et le mode de fonctionnement. Peut-être est-il plus rentable de remplacer des professeurs permanents par des chargés de cours provenant des milieux de travail ou, parce qu'ils offrent peu de débouchés professionnels, de réduire la taille des départements d'études françaises ou d'histoire, voire de les fermer, mais de tels choix éliminent toute possibilité d'un enseignement incitant les étudiants à mettre en cause les fondements d'une culture en déclin, à s'ouvrir aux réalités ayant cours au-delà de leurs frontières et à définir de nouvelles orientations pour leur société.

Ce ne sont pas seulement les sciences humaines, arts et lettres qui sont en péril, mais aussi la notion même de professeur. La plupart des universités n'embauchent plus les pédagogues les plus brillants ou les plus expérimentés, préférant opter pour les moins chers. Les professeurs permanents ou en voie de le devenir ne comptent plus que pour 35 % du corps enseignant des universités et leur nombre est en diminution constante[29]. Les enseignants deviennent des travailleurs itinérants, rattachés à deux ou trois universités, privés de bureau et incapables de vivre de ce seul métier. Défendue au tournant du XXe siècle par des capitalistes rapaces comme Carnegie ou Crane, la conception simpliste voulant que la vie se résume à une accumulation d'argent et de pouvoir est devenue l'idéologie dominante de l'enseignement supérieur. On a remplacé le « professionnalisme du bien commun » par un « professionnalisme de l'expertise », note Steven Brint[30].

Le professionnel d'antan avait acquis une culture générale pendant ses études. Il accordait de l'importance à la collégialité, à l'apprentissage et au fait de servir le public. Les nouveaux professionnels experts sont quant à eux les dépositaires de savoirs étroits, spécialisés, indépendants de toute notion de bien commun. Un médecin, un avocat et un ingénieur pouvaient bien s'enrichir, mais, en principe, leurs professions avaient pour finalités la santé, la justice ou la sécurité. La rupture avec les sciences humaines, arts et lettres, qui équivaut à un rejet de la conscience, a suscité l'émergence d'une nouvelle classe d'experts dont le regard se porte rarement au-delà de leur stricte discipline, ce qui les empêche de situer celle-ci dans son contexte social. En restant sourds aux questions morales et sociales posées par les sciences humaines, arts et lettres, ils se trouvent à servir une structure capitaliste qui détruit la culture.

L'élite américaine, celle qui, issue des universités et des écoles de gestion les plus prestigieuses, œuvre au Congrès ou à Wall Street, ne dispose pas des compétences nécessaires pour dégager le pays du chaos financier dans lequel il est plongé. En fait, elle ne peut qu'aggraver la situation, n'ayant aucune idée de la manière dont on pourrait remplacer un système en faillite par un autre. L'élite est constituée de bureaucrates médiocres, sans audace ni créativité, ayant reçu une formation de pointe en gestion de systèmes. Leur savoir-faire se limite à la résolution de problèmes ponctuels dans le but de répondre aux besoins de la structure qui les emploie. Ils consacrent toutes leurs énergies aux chiffres, au profit et à leur propre avancement. Dépourvus de tout bagage moral ou intellectuel digne de ce nom, ils empêchent aussi bien des personnes gravement malades d'avoir accès à l'assurance maladie afin d'accroître les profits des compagnies d'assurance, qu'ils excellent à utiliser l'argent des contribuables pour fournir de coûteux systèmes d'armement à de sanglantes dictatures. Les conséquences sociales de leurs décisions ne figurent jamais dans leurs bilans. Ils considèrent la démocratie comme un sous-produit du libre marché, dont ils sont les serviles valets.

Andrew Lahde, ce gestionnaire de fonds spéculatifs de Santa Monica, en Californie, qui, en 2008, a enregistré un gain de 866 % en misant sur l'effondrement du marché des prêts hypothécaires à haut risque, a brusquement mis fin à ses activités en invoquant les dangers du commerce avec des banques défaillantes. Dans sa lettre d'adieu à ses investisseurs, il a condamné les membres de l'élite qui tiennent les rênes des sociétés de financement, des banques et du gouvernement :

> Cette proie facile, c'est-à-dire ces idiots qui ont fréquenté le collège privé et Yale puis se sont inscrits au MBA de Harvard grâce à la fortune de leurs parents, ne demandait qu'à se laisser prendre. Ces personnes, qui (souvent) ne valent pas la formation qu'ils ont reçue (ou qu'ils disent avoir reçue), se sont hissées à la tête de sociétés comme AIG, Bear Stearns et Lehman Brothers, et ont pris place à tous les échelons du gouvernement. Leurs mœurs aristocratiques ne pouvaient que me faciliter la tâche, qui consistait à trouver des gens assez stupides pour prendre mes contreparties. Dieu bénisse l'Amérique...
>
> En ce qui a trait au gouvernement des États-Unis, j'aimerais faire une humble proposition. Permettez-moi d'abord d'en souligner les failles les plus évidentes. Ces huit dernières années, le Congrès a étudié des projets de loi qui auraient permis l'encadrement des pratiques prédatrices d'institutions financières qui, pour la plupart, n'existent plus aujourd'hui. Ces institutions n'ont eu de cesse de remplir les coffres des deux partis politiques

en échange de leur rejet de ces lois, qui visaient pourtant à protéger le citoyen ordinaire. C'est un scandale, et personne ne
semble s'en émouvoir. Depuis la mort de Thomas Jefferson et
d'Adam Smith [sic], ce pays manque selon moi de philosophes
dignes de ce nom ou, à tout le moins, de penseurs se consacrant
à l'amélioration du gouvernement[31].

Pour résister au mal sous toutes ses formes, une seule
qualité est indispensable : l'autonomie morale. Emmanuel Kant
affirmait qu'on ne l'acquiert que par la réflexion et l'auto-
détermination, ainsi qu'en ayant le courage de refuser de coo-
pérer. Or, en s'en prenant aux institutions progressistes et aux
professeurs « gauchistes », c'est l'autonomie morale que l'État-
entreprise s'active à détruire, et ce, en imposant son propre
idéal, qu'Adorno appelait « le caractère manipulateur ». Celui-
ci possède d'extraordinaires compétences organisationnelles,
mais est incapable de vivre une expérience humaine authentique. Caractériel mû par un réalisme excessif, il est le parfait
gestionnaire de systèmes. Sa formation, dont l'unique finalité
est de soutenir l'État-entreprise, explique d'ailleurs pourquoi
l'élite a englouti des sommes colossales en fonds publics pour
sauver des firmes comme Goldman Sachs et AIG.

Le caractère manipulateur « érige en culte l'activité, l'efficacité pour elle-même, telle que la prône la publicité en faveur
de l'homme actif[32] », expliquait Adorno. Ce sont des individus
de ce type (je pense ici à Lawrence Summers, à Henry Paulson,
à Robert Rubin, à Ben Bernanke, à Timothy Geithner, à Edward
Liddy d'AIG et à Lloyd Blankfein, PDG de Goldman Sachs, mais
aussi à la quasi-totalité de la classe dominante américaine) qui
ont utilisé l'argent et le pouvoir de la grande entreprise pour
déterminer les paramètres étroits des débats menés dans les
salles de classe, sur les ondes et au Congrès, tout en se livrant
au pillage du pays. Nombre d'entre eux semblent faire preuve
d'une telle indigence morale et intellectuelle qu'ils sont incapables d'admettre leur part de responsabilité dans le déclin des
États-Unis. Adorno fait cette mise en garde : « Il est particulièrement difficile de lutter contre cela, du fait que des individus
manipulateurs, qui sont en réalité incapables d'expériences

vraies, se présentent de ce fait comme inaccessibles, ce qui les rapproche de certains malades mentaux ou caractères psychotiques, tels les schizoïdes[33]. »

Le président Obama est un pur produit de ce système élitiste. Il en va de même des membres de son administration, bardés de diplômes de Harvard, de Yale, de Wellesley ou de Princeton, et dont les amis et ex-camarades de classe ont fait fortune à Wall Street et dans les grands cabinets d'avocats. Ils assistent aux mêmes réunions d'anciens élèves, fréquentent les mêmes clubs sociaux et parlent la même langue, celle des privilèges, du confort et du pouvoir. L'éducation qu'ils ont reçue a servi à consolider et à perpétuer la stratification sociale. Les universités d'élite empêchent les « meilleurs moi » (pour employer les mots de Matthew Arnold[34]) des diverses strates de la culture de communiquer au-delà des barrières de classes. L'élite du pouvoir est habitée par une foi aveugle dans le système politique et financier qui l'a éduquée, l'a enrichie et lui a conféré sa puissance. Elle est cependant incapable de résoudre les problèmes auxquels la société est confrontée. Elle n'a été formée que pour trouver des solutions ponctuelles, comme affecter des milliers de milliards de dollars en fonds publics au sauvetage des institutions financières, c'est-à-dire au maintien d'un système sans avenir. L'élite, tout comme ses laquais, n'a jamais appris à interroger les postulats de son époque. La connaissance, la culture et les idées que véhiculent l'histoire, la littérature, la philosophie et la religion, essentiellement subversives, d'une portée sociale capitale, ont été bannies du discours public.

Ironiquement, les universités ont formé des centaines de milliers de personnes pour des emplois qui, bientôt, n'existeront plus. Elles leur ont appris à œuvrer au maintien d'une structure qui ne peut plus se maintenir. Les membres de l'élite et tous les travailleurs ultraspécialisés ne savent rien faire d'autre que de nourrir la bête jusqu'à ce qu'elle meure. Le jour venu, ils seront sans recours. Il ne faut pas s'attendre à ce qu'ils nous sauvent, car ils ignorent comment s'y prendre. Ils ne savent même pas poser les bonnes questions. Quand tout s'effondrera, quand ce système financier pourri et gorgé d'actifs sans valeur réelle implosera, quand nos guerres impériales s'achèveront dans l'humiliation et la défaite, l'élite du pouvoir se révélera tout aussi aveugle et impuissante que le reste de la population.

Chapitre 4

L'illusion du bonheur

Et c'est là, dit sentencieusement le directeur [...],
qu'est le secret du bonheur et de la vertu, aimer ce qu'on est obligé de faire.
Tel est le but de tout conditionnement : faire aimer aux gens la destination
sociale à laquelle ils ne peuvent échapper[1].

Aldous HUXLEY

Vous vous sentez déprimé ? Des médecins ont découvert qu'on peut trouver
le bonheur dans l'illusion. Racontez-vous des mensonges et
transformez vos problèmes, même les plus graves,
en quelque chose de positif. Vous serez plus heureux[2].

Message publicitaire diffusé à la radio

PROFESSEUR À L'UNIVERSITÉ Case Western Reserve, David Cooperrider, homme rondelet au front dégarni, vêtu d'un costume informe et d'une cravate à carreaux, est sous les feux des projecteurs du grand auditorium de l'université Claremont, en Californie, et s'adresse à 600 personnes.

« Qu'entraînerait la construction d'une théorie du changement entièrement fondée sur les forces ? » demande-t-il avant d'annoncer qu'une telle théorie existe bel et bien et qu'on l'appelle « positivité transformationnelle ». Pour la comprendre, il est nécessaire de penser autrement, un peu comme le faisait Einstein, qu'il cite d'ailleurs : « Aucun problème ne peut être résolu sans changer le niveau de conscience qui l'a engendré. Il nous faut apprendre à voir le monde autrement. »

La pensée positive, qui existe sous diverses formes dans la culture populaire, a aussi sa variante savante : la psychologie positive. Cooperrider propose ainsi le concept de « positivité transformationnelle », qui, soutient-il, représente l'avenir du « changement organisationnel ». Selon lui, l'optimisme peut et doit devenir un état d'esprit permanent. Il offre donc un atelier en entreprise, intitulé « L'enquête appréciative ». Celle-ci, assure-t-il, ne peut que susciter un tel changement et même propager le bonheur aux quatre coins du monde.

L'enquête appréciative, prétend le professeur, peut transformer les organisations en « institutions positives ». « C'est un peu comme la fusion nucléaire, ce processus où deux noyaux atomiques s'assemblent en dégageant une incroyable quantité d'énergie », explique-t-il. Parmi ses clients se trouvent la United States Navy, Wal-Mart, Hewlett-Packard, United Way, Boeing, la Croix-Rouge américaine, le Carter Center et les Nations Unies[3]. Des vedettes comme Goldie Hawn répandent elles aussi la bonne nouvelle de la psychologie positive en proposant des ateliers pour enfants ou pour employés de bureau. L'enquête appréciative, censée transformer un groupe de travailleurs en un tout harmonieux, est vendue aux entreprises comme un moyen d'augmenter leurs bénéfices.

Postillonnant d'enthousiasme devant son diaporama Power-Point, Cooperrider emploie par moments un jargon obscur, voire ésotérique : « Les institutions positives sont des organisations, qui peuvent aussi être des groupes, des familles ou des collectivités, conçues et gérées pour favoriser l'*élévation* et la participation de leurs forces propres, la combinaison et l'*amplification* de celles-ci et, en fin de compte, la *réfraction* cohérente de ces forces humaines les plus élevées, à tous les niveaux de la société et du monde » [c'est Cooperrider qui souligne]. Il compare en fait l'enquête appréciative à un concentrateur solaire.

Le bonheur, poursuit le conférencier, est atteint par un mouvement progressif de « concentration et de libération de positivité (une "concrescence", ou croissance en commun) qui rend les personnes "plus grandes" et fait en sorte que les forces, les ressources et le potentiel positif des membres d'une organisation se combinent pour prendre de l'ampleur ; tant les personnes que l'organisation deviennent ainsi les agents d'un bien-être global ».

« En d'autres termes, reprend-il, les institutions peuvent contribuer à répandre le courage dans le monde, à y faire croître l'amour, à y nourrir la modération et la justice, et ainsi de suite. »

Il conclut en affirmant que la génération actuelle – sans doute la sienne – est la plus choyée de l'histoire, car elle s'apprête à disséminer, par l'intermédiaire des entreprises, des émotions positives dans toute la culture. Les problèmes moraux et éthiques découlant de la toute-puissance des grandes sociétés, qu'il s'agisse des actifs toxiques qu'elles accumulent, des prêts qu'elles accordent à des conditions abusives, des lois qu'elles font adopter dans le but d'en finir avec la réglementation ou la surveillance, voire des produits mêmes qu'elles fabriquent et vendent, comme les systèmes d'armement ou les cartes de crédit, semblent dépourvus de tout intérêt. Une Compagnie néerlandaise des Indes orientales « positive » aurait donc pu exister, tout comme les Halliburton, JP Morgan Chase, Xe (anciennement Blackwater) ou Raytheon de ce monde pourraient un jour devenir « positives ».

Pour une entreprise, l'harmonie est une situation où tous les quotas peuvent être atteints, où tout est possible et où les profits ne peuvent qu'augmenter. Pour l'atteindre, il lui suffit d'adopter la bonne attitude. C'est lorsque la firme qui l'emploie prospère qu'un individu accède au plus grand bonheur, insistent Cooperrider et ses semblables. Les retraites de réflexion organisées par les entreprises sont fondées sur cette notion de fusion du soi avec le groupe. À l'instar de la conférence du professeur, elles ont souvent des relents de renouveau religieux et sont conçues pour attiser les émotions. Rien n'est impossible, soutiennent les vedettes du sport, les officiers militaires à la retraite, les milliardaires et les motivateurs comme Tony Robbins ou Copperrider dans leurs discours inspirés. Pour obtenir ce qu'on désire, il suffit d'y penser très fort, de le visualiser, de le souhaiter ardemment. Voilà une méthode digne de celles du « professeur » Howard Hill, cet escroc qui, dans le film *The Music Man*, prétendait pouvoir apprendre aux enfants à jouer d'un instrument de musique en les faisant simplement penser à la mélodie.

La raison d'être et les objectifs de l'entreprise ne sont jamais mis en cause, car cela reviendrait à lui mettre des bâtons dans les roues, à faire preuve d'une attitude négative. C'est l'entreprise qui définit l'identité de l'individu. Elle lui révèle qui il est et qui il peut devenir en lui indiquant la seule voie possible vers l'épanouissement personnel et le salut. Si je suis insatisfait, c'est que quelque chose cloche en *moi*. Le débat et la critique, surtout s'ils portent sur la structure et la mission de l'entreprise, sont condamnés en tant que conduites négatives et « contre-productives ».

La psychologie positive est à l'État-entreprise ce que l'eugénisme était au régime nazi. Appliqué de manière absolue à la vie collective dans les grandes firmes, ce courant constitue une pseudoscience, un écran de fumée voilant la domination, les abus et l'avidité des grandes entreprises. Ses apôtres grassement payés sont au service de la puissance et du gigantisme de celles-ci. On les invite à s'adresser aux employés afin de leur expliquer qu'ils peuvent trouver le bonheur en s'identifiant à l'entreprise. Leurs conférences, leur *Journal of Happiness Studies* et leur base de données sur le bonheur ont contribué à asseoir leur légitimité dans le monde universitaire : au premier cycle, une centaine de cours portent aujourd'hui sur la psychologie positive. L'université de Pennsylvanie propose un programme de maîtrise en psychologie positive appliquée, mis en place sous la direction de Martin Seligman, auteur de *Authentic Happiness : Using the New Positive Psychology to Realize Your Potential for Lasting Fulfillment* et ex-président de l'Association américaine de psychologie. L'école des sciences du comportement et de l'organisation de l'université Claremont accueille pour sa part des étudiants à la maîtrise et au doctorat en « science de la psychologie positive ». Les universités d'East-London et de Milan ainsi que l'Université nationale autonome du Mexique offrent toutes des programmes de grade dans cette discipline.

Le Dr Tal D. Ben-Shahar, auteur de *Happier: Learn the Secrets to Daily Joy and Lasting Fulfillment*, a donné des séminaires fort courus sur la psychologie positive et la «psychologie du leadership» à l'université Harvard. À cette époque, il se décrivait lui-même comme le «professeur de bonheur» de cette institution.

«La littérature scientifique en psychologie publie de plus en plus de données montrant que le fait de cultiver les forces de chacun, l'optimisme, la gratitude et une attitude positive peut stimuler la croissance dans les périodes difficiles», affirme-t-il.

La psychologie positive a aussi ses techniques de psychothérapie, dont l'objectif, il va sans dire, est le bonheur. Le patient est invité à écrire une lettre de remerciement à une personne qui s'est montrée gentille à son égard, puis à rédiger un exposé intitulé «Moi, à mon meilleur», dans lequel il doit relater une époque de sa vie «où il était au sommet de sa forme et réfléchir sur les forces qui l'animaient à ce moment». Selon les psychologues de cette école, des recherches montrent que bon nombre de leurs patients «ont renoué avec le bonheur et vu diminuer leurs symptômes de dépression de manière durable».

Ben-Shahar reprend à son compte les slogans accrocheurs et les clichés éculés qui émaillent d'ordinaire les programmes de développement personnel bon marché. On a le choix entre «apprendre à échouer ou échouer à apprendre», lance-t-il: «Il ne faut pas se dire "Ça s'est passé pour le mieux", mais bien "Comment puis-je tirer le meilleur parti de ce qui s'est passé?"»

Selon lui, de la même façon qu'un épisode traumatisant peut provoquer un syndrome de stress post-traumatique, il serait possible de susciter le phénomène inverse à partir d'un seul moment d'extase et, ainsi, d'améliorer la vie d'une personne de manière spectaculaire.

Pour les tenants de la psychologie positive, les personnes qui, peu importe le contexte dans lequel elles baignent, n'arrivent pas à adopter une attitude positive sont en quelque sorte malades. Un peu comme on l'a fait pour les Chinois récalcitrants pendant la Révolution culturelle, il faut corriger leur attitude. À celui qui vit de manière positive arrive toujours quelque chose de positif. Comme toutes les illusions répandues dans la culture, une telle croyance encourage les gens à fuir la réalité lorsque celle-ci s'avère effrayante ou déprimante. Ces spécialistes du « bonheur » ont aussi formulé la « loi de l'attraction » : en portant toute son attention sur ce qu'on désire, on attire les bonnes choses de la vie, que ce soit en matière d'argent, de relations ou d'emploi. Ce procédé de visualisation, qui nous permettrait de concrétiser nos désirs ou nos convictions, n'est pas très différent de la prière à un Dieu ou à un Jésus qui, nous dit-on, voudrait nous rendre riches et célèbres. Cette idéologie a pour effet pernicieux de forcer toute personne aux prises avec des difficultés à s'imputer ses propres souffrances. Les enfants maltraités, les femmes agressées sexuellement, les chômeurs, les malades en phase terminale, tous ceux qui souffrent de solitude, de dépression ou de maladie mentale, ceux qui sont analphabètes ou seuls, qui pleurent la perte d'un être cher, sont écrasés par la pauvreté, ont subi un traumatisme ou cherchent à rompre avec la toxicomanie, ceux qui sont assignés à des tâches ingrates contre un salaire de misère ou qui, incapables de payer leurs frais médicaux, font face à une saisie ou à la faillite, auraient simplement besoin d'abandonner leur attitude négative. « Je considère que les émotions positives sont à la portée de tous », soutient Barbara Frederickson, professeure de psychologie qui dirige la chaire Kenan et le laboratoire d'émotions positives et de psychophysiologie de l'université de Caroline du Nord à Chapel Hill, dans le numéro de mai 2009 du magazine *The Sun*. Prenant la parole lors de la conférence à l'université Claremont, elle affirme : « Nous avons mené des recherches auprès de prostituées et d'habitants de quartiers pauvres de partout dans le monde afin d'évaluer leur degré de bien-être et de satisfaction. Les données recueillies suggèrent que les émotions positives dépendent nettement moins de l'accès aux ressources matérielles qu'on pourrait le croire : tout est dans l'attitude et la manière de réagir aux circonstances. » L'aveuglement n'est pas plus utile que l'alchimie pour résoudre des problèmes concrets, mais s'avère très efficace pour empêcher les gens de contester les structures à l'origine de leurs malheurs. La psychologie positive donne ainsi un vernis scientifique à l'illusion.

Le public qui s'entasse dans l'auditorium semble surtout constitué de gens d'affaires. À la pause, ils s'agglutinent en petits groupes, un café dans une main et une viennoiserie dans l'autre.

Sur le campus, l'ambiance est tranquille pour un samedi après-midi. Dehors, il fait gris et froid. Plantés de palmiers et de chênes, les jardins jaunissants du collège Pomona, attenant à l'université, témoignent de l'aridité d'une sécheresse qui frappe l'ensemble de la Californie. Sur un mur visible depuis l'entrée de la salle, on peut lire en grosses lettres rouges : « Fermez l'École des Amériques[4.] » On y voit aussi d'autres graffitis : « Dan suce des bites » ou « Dog Boner à la rescousse », et un « Merde à la vie » écrit en noir à la bombe aérosol. Certaines parties du mur ressemblent à une fresque de Picasso ou de Diego Rivera. L'inscription qui prend le plus de place dit : « En 2008, votons Obama. » Avec sa tour de l'horloge entourée de pavillons aux murs enduits d'une imitation d'adobe et aux toits de tuiles rouges, le campus a des airs de mission espagnole.

Dans l'auditorium, une vidéo, diffusée sur un écran de six mètres, montre le visage rond d'un Martin Seligman au regard sérieux, assis devant une bibliothèque en désordre.

« Soyez les bienvenus à cet événement mémorable », lance le professeur à l'auditoire attentif, composé en majorité de Blancs. Une jeune étudiante en psychologie de l'université de Californie prend des notes. Elle souligne « événement mémorable ».

Seligman énumère les quatre grands objectifs de son mouvement. « Le premier objectif est ce que j'appelle la "santé physique positive", lance-t-il. Selon la psychologie positive, la santé mentale positive est plus qu'une simple absence de maladie mentale. Elle s'en distingue par la *présence*, précise-t-il en tapant sur son pupitre, ce qu'il fera chaque fois qu'il répétera ce mot. La *présence* d'émotions positives, la *présence* du *flow*, la *présence* de l'engagement, la *présence* du sens, la *présence* de relations positives. » Il s'interrompt, puis reprend : « Peut-on en dire autant de la santé physique ? » Il croit que des chercheurs établiront bientôt une corrélation entre la santé mentale positive et le corps « réel »[5].

Seligman annonce ensuite que, en partenariat avec une fondation, le centre qu'il dirige compte verser 20 subventions de 200 000 dollars – une somme que tout chercheur rêverait d'obtenir – pour soutenir la « recherche de pointe » dans le domaine en plein essor des neurosciences positives. L'objectif déclaré est de localiser le siège des émotions positives dans le cerveau.

« En général, l'éducation a pour but de transmettre aux jeunes les compétences nécessaires à ce qu'ils deviennent des travailleurs. [...] Mais aujourd'hui, on assiste à une épidémie de dépression », constate-t-il avec morosité avant de retrouver son ton optimiste : « Une éducation positive serait-elle envisageable [...], et ce, sans sacrifier les compétences de base que sont la discipline, la lecture, l'écriture ou le calcul ? [...] L'école pourrait-elle nourrir l'engagement, le sens, les émotions positives et de saines relations ? »

Seligman enchaîne en annonçant que des écoles américaines, comme celles du réseau Knowledge Is Power Program (KIPP), ainsi que des établissements britanniques et australiens mettent sa théorie en pratique. En Australie, le pensionnat Geelong a instauré un programme axé sur la psychologie positive. Par centaines, des professeurs ont été formés pour « diffuser le concept d'éducation positive » avec un zèle missionnaire.

Dans son ouvrage intitulé *Authentic Happiness,* paru en 2002, Seligman soutient que le bonheur authentique peut être acquis par conditionnement et qu'il est donc possible de l'enseigner[6].

Cette idée d'une vie fondée sur les « plaisirs », l'« engagement » et l'« appartenance » à un groupe rappelle les personnages dociles à la personnalité programmée du *Meilleur des mondes* d'Aldous Huxley. Le protagoniste, Bernard Marx, exprime ainsi sa frustration à sa compagne Lenina :

– Vous n'avez pas le désir d'être libre, Lenina?
– Je ne sais pas ce que vous voulez dire. Je le suis, libre. Libre de me payer du bon temps, le meilleur qui soit. « Tout le monde est heureux, à présent! »
Il se mit à rire.
– Oui, « tout le monde est heureux, à présent! » nous commençons à servir cela aux enfants à cinq ans. Mais n'éprouvez-vous pas le désir d'être libre de quelque autre manière, Lenina? D'une manière qui vous soit propre, par exemple; pas à la manière de tous les autres.
– Je ne sais pas ce que vous voulez dire, répéta-t-elle[7].

*
* *

« Une journée ordinaire ne manque pas d'anxiété et d'ennui », écrit Mihály Csíkszentmihályi, psychologue que Seligman considère comme « le grand esprit de la psychologie positive » et auquel il attribue l'introduction du concept de *flow* (ou expérience optimale) dans les idées de cette école de pensée[8]. « L'état de *flow* est un moment de vie intense qui vient colorer cet arrière-plan monotone », explique-t-il. Dans cet état d'esprit, on « est tellement absorbé par une activité que celle-ci devient une fin en soi. Le moi s'efface. Le temps file. Chaque action, chaque mouvement, chaque pensée découlent naturellement de ce qui les a précédés, comme lorsqu'on joue du jazz. L'être entier est mobilisé et exerce pleinement ses talents[9] ». Avec assez d'entraînement, laisse-t-il entendre, chacun pourrait transformer sa vie en une magistrale improvisation jazz.

« Les gens qui apprennent à maîtriser leur expérience intérieure deviendront capables de déterminer la qualité de leur vie et de s'approcher aussi près que possible de ce qu'on appelle être heureux », écrivait Csíkszentmihályi en 1990 dans *Vivre: la psychologie du bonheur*. « Nous recourons à deux stratégies en vue d'améliorer la qualité de notre vie: nous attaquer aux conditions extérieures pour qu'elles s'harmonisent avec nos buts, ou modifier notre expérience intérieure, c'est-à-dire la façon dont nous percevons et interprétons les conditions externes », poursuit-il. « Nous ne pouvons dénier les faits de la nature (humaine), mais ne conviendrait-il pas d'essayer de les contrôler[10]? »

Csíkszentmihályi se spécialise dans l'«optimisation» de l'expérience humaine. Le travailleur «optimisé» est en meilleure santé, plus heureux et plus productif; par conséquent, il se plaint moins, obéit davantage et coûte moins cher à son employeur et à la société.

Csíkszentmihályi a échafaudé le concept de « capital psychique», lié à la notion d'«autotélisme». En observant la réalité sous cet angle, Ed Diener, professeur de psychologie à l'université de l'Illinois, a fait une découverte à ce point « bouleversante» qu'elle ne peut être que vraie, affirme-t-il. Les expressions de l'autotélisme, comme *Je peux compter sur les autres*; *Je me sens autonome*; *J'ai appris quelque chose aujourd'hui* ou *J'ai fait ce que je sais le mieux faire* «sont les meilleurs facteurs prédictifs des émotions positives d'une nation».

Diener prétend pouvoir mesurer le bonheur. Selon une recherche qu'il a menée auprès de diplômés du premier cycle, 19 ans après la fin de leurs études, il existerait une corrélation entre revenu et joie de vivre[11]. Ses travaux ont aussi révélé que les gens heureux sont plus appréciés de leurs supérieurs, exercent une meilleure «citoyenneté organisationnelle» et ont des revenus plus élevés.

Cette école de pensée soutient que l'aveuglement volontaire est bénéfique sur le plan psychologique et social. Ses chefs de file tirent aussi de juteux profits de sa mise en marché. Seligman, Diener, Shelley Taylor et beaucoup d'autres psychologues positifs publient des ouvrages de vulgarisation s'adressant essentiellement à ceux qui ont les moyens de s'offrir une psychothérapie. C'est donc une bonne affaire. Dacher Keltner, professeur de psychologie positive à l'université de Berkeley, anime des ateliers de motivation dont les frais d'inscription s'élèvent à 139 dollars par personne. Csíkszentmihályi, lui, participe au Forum annuel de psychologie positive, dont l'édition de 2009 s'est tenue à Sedona, en Arizona, l'un des rares endroits dans le monde où se trouvaient des «vortex d'énergie»; coût de l'inscription: 716,74 dollars par personne.

« L'individu qui réagit efficacement à une menace est celui qui sait faire naître des illusions en lui et les entretenir ; en fin de compte, ce sont ces illusions qui le sauvent », écrit Shelley Taylor, professeure de psychologie à l'université de Californie à Los Angeles[12]. En 1991, elle a publié *Positive Illusions : Creative Self-Deception and the Healthy Mind*, un ouvrage dans lequel elle affirmait que les « illusions positives » sont bonnes pour la santé mentale et physique[13].

Dans son article intitulé « Illusion and Well-Being », couramment cité dans les travaux de psychologie positive, Taylor soutient que les illusions positives ont un effet mesurable sur le taux de survie des personnes atteintes de cancer et de maladies cardiovasculaires, porteuses du VIH ou venant de subir une intervention chirurgicale.

Les illusions positives, que Taylor décrit comme « omniprésentes, persistantes et systématiques », peuvent prendre trois formes chez l'individu : une image de soi exagérément positive, un sentiment démesuré de maîtrise de soi ou un optimisme irréaliste. Gérées adéquatement, ces illusions sont censées améliorer la vie de l'individu. Par conséquent, la psychologue en déduit que, dépourvue d'ornements, la réalité est négative.

Tandis que Taylor considère les illusions positives comme des outils permettant d'éviter les troubles de l'âme, le stress et les ennuis de santé, des voix discordantes se font entendre. Pour le philosophe David Jopling, ces illusions constituent des « mensonges existentiels » : elles peuvent avoir des effets bénéfiques pendant un certain temps, mais s'effondrent dès que la réalité, devenue trop dure, s'immisce dans cet univers onirique.

« Plus les illusions positives d'un individu sont fortes et omniprésentes, écrit Jopling, plus elles déforment la perception qu'il a de lui-même, d'autrui et des situations auxquelles il fait face. » Pour ce philosophe, les stratégies d'aveuglement volontaire sont des filtres qui suscitent une interprétation complaisante et autosuffisante du réel. « À cette altération de la conscience correspond celle de la sensibilité et de l'ouverture » au réel. Ainsi, l'aptitude à interagir intelligemment avec le monde diminue.

Jopling nous met en garde contre les graves conséquences morales de ce glissement de la société vers l'illusion : « À mesure que les stratégies d'aveuglement volontaire s'incrustent dans les comportements et la pensée, les liens sociaux, émotionnels et interpersonnels qui unissent les humains s'étiolent peu à peu[14]. »

Ce n'est pas d'hier que la psychologie offre ses services aux militaires, à l'État ou à des industries de propagande comme la publicité, les relations publiques ou la gestion des ressources humaines. Le National Institute of Mental Health, organisme public ayant accordé de généreuses subventions à bon nombre de psychologues positifs, entretient de multiples relations avec le gouvernement, l'armée et les entreprises[15].

Dacher Keltner, auteur de *Born to be Good: The Science of the Meaningful Life,* est le directeur de la revue *The Greater Good* et du Greater Good Science Center de l'université de Berkeley. Il donne un cours sur le bonheur et anime des ateliers de motivation où l'on apprend à « éveiller sa compassion et à créer le bien-être ». Le dalaï-lama en personne lui a offert une séance de « réflexologie auriculaire[16] ».

Je rencontre Keltner dans son bureau du pavillon Tolman de Berkeley. Il porte un short, un polo, et un pull aux couleurs de l'université. Des étudiants qui ont pris rendez-vous avec lui attendent dans le couloir.

Quand je lui demande si la psychologie positive pourrait devenir un moyen de coercition de masse, il me répond ceci :

> Comme scientifiques, notre travail consiste à décrire le mieux possible la nature humaine. La psychologie positive obéit ainsi à de nobles fins. En laboratoire, nous étudions des parties du système nerveux qui représentent pour nous de véritables mystères scientifiques, comme le nerf vague et l'ocytocine, qui jouent un rôle dans la compassion. Il s'agit là de notre tâche principale, du moteur scientifique de la psychologie positive. De leur côté, la culture et la société s'approprient les découvertes scientifiques en leur donnant diverses orientations. Les thèses de Darwin sur la nature humaine étaient très optimistes : il était d'avis que notre espèce est compatissante, altruiste

et fondamentalement portée vers la coopération. Par la suite, Herbert Spencer, les darwinistes sociaux et les libertariens ont interprété sa théorie de toutes sortes de façons pour justifier leurs idées politiques. [...] Voilà pourquoi il faut distinguer la science de la pratique. On ne peut reprocher à la science les actes de ceux qui s'en réclament. Le nazisme a mis en pratique bon nombre de connaissances scientifiques, mais n'avait rien à voir avec la science.

Le dernier numéro de *The Greater Good* est consacré à « la psychologie du pouvoir ». D'une page à l'autre, on y découvre la véritable finalité de la psychologie positive : la manipulation des gens.

Le magazine comprend un article intitulé « Peaceful Parenting », dans lequel deux praticiennes expliquent « comment transformer le conflit parent-enfant en coopération ». Le texte commence ainsi :

> Il est 21 heures, un soir de semaine. Jessie, 12 ans, est absorbée par son jeu vidéo favori. Sa mère entre dans sa chambre pour lui rappeler qu'il est l'heure d'aller se coucher.
> « Je ne veux pas me coucher ! réplique Jessie.
> – Tu as pourtant déjà dépassé l'heure, répond la mère, et tu sais que tu as besoin de sommeil.
> – Je ne suis pas fatiguée !
> – Tu le seras demain matin si tu ne te couches pas tout de suite.
> – Tais-toi ! crie la jeune fille. De toute façon, tu ne peux pas me forcer. »
> Un tel dialogue vous semble familier ? demandent les auteures de l'article. À nous, oui. [...] L'échange pourrait se poursuivre ainsi jusqu'à ce que la mère, exaspérée, lance à sa fille : « J'abandonne ! Fais donc ce que tu veux ! »

Au lieu d'« user de leur pouvoir *contre* leurs enfants, expliquent les auteures, les parents devraient l'exercer *avec* eux ». Si la mère avait été rompue à l'« éducation pacifique », l'épisode se serait déroulé ainsi :

> – Tu t'amuses bien ? demande la mère.
> – Ouais, répond Jessie, et je ne suis même pas fatiguée.
> – Je devine que tu aimerais bien pouvoir continuer à jouer jusqu'à ce que tu sois fatiguée ?

– Ouais.

– C'est sûrement très frustrant de se faire demander d'arrêter de faire quelque chose de si amusant quand on ne se sent pas fatiguée...

– Je n'ai jamais le temps de faire ce que je veux. À la maison, je dois toujours faire mes devoirs.

– Hum, on dirait que ce moment entre les devoirs et l'heure du coucher est très important pour toi et que tu aimerais qu'il dure plus longtemps.

– Oui, maman, tout à fait.

– Merci de m'aider à comprendre ça. Tu sais, j'aimerais que tu puisses consacrer tout le temps que tu veux à ce qui t'intéresse, mais j'ai aussi remarqué que, quand tu te couches après 21 heures les soirs de semaine, tu es fatiguée le lendemain matin. Tu vois ce que je veux dire?

– Ouais, tu veux que je fasse une bonne nuit de sommeil.

– Oui, tu as bien compris.

– Laisse-moi juste cinq minutes, le temps de finir cette partie, OK?

– OK. Je vais chercher ton pyjama[17].

Les pages de *The Greater Good* fourmillent de techniques de coercition tout aussi sournoises. Leur objectif, repris en entreprise, dans ces ateliers où des cadres apprennent à s'adresser à leurs employés, n'est pas la communication, mais le contrôle.

Feu Richard S. Lazarus, qui fut professeur de psychologie à Berkeley, s'inquiétait « de l'imprécision, de l'accent religieux et de l'arrogance » du discours de la psychologie positive[18]. Il dénonçait « le populisme et la paresse intellectuelle » de cette école qui « n'articule aucune réflexion approfondie et ne propose aucun principe », et dont les tenants « prêchent un genre de religion, une vision imposée d'en haut qui se pare des oripeaux du discours scientifique, mais dont la scientificité n'a jamais été démontrée ».

Barbara Frederickson, professeure de psychologie à l'université de Caroline du Nord à Chapel Hill, montre au public rassemblé dans l'auditorium de Claremont un diagramme en forme de voilier. Elle affirme avoir découvert le « ratio optimal de positivité », calculé de manière tout à fait scientifique, entre les émotions positives et les émotions négatives : trois contre un. La quille, explique-t-elle, représente les « émotions négatives nécessaires », pesantes, qui permettent au voilier de garder le cap et de rester manœuvrable ; la voile, elle, « nettement positive, lui permet de s'élancer. Ce qui compte le plus, ai-je découvert, c'est le rapport entre la positivité qui anime un individu et la négativité qui l'afflige ».

« Pourquoi avons-nous besoin d'émotions positives pour nous élancer ? demande la psychologue. Parce que la positivité nous ouvre au monde. » Sur l'écran qui surplombe la scène apparaît l'image d'une fleur bleue.

« Maintenant, imaginez que vous êtes cette fleur et que vos pétales sont entièrement repliés sur votre visage. Si vous arrivez à voir quelque chose, ce ne peut être qu'une petite tache de lumière, dit-elle avec un accent de mélancolie. Vous ne pouvez être pleinement conscient de ce qui vous entoure. [...] Mais dès que vous commencez à sentir la chaleur du soleil, les choses se mettent à changer : vos feuilles se déplient, vos pétales se détendent et s'ouvrent peu à peu, exposant votre visage [Frederickson écarte ses mains de part et d'autre de son visage, mimant le mouvement des pétales]. Libéré de ces délicates œillères, vous voyez de mieux en mieux et votre monde s'agrandit littéralement. »

« Or, certaines fleurs ne s'ouvrent qu'une fois. D'autres, comme ces hémérocalles, explique-t-elle en passant à une diapositive montrant cette fois des fleurs rouges, se referment chaque soir pour se rouvrir le lendemain, quand elles voient le soleil. [...] Notre esprit fonctionne comme ces hémérocalles. Son ouverture traduit une variation momentanée de notre positivité. »

Frederickson s'interrompt, puis reprend : « La positivité est à l'esprit ce que la lumière du soleil est aux hémérocalles. »

Christopher Peterson et Nansook Park, eux, prétendent avoir découvert les « forces de caractère » les plus répandues dans toutes les sociétés du monde. Les deux conférenciers se tiennent de part et d'autre d'un grand écran sur lequel est affiché un histogramme intitulé « Forces de caractère des adultes ».

« Notre questionnaire est en ligne, dit Peterson. À ce jour, environ 1,3 million de personnes y ont répondu. Bientôt, ce sera la planète entière ! Avec environ 100 000 réponses, nous avons pu déterminer la répartition des diverses forces de caractère, des plus répandues aux moins courantes ; c'est ce qu'illustre ce graphique. »

Peterson montre l'histogramme d'un geste.

« Ce qui est intéressant, on le voit du côté gauche, c'est que certaines forces, comme la bonté, le sens de la justice, l'honnêteté et la capacité à éprouver de la gratitude, sont plus répandues que d'autres. Nous nous demandons, et nous ne sommes pas les seuls, s'il ne s'agirait pas là de qualités essentielles à la viabilité d'une société. Il est effectivement difficile d'imaginer qu'une société puisse fonctionner sans elles. Nous avons cependant omis d'indiquer à qui ces données se réfèrent. Pour ce graphique en particulier, il s'agit de 50 000 Américains. Néanmoins, en comparant les données propres à chacun des 50 États, nous avons observé la même répartition partout. »

Peterson rit doucement.

« Ah oui, nous avons aussi analysé la population de 54 autres pays et avons constaté la même distribution d'un endroit à l'autre. [...] Je me souviens du moment où j'ai soumis ces résultats à une revue, raconte-t-il sur le ton de la confidence. Le rédacteur en chef a refusé l'article en nous disant : "Vous n'avez rien découvert de différent ; il n'y a aucune différence." »

Peterson se frappe la tête d'un air comique, feignant l'incrédulité.

« Je lui ai répondu : "Nous avons découvert la nature humaine !" » Le conférencier écarte les bras. « Ça ne vous suffit pas ? »

Peterson poursuit en décrivant les forces de caractère moins répandues : « En bas de la liste se trouve l'autodiscipline, comme l'aptitude à suivre un régime : voilà pourquoi je me tiens derrière ce lutrin ! » Le public s'esclaffe.

« Et la modestie, poursuit-il, comme dans "Bon Dieu que nous sommes de bons chercheurs !" » La foule rit de plus belle. « Vous comprenez l'idée ! »

Kim Cameron porte un complet noir assorti d'une cravate rouge. Professeur de management à l'université du Michigan et fondateur du Center for Positive Organizational Culture, il prend la parole pour expliquer comment les entreprises peuvent maximiser leurs profits en misant sur des pratiques positives ou « vertueuses ».

« Toute organisation a pour but d'éliminer la déviance, affirme-t-il. On s'organise afin de prévenir les comportements inattendus, chaotiques, imprévisibles, pour neutraliser la déviance négative. L'ennui, c'est que, ce faisant, on endigue aussi la déviance positive ; on élimine nécessairement des comportements déviants, singuliers, exubérants ou vertueux qui, dans les faits, sont positifs. »

Cameron apprend aux cadres que le bonheur, la compassion et la bonté peuvent faire augmenter les profits de leur entreprise. Sa clientèle compte des sociétés figurant sur la liste Fortune 100, mais aussi des firmes plus petites, des organismes sans but lucratif et des municipalités ; le YMCA comme l'industrie du camionnage en font partie. Le psychologue tient à préciser qu'il ne fait pas ce métier pour l'argent, mais bien pour l'épanouissement que celui-ci lui procure. L'important, précise-t-il, c'est de se sentir bien. Il vend aux entreprises une idéologie de l'harmonie.

La plupart des psychologues positifs font partie de l'Association américaine de psychologie (APA), qui, forte de 148 000 membres, offre depuis des lustres ses services à l'armée et aux agences de renseignement afin de les aider à affiner leurs techniques d'interrogatoire et de contrôle. Dans les années 1950 et 1960, des psychologues qui menaient des expériences sur des sujets humains pour le compte de ces institutions ont découvert que la torture psychologique, qui comprend la privation sensorielle et la privation de sommeil, a des effets nettement plus déstabilisants et dévastateurs sur la psyché humaine que les méthodes de torture physique, brutales et peu raffinées. Ils ont ainsi mis au point des techniques sophistiquées qui garantissent l'effondrement psychique de la personne torturée. De tous les fournisseurs de soins de santé, les psychologues sont les seuls à participer ouvertement à des interrogatoires menés par l'armée ou la CIA. L'Association américaine de psychiatrie et l'Association médicale américaine l'interdisent à leurs membres. L'APA, elle, malgré les plaintes et la démission d'une poignée de membres, refuse d'empêcher ses psychologues de prendre part à des interrogatoires, y compris à ceux qui ont lieu dans des centres de torture notoires comme la prison de Guantánamo Bay.

En 2007, un rapport du bureau de l'inspecteur général sur le Pentagone révélait que des psychologues ont supervisé l'adaptation du programme Survive, Evade, Resist and Escape (SERE) aux prisonniers. À l'origine, ce programme visait à reproduire des techniques de torture en vue d'entraîner les soldats américains à résister aux interrogatoires des Chinois et des Soviétiques. Les psychologues de l'armée et des agences de renseignement l'ont remodelé afin qu'on puisse l'appliquer aux détenus des centres d'interrogation américains. Pour réduire ces captifs à l'impuissance totale, on a systématiquement recours à la privation de sommeil, à l'imposition de positions douloureuses pendant de longues périodes, à la privation sensorielle complète, aux humiliations sexuelles ou à la nudité forcée. Nombreux sont ceux qui en sortent dans un état catatonique. Les psychologues surveillent le processus de détérioration du prisonnier et conseillent ses interrogateurs quant aux techniques les plus appropriées pour précipiter son effondrement psychique.

Qu'ils œuvrent ou non pour l'État, les psychologues savent manipuler les comportements sociaux. Bien qu'elle prétende donner la recette du bonheur, la promotion de l'harmonie collective n'est au fond qu'un moyen sophistiqué d'encourager le conformisme. La psychologie positive a pour objectif fondamental de supprimer l'esprit critique et de transformer des groupes en éléments malléables et obéissants. Tout en douceur, elle condamne les valeurs personnelles nourries par l'indépendance d'esprit en les qualifiant d'obstacles à l'harmonie et au bonheur. Ceux qui refusent de se soumettre à la pression du groupe sont considérés comme un poids pour l'entreprise ;

s'ils s'avèrent irréformables, on leur montre la porte. En revanche, ceux qui acceptent de sacrifier leur individualité se voient offrir, non sans parcimonie, de modestes récompenses par leurs supérieurs, et ont l'impression, du moins jusqu'à ce qu'ils perdent leur emploi, de faire partie d'un groupe important et puissant. En adoptant l'identité de l'entreprise, ils se sentent protégés par elle. Ils craignent plus que tout de perturber le système, d'entraver cette quête d'harmonie collective qui les plonge dans un état de somnambulisme psychique.

Selon l'anthropologue Laura Nader, de l'université de Berkeley, la plupart des systèmes oppressifs, y compris le colonialisme occidental et la mondialisation, utilisent l'idéologie de l'harmonie comme mécanisme de contrôle social. À ses yeux, il existe cependant un abîme entre cette idéologie et une authentique harmonie sociale, entre cette « positivité » et un esprit vraiment positif. Propice à une censure ou à une autocensure qui ne disent pas leur nom, la tyrannie de l'harmonie s'inscrit dans une attaque concertée contre la démocratie. Poussée à l'extrême, elle transforme la vie en une illusion imperméable à la réalité. Nader constate que cette idéologie s'est progressivement enracinée dans la culture, non sans la dégrader.

La psychologie positive n'est au fond que la plus récente incarnation d'un assaut contre les individus et les collectivités qui remonte à loin. Au début des années 1980, le magazine *Business Week* chantait les louanges d'une idéologie similaire, les « nouvelles relations industrielles[19] ». Vantées comme un modèle novateur de gestion des ressources humaines, elles étaient considérées comme « plus agréables » que l'« organisation scientifique du travail » et l'ingénierie sociale dont Henry Ford, Frederick Taylor et consorts avaient été les pionniers[20].

En 1989 et 1990, Roberto González, anthropologue de l'université publique de San José, a fait un stage industriel de neuf mois chez General Motors (GM) à titre d'étudiant en génie. Dans un article intitulé « Brave New Workplace : Cooperation, Control, and the New Industrial Relations », il se penche sur la réalité des équipes de travail et des « cercles de qualité ». Ceux-ci, constate-t-il, ont été créés pour « mettre un terme aux relations conflictuelles entre cadres et salariés en formant des équipes de travail "autogérées" et, ce faisant, améliorer l'efficacité et la "santé" mentale des parties prenantes ». Il précise que ces réformes des relations de travail ont porté différents noms : « travail d'équipe », « participation des employés », « démocratie au travail », « capitalisme à visage humain », « qualité de vie au travail », etc.[21]

Dans les années 1980, l'industrie automobile américaine a adopté cette tactique de collaboration entre employeurs et travailleurs pour affronter la concurrence du Japon, dont la puissance économique devenait de plus en plus manifeste. En témoignent entre autres « les tableaux affichés à l'usine de boîtes de vitesses et d'essieux de Chevrolet, à Detroit, où sont annoncés les chiffres des ventes de divers modèles de voitures américaines et japonaises, relate González. Y est juxtaposée une affiche où l'on peut lire : "Vous entrez en zone de guerre. Nos armes : la qualité et la productivité"[22] ».

Les travailleurs de GM ont été regroupés en « cercles de qualité » « autogérés », c'est-à-dire en équipes dotées d'une identité propre et mises en concurrence les unes contre les autres en vue de stimuler leur productivité. Cette mentalité du « nous contre eux » se fond dans un grand « nous » collectif. On donne à ces cercles de qualité des noms comme « Les dépanneurs de Joe » ou « La voie positive »[23].

« Tous les marqueurs de statut social susceptibles d'éveiller une conscience de classe ont été bannis des lieux de travail », observe Robert Ozaki dans *Human Capitalism,* sa monographie consacrée à l'usine de montage exploitée conjointement par GM et Toyota à Fremont, en Californie. « Les cadres ne disposent ni de places réservées pour leurs véhicules ni de toilettes particulières, et mangent dans la même cafétéria que les ouvriers. [...] Les travailleurs affectés à la production sont qualifiés d'"associés" ou de "techniciens" plutôt que d'"ouvriers" ou d'"employés"[24]. »

Dans *Toyota, l'usine du désespoir,* Satoshi Kamata se souvient que, à l'usine où il travaillait dans les années 1970, les employés arboraient des signes indiquant le prestige de leur rang, à la manière des militaires. Il s'agissait, se souvient-il, de casquettes ornées de traits de différentes couleurs : « [...] deux traits verts = ouvrier temporaire, un trait vert = apprenti, un trait blanc = stagiaire, un trait rouge = jeune de moins de 20 ans, une casquette unie = ouvrier titulaire, deux traits jaunes = chef d'équipe [...][25] ».

Dans la même usine, poursuit Kamata, on demandait aux ouvriers de formuler des suggestions de «bonnes idées» et, dans le vestiaire, un tableau indiquait combien chacun d'eux en avait proposé[26]. Dans le même esprit, un bon ami de Kamata passait son temps à se vanter du nombre de pièces qu'il pouvait produire chaque jour. On avait fait de la productivité un facteur d'identité et de prestige[27]. Le moindre geste risquant de perturber la production était condamné. Lorsqu'un coéquipier a eu un accident de travail, tous les membres du cercle de qualité ont été contraints d'enfiler « un brassard portant la mention "sécurité" ». Le discrédit associé à ce brassard a fait en sorte que les autres employés de l'usine les ont stigmatisés[28]. Au sein d'une équipe, la pression des pairs avait un effet si dissuasif que certains se gardaient de rapporter un accident de travail pour éviter d'avoir à porter l'humiliant brassard.

Dans «Brave New Workplace», González relate la longue et paradoxale histoire des tentatives de réconciliation des intérêts des travailleurs avec ceux du patronat. Il remonte aux méthodes d'«organisation scientifique du travail» de Frederick Taylor qui, au nom de l'efficience, a «"rationalisé" des usines de montage en étudiant les temps et mouvements de chaque travailleur. Cela lui a permis de décomposer chaque mouvement en une série d'étapes qu'il a réorganisées en séquences plus efficientes, débarrassées de tout geste inutile[29] ». La déshumanisation inhérente à cette méthode a fini par pousser les disciples de Taylor à emprunter d'autres voies. Les plus conservateurs, explique l'historien David Noble dans *America by Design*, cité par González, ont persisté à ne jurer que par «la productivité et l'efficience», mais, dans les années 1920, «des chefs d'entreprise, des banquiers, des politiciens, des chefs syndicaux et des spécialistes des sciences sociales» progressistes ont cherché à «établir un nouveau contrat social»[30]. Ils souhaitaient instituer un État-entreprise stable en mettant sur pied des programmes de «valorisation» des travailleurs: négociation collective, partage des bénéfices, magazines d'entreprise, mutuelles d'assurance, régimes de retraite, amélioration de la sécurité au travail, indemnisation des accidentés, limitation du temps de travail, salaire minimum, etc. L'idée selon laquelle «l'amélioration des conditions de vie et de travail allait rendre les salariés plus coopératifs, loyaux et satisfaits, et donc plus productifs et "raisonnables" [...] a aussi donné lieu à certaines initiatives patronales d'amélioration de la condition des salariés, comme l'établissement de parcs, de restaurants, de clubs sociaux, d'équipements récréatifs, d'orchestres et d'infirmeries[31]».

«Depuis au moins un siècle, bon nombre d'ingénieurs, de gens d'affaires et de scientifiques ont compris que ce n'est plus le degré d'évolution de la technologie qui limite la production, mais plutôt l'être humain, qui, si on le motivait adéquatement, pourrait être remodelé pour devenir encore plus efficient», écrit González en paraphrasant Noble. «Cependant, deux dimensions des relations de travail contemporaines sont vraiment nouvelles: les techniques psychologiques particulières qu'on utilise pour stimuler les salariés et le nombre croissant d'entreprises qui souhaitent les appliquer[32].»

C'est Toyota qui est à l'origine de cette nouvelle stratégie. L'entreprise a bâti «Toyota City» dans le but précis d'exercer une mainmise sur la vie de ses employés. González l'explique ainsi:

La maîtrise totale de l'environnement social est un élément important des programmes de réforme de la pensée. À Toyota City, des milliers de jeunes hommes vivaient dans des baraquements protégés par une clôture et un corps de garde. À l'époque où Kamata a écrit son témoignage, les dortoirs étaient interdits aux visiteurs, y compris aux membres des familles des travailleurs temporaires. Au moment d'assigner les places dans les dortoirs, on regroupait les hommes «originaires d'un même village», explique Kamata. «C'est fort probablement une politique dictée par l'expérience pour mieux nous permettre de nous fixer[33].»[34]

Ces techniques ont été adoptées par «des bureaucraties et des entreprises américaines, comme des supermarchés, des écoles, des banques et des agences de l'État, dont le Pentagone[35]». Dans les années 1990, les constructeurs d'automobiles américains et japonais ont mis en œuvre ce qu'ils appelaient la «stratégie du Sud»: ils ont bâti des usines inspirées de Toyota City au Tennessee, en Ohio, au Kentucky et en Indiana. Ces États, croyaient-ils, constituaient un terreau fertile pour leurs projets grâce à leur faible taux de syndicalisation et à l'isolement de leurs populations rurales[36].

Pour González, le témoignage de Kamata sur la vie à Toyota City dans les années 1970 illustre bien à quel point le stress émotionnel et l'épuisement peuvent susciter une confusion et un désarroi affolants, qui rappellent le sort des personnes embrigadées dans une secte. «[Q]uand je reviens au foyer, raconte Kamata, je ne fais que dormir; j'ai décidé de ne pas penser aux questions du travail. Comme je suis crevé, je n'en ai plus la force et, quand je me mets à le faire, je ressens une fatigue encore plus intense[37]...» Quelques semaines plus tard, sur la chaîne de montage, Kamata tombe dans un état comparable à la transe:

Ou bien alors ce sont des choses sans suite logique qui me viennent à l'esprit: [...] un paysage d'une ville que j'ai visitée, un restaurant près d'un pont dont j'avais perdu le souvenir, le café du coin de la gare, un quai pour les bateaux, etc., elles défilent une à une devant mes yeux. Penser à une seule chose d'une manière continue m'est impossible [...]. Je prends ma place à la chaîne, mais déjà je ne suis pas moi-même. Rivé à mes boîtes de vitesses, emporté par le courant, je lève soudain les yeux et, regardant devant moi, je me prends à dire, tout étonné: «Mais qu'est-ce que je suis en train de faire ici?» Et alors, tout à coup [...], je vois les rayons du soleil qui entrent à travers la porte ouverte, là-bas, de l'autre côté du bâtiment. [...] C'est comme ça que, en plein travail, quand il m'arrive de lever les yeux, le spectacle qui s'offre à moi est tellement différent qu'il me permet de reprendre conscience de moi-même[38].

La gestion fondée sur les groupes de pairs reprend les méthodes de manipulation et de contrôle appliquées en Chine communiste, en Union soviétique et en Corée du Nord: le sujet cible «s'attachait peu à peu aux autres membres de son groupe, qui "finissaient par très bien connaître sa personnalité et sa vie"[39]».

«En Chine communiste, écrit González, un prisonnier se faisait un cercle d'amis parmi ses geôliers, qui pouvaient le récompenser ou le punir selon que sa conduite leur semblait ou non appropriée. À la longue, la pression des pairs pouvait conditionner son comportement[40].»

Des processus similaires se déroulent dans les équipes de travail contraintes à la coopération, constate-t-on en lisant Kamata: «Si Fukuyama (mon voisin de droite) se laisse déborder, c'est moi, qui y arrive tout juste, qui vais prendre du retard. Si Fukuyama, lui, y arrive et que moi je prends du retard, c'est mon voisin de gauche, Takeda, qui va être en retard aussi. Pour retrouver sa position d'origine, il faut dépenser une énergie formidable et, si l'on fait une maladresse, la chaîne s'arrête[41].»

Alors qu'il travaillait dans une maquiladora de Ciudad Juárez, au Mexique, l'anthropologue Alejandro Lugo a vécu une expérience semblable. Les premiers jours, il prenait souvent du retard: «La pression devenait presque insoutenable» quand ses coéquipiers l'abreuvaient d'injures parce qu'il ne suivait pas la cadence[42].

Un ouvrier temporaire de Toyota City, contraint de démissionner après un accident de travail, s'est confié à Kamata: «Si j'étais venu tout seul travailler chez Toyota, j'aurais déjà abandonné depuis longtemps, mais je suis venu avec Miura, alors je ne veux pas la laisser tomber.» Ce témoignage fait réfléchir l'auteur: «Avec un travail aussi pénible, la solidarité, le soutien mutuel, le refus de rentrer tout seul au pays existent bien entre nous[43].»

«Les chefs d'équipe en apprennent souvent beaucoup sur la personnalité et la vie de leurs subalternes et utilisent souvent ces renseignements à des fins de manipulation», écrit González. Par exemple, à l'usine GM-Toyota de Californie, un communiqué émis par la direction et intitulé «Ce que tout chef d'équipe doit savoir» pressait les chefs d'équipe à mémoriser les dates d'anniversaire, l'état civil, le nombre d'enfants et les passe-temps de chacun des membres de leur cercle. En outre, on y lisait qu'«il faut encourager tous les membres de l'équipe à aider leurs collègues lorsque ceux-ci sont aux prises avec des ennuis personnels». Dans une usine japonaise de Toyota, des chefs d'équipe allaient jusqu'à calculer le «biorythme» de leurs ouvriers afin d'anticiper leurs «mauvais jours».

Les 22 000 employés d'une usine GM ont participé à une semaine de formation sur l'«appartenance familiale», dont l'objectif était de «nourrir l'esprit de famille au sein de la divi-sion[44]». Cadres et ouvriers s'y sont livrés à des activités de groupe, comme celles décrites ici par González, qui «visaient à développer la confiance mutuelle»:

> On formait des groupes de deux: un employé devait se bander les yeux et se laisser guider par son coéquipier. Dans un autre exercice, la «fenêtre de Johari», il s'agissait d'en dire le plus pos-sible sur «ses joies, ses peurs et ses désirs» et, ce faisant, d'ouvrir sa «fenêtre». Le dernier jour, les participants se sont prêtés à l'activité appelée «sur la sellette»: «Tour à tour, chacun s'as-soyait sur la "sellette" pour écouter ses collègues lui dresser la liste de ses qualités. Il est difficile de savoir quelle a été l'expé-rience la plus émouvante: s'asseoir sur la "sellette" ou voir ceux qui, assis dessus, fondaient en larmes[45].»

Dans les années 1990, «le gouvernement fédéral a été écla-boussé par un scandale qui illustre bien les dangers de la coer-cition exercée sous le couvert de l'harmonie», écrit González dans sa conclusion.

En effet, en mai 1995, les membres d'un sous-comité du Congrès ont été stupéfaits d'entendre l'étrange récit de nombreux témoins qui se plaignaient d'avoir été «psychologiquement agressés» et soumis à des tentatives d'«endoctrinement sectaire» au cours de séances de formation sur le management et la diver-sité offertes par l'Agence fédérale de l'aviation (FAA). Pendant toute une semaine, les hommes devaient caresser les femmes, les Blancs et les Noirs devaient échanger des insultes, et des collègues étaient contraints à s'attacher l'un à l'autre ou à se dévêtir et à rester nus pendant des heures. La FAA avait confié l'organisation de la formation à divers consultants en management. L'un d'eux, Gregory May, a obtenu de l'État des contrats totalisant 1,67 million de dollars. Selon certains témoins, celui-ci serait le disciple d'un «gourou» de la côte Ouest à qui il arrive parfois d'entrer en communication avec un certain Ramtha, esprit âgé de 35 000 ans[46].

Au Royaume-Uni, dans des usines comme celles d'Unilever et de Rover situées à Cowley, près d'Oxford, on a eu recours, entre autres méthodes peu subtiles, à des techniques de coercition par la persuasion pour leurrer de puissants délégués syndicaux en promettant des «emplois à vie» aux travailleurs. Au début, de nombreux syndicalistes ont été dupes de cette illusion d'harmonie industrielle. Aux États-Unis, les modèles Saturn de GM étaient assemblés dans des usines appliquant le modèle japonais des relations de travail, mais celui-ci a vite perdu la faveur des ouvriers : en 2004, le syndicat de l'usine de Spring Hill, au Tennessee, s'est insurgé contre la direction de la multinationale et a voté le rétablissement du contrat de travail standard, négocié par la United Auto Workers.

La psychologie positive propose aux grandes entreprises des techniques efficaces de coercition par la persuasion. Semblables aux méthodes appliquées par bon nombre de sectes religieuses, elles ont pour but de fondre les employés dans un grand tout «heureux». Afin d'ébranler le sentiment d'identité des salariés et d'inciter ceux-ci à la docilité, les dirigeants des grandes entreprises encouragent aussi bien les attaques personnelles et le harcèlement psychologique que les effusions d'éloges. Pour pousser un travailleur à se conformer au moule, ils incitent volontiers ses pairs à faire pression sur lui. Affirmation de soi et esprit critique sont condamnés en tant qu'attitudes négatives, et on n'hésite pas à manipuler et à contrôler l'ensemble du milieu social d'un employé pour stabiliser son comportement une fois celui-ci jugé adéquat.

Sur les marches du pavillon Kroeber de l'université de Berkeley, l'étudiant Anthony Vasquez me raconte son expérience de la psychologie positive, vécue alors qu'il était employé au centre de reprographie FedEx Kinko's (aujourd'hui FedEx Office). Les yeux noisette et les cheveux noirs en broussaille, il porte un pantalon en velours côtelé et un blouson d'alpiniste. Pendant les deux années où il a travaillé pour cette entreprise, on l'a qualifié «sans cesse d'esprit négatif, de râleur et d'individualiste».

Le centre de reprographie, se souvient Vasquez, avait une devise: *Oui, on peut!* «Quel que soit le travail qu'un client voulait nous confier, nous étions tenus de lui répondre "Oui, on peut!"» Des affiches arborant la devise étaient collées près des téléphones et dans l'arrière-boutique. Des vérificateurs du siège social appelaient pour s'assurer que les employés répondent «Oui, on peut!» à chaque demande qui leur était adressée. Si l'un d'eux commettait une erreur, la direction punissait l'ensemble du groupe; elle n'hésitait d'ailleurs jamais à procéder à des congédiements. On imposait aussi d'autres maximes, comme *Pour gagner, chaque membre de l'équipe doit y mettre tout son cœur* ou *Je m'engage à ce que FedEx vous fournisse un service hors pair.*

Vasquez me fait part du conflit qui l'a opposé à la direction lorsque Sam, un nouvel employé qu'il avait été chargé de former, a été congédié. Dans un premier temps, les deux gérants de la succursale avaient caché son renvoi: ils avaient laissé le nom de Sam sur l'horaire de travail afin de faire croire aux autres employés qu'il s'absentait. Ils avaient ensuite invoqué ce prétendu absentéisme pour justifier son congédiement. Au bout de deux semaines ponctuées de maints échanges avec Sam, Vasquez a écrit «congédié» sous son nom, déclenchant la furie des patrons. Ces derniers l'ont convoqué à leurs bureaux pour le réprimander en brandissant une «fiche d'information disciplinaire positive» lui indiquant qu'il était accusé d'avoir endommagé la propriété de l'entreprise et d'avoir tenu des propos diffamatoires envers Sam.

«Le formulaire indiquait que j'avais fait des "déclarations mensongères et malveillantes" à l'égard de Sam, précise Vasquez. J'ai dit aux gérants que je les trouvais hypocrites et que je n'avais rien écrit de faux ni de malveillant. Je leur ai dit que, s'ils souhaitaient vraiment la "réussite de notre organisation", ils devraient commencer par me verser un salaire décent. J'ai continué inlassablement jusqu'à ce que les deux hommes, exaspérés, m'intiment d'arrêter de faire le difficile. Je leur ai rétorqué que ce n'était pas moi qui faisais le difficile. En me lançant un regard dur, ils m'ont rétorqué, non sans réticence : "Oui, nous le savons." »

Vasquez a signé le formulaire, puis a quitté le bureau.

« En 2006, si je me souviens bien, l'entreprise a organisé une autre réunion obligatoire pour les "coéquipiers", comme ils nous appelaient, raconte Vasquez. Avec quelques collègues, je me suis rendu à Fresno, où nous avons fait connaissance avec des employés des autres succursales du nord de la Californie. [...] La rencontre avait lieu dans une salle louée pour l'occasion. Une représentante de la direction avait apporté des jouets, des marqueurs et des bonbons, et les avait placés au centre de chaque table. Elle nous a d'abord demandé de choisir nos places selon notre ancienneté. Une fois tout le monde installé, chacun a dû se présenter et dire depuis combien de temps il travaillait pour FedEx Kinko's. Dans un coin de la salle se trouvait une jeune femme qui avait été embauchée deux mois plus tôt, tandis qu'à l'autre bout était assis un homme ayant accumulé près de 20 ans de service. »

Certains collègues de Vasquez n'étaient pas très chauds à l'idée d'admettre publiquement qu'ils avaient passé leur vie au service de FedEx Kinko's, mais la représentante a souligné à quel point les employés pouvaient être fiers de travailler pour l'entreprise. « Elle forçait tellement la note que j'en étais tout étourdi, confie Vasquez. Elle s'exclamait : "N'est-ce pas fantastique ? Nous avons une telle diversité de coéquipiers extraordinaires ! Voilà qui prouve à quel point c'est merveilleux de faire carrière chez nous !" »

Visiblement mal à l'aise et contrarié, un homme gardait les yeux rivés au sol. « S'il avait pris la parole, la représentante se serait empressée d'envoyer un courriel au gérant de sa succursale et sa conduite aurait fait l'objet d'un rapport ; on lui aurait sans doute refusé toute augmentation de salaire. En passant, les salaires ne sont augmentés que de 25 cents de l'heure par an. »

« À peine camouflé par les euphémismes de la représentante, l'objectif de la réunion était de nous apprendre à pousser la clientèle à acheter des biens ou des services dont elle n'a pas besoin. On appelle ça la vente incitative, je crois. La dame voulait que nous racontions des expériences positives avec des clients, ce qui n'était pas évident, car nos rapports avec la clientèle ou avec le siège social étaient presque toujours très désagréables et stressants. Mais elle gardait toujours le sourire, peu importe ce qu'elle disait, et j'ai remarqué qu'elle avait le don de détendre l'atmosphère et de faire passer un bon moment à tout le monde. Pour nous inciter à faire plus ample connaissance, elle utilisait les jouets, les bonbons et les marqueurs, nous faisait jouer des sketchs et nous proposait des jeux. Elle utilisait la bonne humeur qui nous animait et l'attribuait non pas à nos échanges, mais à l'entreprise : ce n'est pas parce que vous êtes en train de socialiser que vous êtes heureux, mais parce que vous travaillez chez FedEx Kinko's. »

« De mes deux années au service de cette boîte, je retiens que le terme « psychologie positive » est un euphémisme pour « manipulation », ajoute Vasquez. On cherche à étourdir les employés suffisamment pour qu'ils ne sachent plus distinguer leur gauche de leur droite et oublient qu'ils font chacun le travail de trois personnes, n'ont pas d'assurance maladie et affectent les trois quarts de leur salaire à leur loyer. »

À l'instar de la culture de la célébrité, de la consommation à outrance et du divertissement de masse, la psychologie positive se nourrit de la souffrance que provoquent l'éclatement des collectivités et l'isolement qui en résulte. Le discours selon lequel on peut trouver le bonheur en se conformant à la culture d'entreprise est un leurre bien cruel, car c'est cette culture même qui entretient le profond malaise et la grande fragmentation sociale propres à la culture de l'illusion.

Dans *The Loss of Happiness in Market Democracies,* le politologue Robert Lane écrit :

> Derrière la satisfaction que procure le progrès matériel se cachent la souffrance et la dépression, qui frappent toutes les démocraties capitalistes avancées. Cette humeur maussade, omniprésente,

dément l'idée selon laquelle le marché maximise le bien-être et trahit la promesse du xviiie siècle voulant que chacun ait droit au bonheur dans un État dirigé par un gouvernement bienveillant choisi par le peuple lui-même. Elle se manifeste de diverses façons: déclin, à partir de l'après-guerre, du nombre d'Américains se disant heureux, vagues de dépression clinique et de dysphorie dans toutes les sociétés développées (en particulier chez les jeunes), montée de la méfiance envers autrui, la sphère politique et les autres institutions, effritement de la croyance selon laquelle la condition du citoyen moyen s'améliore [...], tragique érosion du lien familial et du sentiment d'appartenance à une communauté, et étiolement apparent des relations chaleureuses et intimes entre amis[47].

La psychologie positive véhicule une idéologie qui a quelque chose de sombre et d'insidieux. Elle condamne ceux qui critiquent la société, les iconoclastes, les dissidents, les individualistes, parce qu'ils refusent de capituler, de se joindre au beuglement d'un troupeau soumis à la culture d'entreprise. Elle étouffe la créativité et l'autonomie morale, et cherche à engoncer l'individu dans le carcan de la docilité collective. Le principal enseignement de ce courant, qui s'inscrit dans l'idéologie de l'État-entreprise, veut que l'épanouissement passe par un conformisme social absolu, digne des systèmes totalitaires. Sa fausse promesse d'harmonie et de bonheur ne fait qu'exacerber l'anxiété et le sentiment d'impuissance des individus. En découlent une aliénation et une obligation constante de faire preuve d'enthousiasme et d'entrain qui minent l'authenticité des relations. L'isolement propre à une vie active où les apparences prévalent sur la sincérité et où l'on doit se montrer optimiste, quel que soit son état d'esprit ou sa situation, est perturbant et stressant. On peut penser qu'une attitude positive n'arrangera pas les choses si on perd son emploi ou qu'on tombe malade, mais cet horrible sentiment, négatif, doit être étouffé, anéanti. Au pays de la pensée positive, il n'y a aucune injustice flagrante, aucun abus d'autorité, aucun système économique ou politique à contester, bref, il n'y a aucune raison de se plaindre. Ici, tout le monde est heureux.

Chapitre 5

L'illusion de l'Amérique

Plutôt dépérir qu'être transformés,
Plutôt mourir dans notre effroi
Que monter sur la croix du présent
Et laisser mourir nos illusions[1]
W.H. AUDEN, *The Age of Anxiety*

Sans vision, le peuple s'oublie[2]
Proverbes, 29,18

JE VIVAIS dans un pays qu'on appelait les États-Unis d'Amérique. Ce pays était loin d'être parfait, surtout pour les Afro-Américains, les Amérindiens ou, pendant la Seconde Guerre mondiale, les Japonais d'origine; il était même cruel et injuste envers les pauvres, les homosexuels, les femmes et les immigrants. Néanmoins, on pouvait nourrir l'espoir de voir les choses s'améliorer un jour. Ce pays, je l'ai aimé, je l'ai révéré. Les travailleurs y touchaient des salaires qui faisaient l'envie du reste du monde. On y veillait, grâce aux syndicats et à leurs alliés du Parti démocrate et de la presse, à ce que ces salariés aient accès à des prestations de maladie et de retraite. Il possédait un bon système public d'éducation. On y respectait les valeurs essentielles de la démocratie et les principes de l'État de droit, du droit international et des droits de la personne. On y offrait des programmes sociaux aux citoyens les plus vulnérables, aux personnes atteintes de maladie mentale, aux personnes âgées, aux démunis. Ce pays était doté d'un système politique qui, bien qu'imparfait, cherchait à protéger les intérêts de la majorité de sa population. Il ouvrait des possibilités de changement démocratique et disposait d'une presse plurielle et indépendante qui donnait la parole à toutes les strates de la société, relayait des voix de l'étranger, et savait révéler des vérités dérangeantes, contester l'hégémonie des puissants et nous tendre un miroir pour nous faire prendre conscience de nous-mêmes.

Je suis loin d'ignorer les imperfections de cette vieille Amérique, et je n'oublie pas non plus qu'elle a systématiquement échoué à concrétiser ces idéaux sur son territoire comme à l'étranger. J'ai vécu plus de deux ans à Roxbury, un quartier pauvre de Boston, où j'assumais la charge de la chapelle d'un complexe de logements sociaux dans le cadre de mes études de séminariste à la Harvard Divinity School. J'y ai vu le racisme institutionnel à l'œuvre ; j'y ai constaté à quel point les banques, les tribunaux, les écoles dysfonctionnelles, les agents de surveillance, les foyers détruits, la toxicomanie, le crime et les employeurs faisaient en sorte que les pauvres restent pauvres. J'ai travaillé 20 ans comme correspondant en Amérique latine, en Afrique, au Moyen-Orient et dans les Balkans ; j'y ai été témoin des crimes et injustices commis en notre nom, souvent avec notre appui, comme les exactions pratiquées par la contra au Nicaragua ou par l'armée d'occupation israélienne en Palestine. Bref, les États-Unis en auraient eu long à expier, mais on y faisait tout de même beaucoup de choses estimables et dignes de respect.

Le pays dans lequel je vis maintenant parle la même langue citoyenne, patriotique et historique, et se nourrit des mêmes symboles, des mêmes icônes et des mêmes mythes. Il n'en a cependant conservé que les apparences. L'Amérique dont on chante aujourd'hui les louanges est une illusion. Le pays où je suis né et qui m'a façonné, le pays de mon père, de mon grand-père et de nos aïeux qui l'ont fondé a dégénéré au point d'en être devenu méconnaissable. Je ne sais pas si je reverrai un jour l'Amérique que j'ai connue, mais je lutte de tout mon cœur pour qu'elle revienne.

La rhétorique selon laquelle le pouvoir politique repose sur le consentement de ceux sur qui il exerce son autorité est devenue creuse. Nos manuels de science politique et d'économie sont désuets. Notre pays a été détourné par les oligarques, les grandes entreprises et une élite politique et économique égoïste qui exerce son pouvoir en fonction de l'intérêt des mieux nantis. Au nom de la patrie, de la démocratie et de toutes les valeurs ayant façonné le régime politique américain et l'éthique protestante, cette élite a systématiquement ravagé le secteur manufacturier, pillé le trésor public, corrompu la démocratie et saccagé le système financier. Pendant qu'ils se livraient à cette déprédation, nous sommes restés passifs, fascinés par les jolies ombres projetées sur les parois de la caverne et certains d'avoir en main les clés de la réussite, de la prospérité et du bonheur.

Dépouillé de toute souveraineté véritable, l'État se contente de fournir une expertise technique à une élite et à des entreprises affranchies de toute contrainte morale et dépourvues de la moindre notion du bien commun. Devenus vulgaire façade, les États-Unis sont maintenant la plus grande illusion de la culture de l'illusion. L'éthique du pouvoir et de la démocratie qu'ils prétendent incarner n'est plus qu'une vue de l'esprit. Ils cherchent à maintenir leur prospérité en empruntant des milliers de milliards de dollars qu'ils ne pourront jamais rembourser. De tous les mauvais tours joués aux citoyens américains, le plus perfide est sans conteste cette folie d'avoir grevé le pays de dettes pour tenter de le sortir de la pire crise économique qu'il ait connue depuis 1930. Pourtant, nous gardons confiance en cette économie virtuelle entachée de fraudes et de mensonges et qui ne profite qu'aux 10 % les plus riches de la population, à Wall Street et à des banques insolvables. Ce n'est pourtant pas en s'endettant davantage qu'on parviendra à créer de la richesse. Plutôt que d'affronter les énormes défis du moment, on cherche à revenir à cette économie spéculative qui nous a donné l'illusion d'être riches. On tente de nous faire croire qu'un recours massif à l'endettement permettra de créer des emplois, de relancer le marché immobilier et de stimuler le marché des valeurs mobilières. Nous restons séduits par l'illusion selon laquelle il nous serait encore possible de tous devenir riches.

Les pouvoirs économiques qui gardent l'État en otage se sont approprié les symboles de sa puissance, son langage et ses traditions patriotiques. Ils prétendent défendre la liberté, qu'ils associent au libre marché et au droit d'exploiter autrui. Ils ont d'ailleurs réussi à nous faire avaler le mythe voulant que le libre marché soit une excroissance de la démocratie et un phénomène naturel, du moins jusqu'à ce que leur château de cartes s'écroule et qu'ils jugent nécessaire de détrousser les contribuables pour assurer leur survie. Ce qui rend le processus encore plus insidieux, c'est que les vrais centres du pouvoir sont invisibles. Les dirigeants des plus grandes entreprises sont inconnus du public. Grâce à cet anonymat, qui fait d'elles un *Deus absconditus* terrestre, ces forces ne sont pas tenues de rendre des comptes. Elles ont la possibilité de rester dans l'ombre en détournant notre attention de la structure chancelante qu'elles ont créée. Karl Marx l'avait bien compris: libéré de tout contrôle réglementaire, le capitalisme est une force révolutionnaire.

Les cultures qui ne savent plus distinguer l'illusion de la réalité meurent. De l'Empire romain d'Occident à l'Empire austro-hongrois, en passant par l'Empire aztèque et la monarchie française, les empires, au moment de rendre leur dernier souffle, sont invariablement gouvernés par des élites ayant perdu le contact avec la réalité. Aveuglées par leurs fantasmes d'omnipotence, celles-ci provoquent la ruine de leurs civilisations. L'élite du pouvoir a progressivement appauvri la population américaine, et ce, sur les plans juridique, économique, spirituel et politique. Si nous ne renversons pas ce courant de manière radicale en arrachant l'État des mains des puissances économiques, nous serons emportés par les sombres et turbulents remous de la mondialisation, dont l'aboutissement logique est une société de maîtres et de serfs. Nous entrons dans une époque où les travailleurs, tant ceux des ateliers de misère en Chine que ceux des friches industrielles d'Ohio, pourraient devenir des serfs privés du minimum nécessaire à leur subsistance et à celle de leurs proches.

Le délabrement moral des États-Unis se manifeste aussi par celui de leurs infrastructures. Routes, ponts, égouts, aéroports, chemins de fer et réseaux de transports en commun sont surchargés et vétustes. Ce n'est pas le cas ailleurs dans le monde : la Chine inaugure de nouvelles lignes de métro chaque année et les Européens peuvent se déplacer d'une ville à l'autre en TGV. Pendant ce temps, l'administration du réseau ferroviaire américain, obsolète et inefficace, est incapable d'assurer l'entretien d'un matériel roulant détérioré et de voies ferrées vieillissantes. Les villes sont affligées de bris d'aqueducs et d'égouts : selon l'Agence de protection de l'environnement (EPA), l'état lamentable des systèmes de traitement des eaux usées se traduit chaque année par près de 40 000 refoulements d'égout ayant pour effet de contaminer l'eau potable et les cours d'eau. Le ministère de l'Éducation a constaté que le tiers des écoles du pays sont dans un état de délabrement qui « nuit à la qualité de l'instruction ». Si le système de santé à but lucratif demeure tel qu'il est, les Américains affecteront en moyenne 20 % de leurs dépenses aux soins médicaux en 2017, estime la revue *Health Affairs*. Aux États-Unis, la moitié des faillites sont dues à l'incapacité des familles à acquitter leurs frais médicaux. Pendant ce temps, partout au pays, le chômage explose, les faillites se multiplient, le prix des maisons continue de chuter, et nombre de commerces et d'usines ferment leurs portes.

La guerre et le militarisme débridé (les États-Unis possèdent 761 bases militaires réparties sur toute la planète) réduisent le corps politique à l'impuissance. Les dépenses militaires des États-Unis dépassent celles de tous les autres pays du monde réunis. De 2008 à 2011, le budget alloué à la défense est passé de 623 milliards de dollars à 800 milliards, si l'on inclut le financement d'équipements comme les armes nucléaires. Selon la CIA, c'est la Chine qui occuperait le deuxième rang mondial en matière de budgets militaires, avec des dépenses de 65 milliards. Les États-Unis se croient investis, illusion ô combien dangereuse, d'une mission providentielle qui consiste à sauver le monde de lui-même en lui imposant leurs vertus (qu'ils considèrent comme supérieures à toutes les autres), mission qu'ils jugent avoir le droit d'accomplir par la force. Cette croyance a contaminé tant les républicains que les démocrates.

Les guerres d'occupation d'Irak et d'Afghanistan sont vaines et nous n'avons pas les moyens de les mener. Vague de saisies immobilières, montée du chômage, effondrement des banques et du système financier, pauvreté, délabrement des infrastructures, milliers de civils afghans et irakiens tués par nos bombes à fragmentation... Tous ces phénomènes convergent : en dépensant des fortunes pour semer la mort ailleurs dans le monde, nous saignons notre pays à blanc.

*

* *

Le chômage, qui chaque jour prend de l'ampleur, aura tôt fait de transformer l'actuelle crise économique en crise politique. Des manifestations, grèves et émeutes comme celles qui ont secoué la France, la Turquie, l'Ukraine, la Russie, la Lettonie, la Lituanie, la Bulgarie et l'Islande seront bientôt notre lot. Ce n'est qu'une question de temps. De peu de temps. Quand la situation aura tourné au vinaigre et que l'administration Obama se montrera sous son vrai jour, comme une bande de singes nus brandissant une épée face à un raz de marée avec une épée, les États-Unis risquent de s'enfoncer dans une longue période d'instabilité sociale et politique.

Jamais dans l'histoire la démocratie américaine n'a été à ce point en péril ; jamais nous n'avons autant risqué de sombrer dans le totalitarisme. Notre mode de vie est dépassé. Nous ne pourrons plus jamais nous vautrer dans la consommation à outrance et nos enfants n'atteindront pas notre niveau de vie. Notre avenir est sombre, c'est une réalité. Le président Obama ne peut pas faire grand-chose pour y remédier, car il s'agit d'une tendance lourde que nul prêt d'urgence d'un ou deux milliards ne pourrait renverser. Ce n'est pas non plus en s'accrochant aux illusions du passé qu'on y parviendra.

Comment allons-nous composer avec le déclin de notre pays ? Allons-nous nous accrocher aux rêves absurdes d'une superpuissance qui nourrit des fantasmes de lendemains qui chantent, ou plutôt nous adapter de manière responsable à l'austérité et aux nouvelles limites qu'elle impose ? Allons-nous écouter ceux qui, lucides et rationnels, nous enjoignent d'adopter un mode de vie simple et humble, ou suivre les démagogues et autres charlatans qui, en temps de crise, vocifèrent des solutions tout aussi simplistes qu'illusoires? Allons-nous réformer radicalement notre système pour faire en sorte qu'il protège le citoyen ordinaire, agisse pour le bien commun et fasse échec à l'État-entreprise, ou plutôt faire recourir à la violence et aux technologies de surveillance et de maintien de l'ordre afin d'écraser toute résistance?

Certains observateurs avaient prédit que nous en arriverions là. Tant les philosophes Sheldon S. Wolin, John Ralston Saul et Andrew Bacevich que les essayistes Noam Chomsky, Chalmers Johnson, David Korten et Naomi Klein ou les militants Bill McKibben, Wendell Berry et Ralph Nader ont maintes fois averti leurs concitoyens des dangers de cette course folle. Dans l'immédiat après-guerre, toute une génération de penseurs critiques entrevoyait déjà le potentiel destructeur de l'État-entreprise alors naissant. Des ouvrages comme *La foule solitaire,* de David Riesman, *L'élite du pouvoir,* de C. Wright Mills, *The Organization Man,* de William H. White, *The Permanent War Economy: American Capitalism in Decline,* de Seymour Melman, *Le triomphe de l'image,* de Daniel Boorstin et *The Irony of American History,* de Reinhold Niebuhr se sont révélés prophétiques. Les écrivains de cette génération étaient conscients de ce qui était en train de disparaître. Ils savaient quelles valeurs l'Amérique s'affairait à rejeter. De nos jours, il ne reste plus grand-chose de la culture qu'ils tentaient de protéger. Tout au long du processus de régression, les médias et les universités, vecteurs de la culture de masse et de la culture d'entreprise, se sont complu dans la médiocrité intellectuelle et morale et n'ont rien fait pour l'enrayer. N'ayant pas su prêter attention aux sages paroles des intellectuels nommés ci-dessus, nous avons préféré nous en tenir à l'idée voulant que tout changement constitue un progrès.

Dans *Democracy Incorporated,* Wolin, ancien professeur de philosophie politique à Berkeley et à Princeton, qualifie notre système politique de «totalitarisme inversé». Au contraire du totalitarisme classique, un régime totalitaire inversé est dépourvu de chef charismatique ou démagogue. Il fonctionne dans l'anonymat de l'État-entreprise. Derrière des discours qui célèbrent la démocratie, la patrie et la Constitution, c'est un système qui manœuvre pour miner les institutions démocratiques. Des candidats y sont élus au suffrage universel, mais, pour être dans la course, ils doivent avoir recueilli des fonds considérables auprès de grandes entreprises. Qu'ils siègent à Washington ou dans les capitales des États, ces politiciens sont redevables aux légions de lobbyistes qui élaborent les lois avant de les faire adopter par le législateur. Les grands conglomérats des médias ont la haute main sur presque tout ce qu'on lit, regarde ou écoute. Ils imposent des opinions d'une insipide uniformité et divertissent leur public avec des anecdotes futiles et des potins mondains. Dans les régimes totalitaires du XXᵉ siècle, tels ceux de l'Allemagne nazie ou de l'Union soviétique, l'économie était entièrement subordonnée au politique. « Dans un régime totalitaire inversé, c'est au contraire l'économie qui domine le politique, avec une rigidité qui prend diverses formes », écrit Wolin :

> Pour être en mesure de composer avec les contingences propres aux guerres impérialistes et à l'occupation, la démocratie doit modifier sa nature, et ce, non seulement en adoptant de nouveaux comportements en terre occupée (intransigeance, indifférence à la souffrance, mépris des coutumes locales, traitement inéquitable de la population, etc.), mais aussi en appliquant des principes venant renforcer le pouvoir du régime au sein même du pays. Ainsi, le régime sera plus porté à manipuler le public qu'à l'inviter à prendre part à un débat. Il cherchera à consolider son pouvoir, à l'exercer de manière plus discrète (les fameux « secrets d'État »), à accroître son emprise sur les ressources de la société et à rendre la justice plus expéditive ; il aura aussi tendance à faire fi des considérations juridiques, de l'opposition et des revendications socioéconomiques[3].

Impérialisme et démocratie sont incompatibles. L'impérialisme exige des ressources et des fonds d'une telle ampleur que la démocratie finit nécessairement par s'atrophier et mourir.

Les États et républiques démocratiques (y compris Athènes et Rome dans l'Antiquité) qui refusent de réfréner leurs ardeurs impériales finissent par éviscérer leurs propres systèmes politiques. Wolin poursuit :

> Les politiques impériales prennent le dessus sur les politiques nationales, devenant ainsi une composante essentielle du totalitarisme inversé. Il serait absurde de se demander comment le citoyen d'une démocratie pourrait « participer » activement à l'impérialisme ; il n'est donc pas surprenant que l'empire soit un sujet tabou lors des débats électoraux. Aucun politicien ni parti politique d'envergure n'a jamais osé mentionner publiquement l'existence d'un empire américain[4].

J'ai contacté Wolin par téléphone à son domicile, situé à une quarantaine de kilomètres au nord de San Francisco. Après avoir servi comme bombardier dans le Pacifique Sud pendant la Seconde Guerre mondiale, il a étudié à Harvard, où il a fait son doctorat. Il est l'auteur de classiques des sciences politiques, comme *Politics and Vision* et *Tocqueville Between Two Worlds,* ainsi que d'une série d'essais sur saint Augustin, Richard Hooker, David Hume, Martin Luther, John Calvin, Max Weber, Friedrich Nietzsche, Karl Marx et John Dewey. Il est cependant très peu connu du public d'aujourd'hui, car, m'a-t-il expliqué, « il est de plus en plus difficile pour des gens comme moi de se faire entendre ». Des périodiques comme la *New York Review of Books,* qui, il y a une vingtaine d'années, publiaient régulièrement ses articles, ont aujourd'hui pris leurs distances avec ses virulentes critiques de l'impérialisme et du capitalisme américains, et avec ses mises en garde contre la dégradation des institutions démocratiques et l'émergence de l'État-entreprise. Même au sein de l'élite progressiste, la mise en cause de l'idéologie du libre marché est devenue une forme d'hérésie.

« Pour l'essentiel, le système va rester en place : sa puissance est trop grande pour qu'on puisse l'ébranler », lance Wolin lorsque je lui demande ce qu'il pense de l'administration Obama. « Son sauvetage des institutions financières illustre bien la situation : elle n'a pas touché à la structure. Je ne pense pas qu'Obama

190 – L'EMPIRE DE L'ILLUSION

puisse s'en prendre au genre d'establishment militaire qui s'est développé chez nous. Je ne dis pas que je ne l'admire pas : il est sans doute le président le plus intelligent que nous ayons eu depuis des décennies. Je crois qu'il a de bonnes intentions, mais il a hérité d'un ensemble de contraintes qui limitent sa capacité de lutter contre ces grandes structures de pouvoir. De toute manière, quelle que soit son idéologie, je ne crois pas qu'il souhaite contester l'hégémonie de l'État-entreprise. Il n'a fait aucune déclaration laissant entrevoir la moindre volonté de redéfinir l'empire américain. »

Conjugué à l'effondrement de l'économie, le maintien des ambitions impérialistes des États-Unis aura probablement pour effet de renforcer et de généraliser le totalitarisme inversé, soutient Wolin. Selon lui, si des « mesures énergiques et radicales » ne sont pas mises en œuvre, l'État va réagir à la montée du mécontentement et de l'agitation sociale en intensifiant le contrôle et la répression. Nous assisterons à une forte « expansion des pouvoirs de l'État », craint-il.

« Notre culture politique s'est toujours montrée incapable de nourrir la conscience démocratique, affirme-t-il. Le système politique et ses acteurs ne se laisseront pas barrer la route par la contestation ou les soulèvements populaires. »

Sous un régime totalitaire inversé, observe Wolin, la passivité politique des citoyens est entretenue par la consommation, un niveau de vie confortable et une industrie du divertissement bien développée. Je lui demande s'il croit possible que la crise économique et la baisse du niveau de vie nous mènent au totalitarisme classique et que la généralisation de l'insatisfaction et de la pauvreté pousse la classe ouvrière et la classe moyenne à faire confiance à des démagogues, en particulier à ceux de la droite chrétienne.

« C'est tout à fait possible, répond-il. On l'a d'ailleurs vu dans les années 1930. Bien qu'on l'associe à Franklin D. Roosevelt, cette époque a aussi été marquée par Huey Long et le père Coughlin, sans parler des mouvements encore plus extrémistes comme le Ku Klux Klan. Le danger que de telles forces soient alimentées par la récession et la morosité est bien réel. Cela pourrait ouvrir la porte au totalitarisme classique. »

Selon Wolin, la passivité politique nourrie par la culture de l'illusion est exploitée par des démagogues qui se présentent en sauveurs à une population soumise en lui faisant miroiter des rêves de gloire. « L'apolitisme, voire le mépris de la politique, est le puissant ferment d'une éventuelle dérive vers la dictature, prévient-il. Il témoigne du peu d'intérêt suscité par la démocratie à l'époque actuelle. Loin d'être en progression, celle-ci est en proie à de grandes difficultés. Les jeunes d'aujourd'hui s'intéressent si peu aux questions d'intérêt public et se voient offrir un tel éventail de distractions qu'ils finiront très probablement par se rallier à un démagogue. »

L'État-entreprise est parvenu à exclure du débat public les conceptions du pouvoir qui ne sont pas les siennes, déplore Wolin. Les grands conglomérats déterminent quelles sont les voix qui méritent d'être entendues. Quiconque ose, comme lui, contester leur pouvoir se voit bloquer l'accès aux tribunes. Dans les journaux télévisés, les experts abordent la politique comme on traite des courses de chevaux ou comparent l'efficacité des pseudo-événements mis en scène par les candidats. Jamais il n'est question d'idées, d'enjeux ou de réformes dignes de ce nom.

« Dans les années 1930, poursuit-il, le débat public était alimenté par toutes sortes d'idées, comme le socialisme ou le renforcement du rôle de l'État, issues d'une grande diversité de points de vue. Je suis frappé par l'étroitesse des pistes de solution proposées aujourd'hui. On doit agir sur le système financier, mais on confie ce travail à ceux-là mêmes qui sont à l'origine de la crise. Il est impératif de commencer à penser autrement. »

« La relative absence d'agitation sociale me laisse perplexe », répond Wolin quand je lui demande pourquoi on voit si peu d'émeutes et de manifestations. La contestation populaire, regrette-t-il, est méprisée ou ignorée par les grands médias, comme on a pu le constater lorsque des dizaines de milliers de personnes ont manifesté contre la guerre d'Irak. Quand les contestataires sont systématiquement qualifiés d'extrémistes ou de marginaux et qu'on n'entend jamais leurs voix, l'État ne se gêne pas pour écraser les manifestations locales, comme on l'a vu lors des conventions démocrate et républicaine. Dans les années 1960, explique-t-il, le mouvement anti-guerre a pris de l'ampleur grâce à sa capacité à diffuser son message à l'échelle du pays. On voit mal comment de telles circonstances pourraient se reproduire aujourd'hui. L'État-entreprise dispose de « moyens redoutables pour isoler la contestation et l'empêcher de se répandre », affirme-t-il. « Ce que je crains par-dessus tout, c'est de voir l'administration Obama s'abstenir d'effectuer de véritables changements structurels, ajoute-t-il. Au mieux, elle va laisser les choses aller. Il y a cependant lieu d'être pessimiste. On entend chaque jour que la récession risque de se prolonger au-delà de l'année qui vient [2011]. Les problèmes économiques sont plus graves que ce qu'on pensait et, mondialisation oblige, plus difficiles à surmonter. J'espère que la classe politique va se rendre compte de la gravité de la situation. Il faudrait qu'elle cesse de jeter l'argent par les fenêtres et qu'elle s'attelle à la mise en œuvre de changements structurels fondés sur une vision tout autre que celle de l'économie de marché. Mais je sais que je rêve en couleurs. »

« Je n'arrête pas de me demander pourquoi, comment et à quel moment ce pays, jadis si fier de son inventivité et de son ouverture, est devenu à ce point conservateur et rigide, poursuit Wolin. Il s'agit sans doute du plus conservateur parmi les pays riches. »

La gauche américaine s'est écroulée ou s'est sacrifiée en grossissant les rangs d'un Parti démocrate en pleine faillite morale, abandonnant au passage une classe ouvrière incapable de s'organiser et dépourvue d'influence politique, et ce, dans un contexte où les syndicats sont en position de faiblesse. Les universités fabriquent des salariés pour la grande entreprise tandis que les médias polluent les ondes avec leur information-spectacle et leurs « experts » à l'esprit obtus. La gauche, juge Wolin, n'a plus la force nécessaire pour faire contrepoids à l'État-entreprise ; si l'extrême droite finit par gagner du terrain, elle rencontrera sans doute peu de résistance.

« La gauche est amorphe, elle me désespère. En Europe, même minoritaires, les partis de gauche sont encore structurés de manière cohérente. Chez nous, si l'on fait exception des tentatives de Nader, on ne constate rien de tel. Il y a bien quelques revues, quelques voix qui se font entendre ici et là, mais c'est à peu près tout. La gauche ne va nulle part», conclut-il.

*

* *

Le déclin de l'empire américain a commencé bien avant l'actuelle récession économique, bien avant les guerres d'Afghanistan et d'Irak, et même avant la première guerre du Golfe et la présidence de Ronald Reagan. Il s'est amorcé quand les États-Unis ont cessé d'être un «empire de production» pour devenir un «empire de consommation», pour employer les mots de l'historien Charles Maier. Vers la fin de la guerre du Vietnam, alors que les dépenses militaires minaient les acquis de la «Grande Société» de Lyndon Johnson et que la production pétrolière nationale entamait son inexorable déclin, on a vu le pays essentiellement producteur qu'étaient les États-Unis se muer en un pays essentiellement consommateur. Ils se sont mis à emprunter pour maintenir un mode de vie qu'ils n'avaient plus les moyens de se permettre et à employer la force, en particulier au Moyen-Orient, pour étancher leur insatiable soif de pétrole bon marché. En fait, leur déclin était déjà constant depuis la fin de la Seconde Guerre mondiale : à cette époque, ils possédaient près des deux tiers des réserves d'or de la planète et plus de la moitié de la capacité de production mondiale. Ils étaient à l'origine du tiers des exportations mondiales et leur balance commerciale était largement excédentaire, leurs exportations représentant plus du double de leurs importations. Trente ans plus tard, leurs importations ont commencé à dépasser leurs exportations, faisant plonger le solde de leur balance commerciale dans le rouge. L'emploi industriel s'est mis à régresser et la population s'est mise à dépenser plus qu'elle ne gagnait. De nos jours, la dette publique des États-Unis dépasse les 11 000 milliards de dollars, ce qui représente environ 36 676 dollars par habitant.

Le temps est venu de passer à la caisse. Les pires ennemis des États-Unis ne sont pas les islamistes radicaux, mais plutôt les forces qui ont colporté la pernicieuse idéologie du libre marché et de la mondialisation en dynamitant les bases mêmes de la société.

« Les grands mensonges, ce ne sont pas ces promesses de baisses d'impôt, de couverture universelle des soins de santé, de rétablissement des valeurs familiales ou de pacification du monde grâce à la puissance militaire américaine », écrit Andrew Bacevich dans *The Limits of Power*. « Non, la vraie propagande réside dans les vérités qu'on tait : que la liberté a son revers, que les nations, comme les ménages, devront finir par vivre selon leurs moyens, que le sens de l'histoire, sujet de tant de déclarations péremptoires, demeure insondable et, par-dessus tout, que le pouvoir n'est pas illimité. Les politiciens sont muets sur ces questions. Par conséquent, l'inconscience caractéristique de la mentalité américaine persiste[5]. »

Les problèmes qui affligent les États-Unis sont structurels. La vieille Amérique ne renaîtra jamais de ses cendres. Le système financier a été pris en otage et pillé par les banquiers, les courtiers et les spéculateurs, qui ont prétendu que la bonne vieille production était un moyen archaïque de s'enrichir, que les transactions financières suffisaient à créer de la richesse et que les marchés financiers pouvaient s'autoréguler. À l'instar de tous les systèmes financiers qui, à d'autres époques, se sont libérés de la surveillance et de la réglementation, celui des États-Unis s'est effondré. Au XVIIe siècle, les spéculateurs étaient condamnés à la pendaison. De nos jours, ils reçoivent des primes calculées en milliards de dollars et puisées à même les poches des contribuables.

Les puissances privées qui ont la haute main sur l'État n'autoriseront jamais la mise en œuvre de réformes, car celles-ci entraîneraient leur perte. Les grandes entreprises, en particulier celles de l'industrie pétrolière et gazière, ne laisseront jamais le pays atteindre l'autosuffisance énergétique. Un tel virage aurait un effet dévastateur sur leurs bénéfices et provoquerait l'annulation de contrats d'armement se chiffrant à des dizaines de milliards de dollars. Une série de sous-traitants, tels Halliburton et Xe (ex-Blackwater), verraient leur santé financière menacée, et le Commandement central de l'armée des États-Unis au Moyen-Orient (CENTCOM) perdrait sa raison d'être. Voilà la dure réalité qui se cache sous la puissance de toutes ces grandes firmes. En 2007, soit la dernière année pour laquelle on a accès aux données relatives aux contrats d'armement, les trois plus importantes sociétés de ce secteur que sont Lockheed Martin, Boeing et Northrup Grumman se sont discrètement partagé des contrats du Pentagone totalisant 69 milliards de dollars. Cette industrie, qui a judicieusement réparti ses installations dans tout le pays, défend sa production en clamant qu'elle est vitale pour l'emploi. Néanmoins, ses dirigeants sont manifestement nerveux. L'Association des industries aérospatiales (AIA), qui représente plus de 100 entreprises œuvrant dans les secteurs de l'armement et de l'aérospatiale, a mené une campagne de publicité dont le slogan était «L'aérospatiale et la défense: une force pour faire décoller l'Amérique». Ce lobby affirme que ses membres exportent chaque année des équipements d'une valeur totale de 97 milliards de dollars et emploient deux millions de personnes, un chiffre contesté par le Bureau américain des statistiques du travail, qui évalue plutôt cette main-d'œuvre à 472 000 salariés. Les cadres de ces firmes se sont tout de même engagés à aider le pays à sortir du marasme économique. «Notre industrie est prête à ouvrir la marche vers une sortie de crise économique», a déclaré à l'Associated Press le vice-président de l'une d'elles, Fred Downey. Ces publicités ont sans doute leur utilité, mais que dire des quelque 149 millions de dollars versés chaque année par le secteur à des firmes de lobbying? demande le Center for Responsive Politics.

Seymour Melman a consacré sa carrière universitaire, qui s'est étendue sur toute la durée de la guerre froide, à l'étude des dépenses militaires des États-Unis. Dans *Pentagon Capitalism*[6], il constate le caractère superflu et le coût prohibitif des systèmes d'armement modernes. Chaque nouvelle génération d'avions de chasse, de missiles, de sous-marins et de porte-avions entraîne une escalade des coûts. Plus sophistiqués, ces systèmes d'armement viennent remplacer des équipements désuets qu'on finit souvent par mettre au rebut.

Les États-Unis sont devenus au fil des années le premier vendeur d'armes et de munitions de la planète. En 2008, leur budget militaire a atteint son niveau le plus élevé depuis la Seconde Guerre mondiale. Plus de la moitié des dépenses discrétionnaires du gouvernement fédéral sont allouées à la défense. Tout cela permet la construction de reliques de la guerre froide, comme ces huit sous-marins de classe Virginia d'une valeur totale de 14 milliards ou ces chasseurs furtifs conçus pour ne pas être repérés par des radars que les Soviétiques n'ont jamais fabriqués. Une somme de 8,9 milliards de dollars a été consacrée à l'achat de missiles balistiques intercontinentaux qui seraient sans effet contre un convoi recelant une bombe radiologique. L'industrie de la défense accapare les meilleurs savants et chercheurs du pays, tout en gaspillant ressources et capitaux d'investissement. Elle ne produit rien d'utile à la société ou à l'économie, et n'offre guère plus qu'un bouclier imaginaire à des Américains craintifs en quête de sécurité.

Tel un virus, l'industrie de l'armement détruit les économies saines. On construit des chasseurs à réaction sophistiqués alors même que Boeing n'arrive pas à respecter l'échéancier de production de son nouveau modèle d'avion de ligne et que l'industrie automobile sombre dans la faillite. On engouffre des sommes astronomiques dans la recherche et le développement de systèmes d'armement tandis qu'on affame le secteur des énergies renouvelables, clé de voûte de la lutte contre le réchauffement climatique. On inonde les universités de subventions liées à la défense tandis qu'elles peinent à financer la recherche en environnement. Ces dépenses militaires massives, gonflées par une guerre à 3 000 milliards de dollars, ne vont pas sans coûts sociaux : ponts et barrages en ruine, écoles délabrées, production de biens confiée à l'étranger... De plus, on nous bombarde de propos militaristes qui, tout en exaltant la puissance et la force, masquent la fragilité de notre situation.

Melman qualifie l'économie américaine d'*économie de guerre permanente*. Depuis la fin de la Seconde Guerre mondiale, l'État fédéral a affecté plus de la moitié de ses recettes fiscales à des opérations militaires passées, présentes ou à venir, ce qui fait de la défense une de ses plus importantes activités. Les dépenses militaires constituent un véritable programme d'aide sociale pour grandes entreprises. Les équipements sont généralement vendus avant d'avoir été fabriqués, et le gouvernement autorise l'industrie à facturer d'importants dépassements de coûts, lui garantissant ainsi des profits colossaux. Les États-Unis ont fourni de l'aide à des pays étrangers, dont l'Égypte de Moubarak, qui, sur 3 milliards de dollars d'aide, était tenue d'en affecter 1,3 à l'achat d'armes américaines. Les contribuables financent donc la recherche, le développement et la production de systèmes d'armement qu'ils achètent ensuite par l'entremise de gouvernements étrangers. Voilà un système circulaire qui n'a plus grand-chose à voir avec le libre marché !

L'industrie est rarement tenue de rendre des comptes au client (c'est-à-dire au gouvernement et au peuple des États-Unis) pour du travail mal fait ou des systèmes d'armement défectueux. La garde côtière américaine, pour prendre un exemple parmi tant d'autres, a mis en œuvre un programme de 24 milliards de dollars, baptisé Deepwater, en vue de moderniser sa flotte. Elle a ainsi investi 100 millions pour faire allonger de quatre mètres ses bateaux patrouilleurs Island de 34 mètres. Quand les huit navires sont revenus du chantier naval Bollinger, situé près de La Nouvelle-Orléans, ils présentaient des défauts structurels si importants qu'il a fallu les retirer du service.

Le Pentagone, observe Melman, n'est pas soumis aux règles de l'économie capitaliste, c'est-à-dire qu'il n'est pas tenu de produire et de vendre des biens en touchant un profit qu'il réinvestirait dans la production et la vente d'autres biens. Étranger aux marchés concurrentiels, il ignore la frontière entre l'État et l'entreprise privée. En drainant la capacité du pays à produire des biens utiles et à créer des emplois durables, il mine l'économie réelle. Melman donne l'exemple de la New York City Transit Authority, qui, en 2003, lançait un appel d'offres de 3 à 4 milliards de dollars pour de nouvelles voitures de métro. Aucune entreprise américaine n'y a répondu. Selon le chercheur, la base industrielle des États-Unis s'est éloignée des domaines de l'entretien, de l'amélioration et de la construction d'infrastructures. New York a finalement eu recours aux services de Kawasaki (Japon), de Bombardier (Canada) et d'Alstom (France). Melman estime qu'un tel contrat aurait pu générer 32 000 emplois directs et indirects s'il avait été conclu avec une entreprise américaine. Pour appuyer sa thèse, il donne aussi l'exemple du catalogue 2003 de la société L.L. Bean : sur 100 produits, 92 étaient importés et seulement huit étaient fabriqués aux États-Unis.

Comme toutes les grandes entreprises, les vendeurs d'armes diffusent de la publicité trompeuse et embauchent des lobbyistes pour conserver leur mainmise sur l'argent des contribuables. Dans son livre intitulé *The Pentagon Propaganda Machine,* paru en 1970, feu le sénateur J. William Fulbright se penche sur l'influence du complexe militaro-industriel. Il y décrit la manière dont le Pentagone agit sur l'opinion publique par des contacts directs avec la population, des films produits par le département de la Défense, des liens étroits avec des producteurs de Hollywood et le recours aux grands médias, en vue de lui faire cautionner sa politique d'armement. À la télévision, la majorité des experts en questions militaires sont d'anciens officiers et, fait rarement divulgué au public, nombre d'entre eux offrent aussi leurs services de consultants à des entreprises de l'industrie de l'armement. Selon le *New York Times,* Barry R. McCaffrey, général quatre étoiles à la retraite et analyste militaire à NBC *News,* travaille aussi pour le cabinet de consultants Defense Solutions Inc. Il a personnellement profité de la vente de systèmes d'armement et des guerres d'Irak et d'Afghanistan, qu'il défendait avec ferveur en ondes[7].

*
* *

L'industrie de l'armement n'est pas le seul secteur de l'économie à exercer une emprise sur l'État : c'est le cas de pratiquement tous les autres. À cet égard, la tentative de mettre sur pied un régime public d'assurance maladie acceptable pour les entreprises qui profitent des problèmes de santé de dizaines de millions d'Américains est au mieux naïve, et sans doute sournoise. Ses défenseurs soutiennent qu'il est possible de persuader ces compagnies cotées en Bourse, dont le but premier est de maximiser leurs bénéfices, de se transformer en centres de services sociaux et d'offrir des soins de santé adéquats à l'ensemble de la population.

« Obama donne de faux espoirs à la population », affirme le Dr John Geyman, ex-titulaire de la chaire de médecine familiale de l'université de l'État de Washington et auteur de *Do Not Resuscitate: Why the Health Insurance Industry Is Dying, and How We Must Replace It*.

> Le système actuel est impossible à améliorer et ne peut servir de base à un autre. D'autres pays en ont fait l'essai. L'origine du problème est l'industrie privée de l'assurance, qui n'est pas aussi efficace qu'un régime financé par le public. Celle-ci fragmente la mutualisation des risques en se réservant les segments de la population en meilleure santé et en refusant d'assurer les autres, ou à tout le moins en les assurant mal. Les frais d'administration et généraux qu'elle prélève sont de cinq à huit fois plus élevés que ceux du programme public Medicare[8]. Elle se soucie bien plus de ses actionnaires que de ses assurés. Un ménage de quatre personnes paye aujourd'hui des primes d'environ 12 000 dollars par année. Celles-ci ont augmenté de 87 % de 2000 à 2006, si bien que l'assurance maladie devient inabordable pour une part croissante de la population. Cette industrie résiste à toute réglementation et, étant donné la tendance actuelle, n'est pas viable[9].

Le système de santé américain ne fonctionne plus. Environ 46 millions d'individus ne bénéficient d'aucune couverture et des dizaines de millions d'autres souscrivent des polices inadéquates qui limitent considérablement les types de soins auxquels ils ont accès. Selon l'Institut de médecine, 18 000 Américains meurent chaque année faute d'avoir eu les moyens de se payer les soins dont ils avaient besoin.

« Au moins 25 millions d'Américains sont sous-assurés, soutient Geyman. Quels que soient les risques pris en charge par leur police d'assurance, celle-ci est très loin de couvrir le coût réel des soins que requièrent une maladie grave ou un gros accident. »

Si tous les Américains avaient accès à un régime d'assurance maladie à payeur unique et à but non lucratif, l'industrie des soins à but lucratif ferait faillite. À l'instar de l'industrie de l'armement, celle-ci défend ses intérêts avec acharnement par l'entremise des contributions politiques et du lobbying. Ses profits ont priorité sur le bien commun. Selon une étude de la Harvard Medical School, un régime public d'assurance maladie permettrait au pays d'économiser 350 milliards de dollars par an. Cependant, à la différence des entreprises privées du secteur de la santé, Medicare n'a jamais contribué à la moindre campagne électorale.

« Les compagnies privées d'assurance maladie et l'industrie pharmaceutique s'opposent fermement à l'instauration d'un régime public », déclare Stephanie Woolhandler, cofondatrice de l'association Physicians for a National Health Program et professeure à la Harvard Medical School. « Les premières seraient contraintes de fermer leurs portes, tandis que la seconde craint qu'un tel programme permette à l'État de négocier à la baisse les prix des médicaments, comme c'est le cas au Canada, où l'on paye 40 % de moins pour les médicaments qu'aux États-Unis. Une situation similaire prévaut d'ailleurs à plus petite échelle au pays même, où le département de la Défense a négocié et obtenu une remise de 40 % sur la valeur marchande des médicaments. »

Ni le renforcement de la surveillance exercée par l'État ni le contrôle de la qualité des services offerts par le personnel médical ne pourront améliorer le système de soins à but lucratif. Il est illusoire d'exiger des compagnies d'assurance qu'elles affectent aux soins une part plus importante de leurs revenus ou qu'elles rendent leur couverture conditionnelle à la qualité des soins prodigués. Abandonner le papier au profit de dossiers informatisés ne freinerait pas non plus la hausse des coûts.

« Il n'existe aucun mécanisme de mise en application, déplore Geyman. La plupart des États s'avèrent incapables de contrôler les taux ou de les plafonner. »

« Seul un régime public d'assurance maladie permettrait d'assurer tout le monde, affirme Woolhandler. Ceux qui tombent gravement malades perdent généralement leur emploi et leur assurance. Comme ils ne peuvent plus travailler, ils n'ont souvent plus les moyens de payer leurs primes, trop élevées. La plupart de ceux qui ont fait faillite à cause de leurs frais médicaux détenaient une assurance privée avant de tomber malades, mais certains ont cessé d'être assurés en perdant leur emploi, et d'autres ont dû débourser des sommes astronomiques que leur contrat ne couvrait pas. »

Le système de santé des États-Unis coûte presque le double de celui d'un pays comme la Suisse. Les frais généraux du programme Medicare atteignent d'ordinaire 3 %, tandis que ceux des sociétés de capitaux s'élèvent à 26,5 %. À l'échelle nationale, les coûts administratifs représentent la part ahurissante de 31 % des dépenses relatives aux soins de santé, et voyez ce qu'on obtient en retour! Malgré tout cela, l'état du système de santé ne fait jamais l'objet de débats publics : les entreprises qui financent les principaux partis politiques ne le souhaitent pas.

*
* *

Le Parti démocrate est tout aussi responsable que les républicains de l'abdication de l'État en faveur de l'État-entreprise. C'est Bill Clinton qui a amené le parti à manger dans la main des grandes sociétés. Il soutenait que les démocrates devaient rompre leur alliance politique avec les syndicats, puisque ceux-ci ne représentaient plus une source de votes ou de pouvoir. De toute façon, insistait-il, les travailleurs allaient continuer de voter démocrate, faute d'autre choix. Il valait mieux, selon lui, chercher à obtenir des fonds de la grande entreprise. Dès 1990, sous sa gouverne, le Parti démocrate atteignait à cet égard la parité avec son rival républicain. Depuis ce temps, l'élève a dépassé le maître.

En légiférant dans l'intérêt des grandes entreprises, le gouvernement a trompé les travailleurs américains. Cette trahison a été masquée par une habile campagne publicitaire présentant comme la planche de salut des travailleurs un ensemble de lois destinées à détruire la classe ouvrière. On a ainsi vendu l'Accord de libre-échange nord-américain (ALENA) en affirmant qu'il permettrait d'accroître les revenus, et donc d'assurer la prospérité, des citoyens des États-Unis, du Canada et du Mexique. On a aussi prétendu qu'il endiguerait l'immigration de citoyens mexicains aux États-Unis.

« L'afflux d'immigrants illégaux va diminuer, car un plus grand nombre de Mexicains pourront subvenir aux besoins de leur famille sans avoir à quitter leur pays », affirmait le président Clinton lors de sa campagne pour le projet, au printemps 1993.

L'entrée en vigueur de l'ALENA, en 1994, a infirmé chacune des projections optimistes de Clinton. Dès que le gouvernement mexicain a aboli le programme de soutien des prix du maïs et du haricot, les agriculteurs du pays ont été contraints d'affronter la concurrence des grands agriculteurs industriels américains. En un rien de temps, les faillites se sont multipliées. Depuis 1994, au moins deux millions de Mexicains ont été contraints de quitter leurs terres. Inutile de préciser où nombre d'entre eux sont allés... Aujourd'hui, la fuite désespérée de Mexicains miséreux vers les États-Unis est exacerbée par la fermeture d'usines situées le long de la frontière : alléchées par les allégements fiscaux et les bas salaires du capitalisme totalitaire chinois, les entreprises quittent le Mexique en masse. On nous avait promis que les prix des produits de consommation baisseraient et que les travailleurs deviendraient plus riches. Je me demande bien comment deux phénomènes aussi contradictoires auraient pu se produire, mais, dans une société où le clip sonore a remplacé le discours, la réalité n'a plus aucune importance. En résumé, l'ALENA s'est avéré merveilleux pour les entreprises et catastrophique pour les travailleurs.

Entériné par Bill Clinton le 22 août 1996, le projet de loi républicain sur la réforme de l'aide sociale a eu pour effet d'anéantir le filet de sécurité sociale qui protégeait les Américains. En trois ans, six millions de personnes, dont de nombreuses mères monoparentales, ont cessé d'être admissibles aux prestations. Elles se sont retrouvées à la rue, privées d'allocations familiales, d'aide au logement ou d'accès durable à l'assurance maladie. En situation de crise, nombreux sont ceux qui ont dû se débattre pour survivre, cumulant des emplois qui ne leur permettaient même pas de gagner 15 000 dollars par an – et il s'agit là des plus chanceux. Dans certains États, la moitié des personnes ayant perdu leur admissibilité à l'aide sociale n'ont pas trouvé d'emploi. En 5 ans, Clinton a amputé le budget du programme Medicare de 115 millions de dollars, et celui du programme Medicaid de 25 millions. Un système carcéral en plein essor a pris en charge cet afflux de pauvres, sans parler des personnes atteintes de maladie mentale. Aux États-Unis, 2,3 millions de citoyens croupissent derrière les barreaux, la plupart pour des délits non violents liés à la drogue. Plus de 1 adulte américain sur 100 est en prison, si bien que, avec moins de 5 % de la population mondiale, le pays renferme 25 % des prisonniers de la planète. Un homme noir âgé de ving à trente-quatre ans sur neuf est incarcéré. Les Afro-Américains se sont traditionnellement montrés prompts à réagir à l'injustice sociale, mais ce phénomène a littéralement privé des quartiers pauvres de leurs forces vives.

À l'initiative de Lawrence Summers, l'administration Clinton a promulgué la Loi sur la modernisation des services financiers, ou loi Gramm-Leach-Bliley, qui mettait fin au cloisonnement du secteur financier mis en place en 1933 par la Loi sur les banques, mieux connue sous le nom de loi Glass-Steagal. Conçue dans le but de prévenir les effondrements financiers du genre de celui qui a cours en ce moment, la loi Glass-Steagal avait institué la Société fédérale d'assurance dépôts (FDIC) et suscité la mise en œuvre de réformes visant à empêcher les spéculateurs de détourner le système financier à leur profit. En abolissant ces mesures et en adoptant l'ALENA, les démocrates dirigés par Clinton ont sciemment fait le jeu des grands patrons et des spéculateurs de Wall Street, auxquels ils ont même permis de faire d'institutions comme Fannie Mae et Freddie Mac[10] leurs vaches à lait. Une bonne partie des économistes à l'origine de cette déréglementation, dont Lawrence Summers, ont toujours la haute main sur la politique économique des États-Unis.

« En période de prospérité, personne ne s'offusque d'une modeste amélioration de la couverture sociale », écrit Robert Bellah :

> Quand la prospérité n'est plus au rendez-vous, nous nous disons que notre brillante carrière peut nous prémunir, nous et notre famille, contre l'infortune et le désespoir. En dépit de notre scepticisme, l'idée selon laquelle les miettes qui tombent de la table des nantis permettent de réduire la pauvreté nous séduit. [...] Certains d'entre nous ont souvent l'impression – et la plupart d'entre nous en ont parfois l'impression – qu'on ne peut « être quelqu'un » que si on a réussi ; on peut alors regarder de haut ceux qui ont échoué. Le rêve américain se résume souvent à celui, très individuel, de devenir une star, la seule et unique que tous admirent, celle qui se démarque du commun des mortels. Comme nous caressons ce rêve depuis déjà fort longtemps et que nous faisons tout pour qu'il se réalise, il nous est difficile de l'abandonner, et ce, même s'il entre en contradiction avec un autre rêve : celui d'une société où il vaille vraiment la peine de vivre[11].

L'empire de l'illusion a un prix et ce ne sont pas les titans du monde des affaires qui le paient. Ce sont plutôt les habitants des quartiers pauvres, des villes industrielles en déclin, des zones rurales moribondes. Ce prix, qui transcende les statistiques, c'est la misère. Les êtres humains ne sont pas des marchandises. Ils se débattent, souffrent, se désespèrent. Ils élèvent leurs enfants et luttent pour la survie de leurs communautés. Les données statistiques, les tableaux des cours boursiers et la foi tout aussi absurde qu'utopique dans la mondialisation dérégulée et la complexification des échanges ne disent rien de l'élargissement du fossé entre les classes sociales, et ce, malgré la volubilité de nos médias. Pour comprendre, il faut se tourner vers l'homme ou la femme qui ne gagne plus suffisamment d'argent pour vivre dignement et nourrir quelque espoir.

Elba Figueroa, 47 ans, vit à Trenton, au New Jersey. Elle travaillait comme aide-soignante jusqu'à ce que, frappée par la maladie de Parkinson, elle perde son emploi et son assurance maladie. L'État lui verse aujourd'hui une allocation sociale de

703 dollars par mois. Comme son seul loyer lui en coûte 750, elle doit emprunter de l'argent à ses amis et voisins pour conserver son appartement. En fauteuil roulant, elle avance laborieusement sur les trottoirs de Trenton et va de soupes populaires en banques alimentaires.

« Le prix de la nourriture a augmenté », raconte Figueroa en attendant l'ouverture de la banque alimentaire tenue par la mission d'assistance de Princeton et Trenton. « Je n'ai plus un sou. Je n'ai plus rien à manger. J'ai travaillé jusqu'à ce que ma santé ne me le permette plus. Voilà maintenant comment je vis. »

La banque alimentaire occupe les trois étages d'un immeuble art déco tout délabré du vieux Trenton, le quartier le plus pauvre de la ville. Elle fait partie de la vingtaine d'œuvres de bienfaisance offrant abri et nourriture aux démunis de cette ancienne cité manufacturière. Les gens qui sont admissibles peuvent venir y chercher des denrées une fois par mois. Munis de fiches indiquant le nombre de points qu'on leur a alloués en fonction du nombre de personnes que compte leur ménage, ils poussent leurs chariots dans une allée en U, au rez-de-chaussée de l'immeuble. À chaque article correspond un certain nombre de points. Les rayons sont chargés de sacs de riz, de pots de beurre d'arachide, de boîtes de macaroni au fromage et de betteraves, de maïs et de petits pois en conserve. Deux réfrigérateurs contiennent des œufs, des poulets, des carottes et des saucisses à hot-dog. Sur la porte vitrée de l'un d'eux, une affiche indique « Produits frais : 1 point le kilo », et une autre « 1 douzaine d'œufs : 3 points de protéines. Limite de 1 douzaine par ménage ».

Dans les files d'attente de plus en plus longues, devant les refuges pour sans-abri et les banques alimentaires se trouvent souvent des personnes âgées ou des mères monoparentales. En 2009, le taux de fréquentation de ces services s'est accru d'au moins 30 %. Les prestataires de l'aide sociale se débrouillent pour survivre avec une allocation mensuelle de 140 dollars à laquelle s'ajoutent des bons alimentaires dont la valeur totalise la même somme. C'est tout ce dont disposent les nombreux démunis de Trenton et d'autres poches de pauvreté. Avec un taux de chômage de 20 % et un revenu moyen des ménages de seulement 33 000 dollars, Trenton offre un bon aperçu de la désintégration des États-Unis. Pendant que le gouvernement dilapide l'argent des contribuables en programmes stériles visant à soutenir des banques et firmes de placement insolvables, des citoyens se retrouvent à la rue, privés d'emploi, de toit et de nourriture.

Selon le Food Research and Action Center de Washington, le nombre d'Américains qui doivent composer quotidiennement avec la faim atteindrait maintenant 36,2 millions, en hausse de 3 millions depuis 2000. Parmi eux, les plus affamés ont vu leur contingent augmenter de 40 % depuis 2000, pour atteindre près de 12 millions de personnes.

« Nous accueillons des gens que nous n'avions pas vus ici depuis longtemps », explique le révérend Jarrett Kerbel, directeur de la banque alimentaire de la mission d'assistance, qui nourrit chaque mois 1 400 ménages de Trenton. « Des gens qui n'avaient pas franchi ce seuil depuis cinq, six ou sept ans fréquentent à nouveau notre établissement aujourd'hui. Certains viennent de perdre leur admissibilité à l'assurance chômage et sont contraints de se débrouiller en attendant de trouver un emploi. Bien entendu, nous recevons aussi notre clientèle habituelle de sans-emploi. C'est maintenant qu'on voit vraiment à quel point la réforme de Clinton a eu des conséquences désastreuses. »

À l'instar de nombreux organismes de bienfaisance, la mission a du mal à boucler son budget. Ses stocks de nourriture sont insuffisants et les dons s'amenuisent. Certains jours, les soupes populaires de Trenton sont obligées de fermer leurs portes parce qu'elles n'ont pas assez de nourriture.

« Une église de Princeton nous a donné 170 sacs de nourriture. Au bout de deux jours, il ne restait plus rien, raconte Kerbel. Nous en avons recueilli 288 d'un centre communautaire juif de la même ville. Les denrées se sont envolées en trois jours. Nos stocks se résument en gros à ce que vous voyez sur ces tablettes. »

Confrontés à d'importants déficits budgétaires, les États américains réduisent leurs dépenses sociales sans épargner le programme Medicaid, les services sociaux et l'éducation. De 2008 à 2010, le déficit budgétaire du New Jersey est passé de 1,2 milliard de dollars à 8,71 milliards, et on s'attend à ce qu'il approche les 11 milliards en 2011 ; les recettes fiscales de l'État sont en chute libre : pour 2011, on estime qu'elles auront été inférieures de 4,9 milliards à celles de 2009[12]. Les États gèlent les salaires de leurs employés et limitent les services publics, des plus anodins aux plus importants, comme le déneigement des rues en hiver ou les programmes d'aide au chauffage domestique. Les fonds d'assurance chômage, surtout depuis l'allongement la durée des prestations promulgué en 2008, sont en train de s'épuiser.

Assise dans le hall de la mission d'assistance, ticket en main, Dolores Williams, 57 ans, attend qu'on appelle son numéro. Elle vit depuis un an dans un HLM nommé The Kingsbury. Dernièrement, raconte-t-elle, deux de ses voisins se sont suicidés en se jetant du 19e étage. Elle travaillait dans une succursale de la chaîne Sam's Club, mais a perdu son emploi. Depuis, personne ne veut l'embaucher, se plaint-elle. Elle est prête à tout pour trouver un emploi.

Elle me tend un exemplaire du journal local, *The Trentonian* : « En prison pour une fusillade à vélo », titre la une. L'article relate le procès d'un jeune bandit accusé puis condamné pour avoir fait feu sur quelqu'un depuis son vélo. Les pages du quotidien regorgent d'histoires du genre, qui témoignent de l'effondrement social, économique et moral actuel. La faim n'est pas la seule conséquence de la pauvreté. Celle-ci détruit aussi les communautés. Dans un autre article du *Trentonian,* on apprend qu'une femme de 56 ans s'est fait voler et assommer à coups de crosse de pistolet au milieu de l'après-midi. Plus loin, on découvre la triste situation de quatre enfants dont les parents ont été grièvement blessés dans une fusillade. « L'avenir est sombre pour les bibliothèques », annonce un papier ; « Meurtres de prostituées : aucune arrestation pour le moment », titre un autre.

« Et c'est comme ça tous les jours », déplore Williams.

*

* *

Les sociétés de capitaux sont omniprésentes dans nos vies, et ceux qui les possèdent et les dirigent souhaitent qu'il en demeure ainsi. Nous mangeons la nourriture, portons les vêtements, conduisons les voitures et achetons le carburant qu'elles nous vendent. Nous leur empruntons de l'argent, leur confions nos régimes d'épargne-retraite et leur demandons de financer nos études. Elles nous divertissent, nous informent et nous bombardent de publicité. Sans parler de tous ceux d'entre nous qui travaillent pour elles. Rares sont les aspects de nos vies sur lesquels elles n'exercent aucune emprise. De la messagerie aux soins de santé, en passant par les services publics, elles sont partout. Ces firmes ne font preuve d'aucune loyauté envers le pays ou les travailleurs. Notre appauvrissement gonfle leurs profits, et seul le profit compte pour elles.

Les sociétés de capitaux ont pour objectif fondamental de gagner de l'argent, et ce, sans égard pour la vie humaine, le bien commun ou l'environnement. En vertu de leurs statuts, leurs dirigeants sont tenus de maximiser les profits pour leurs actionnaires. Dans le documentaire intitulé *The Corporation*, réalisé en 2003 par Mark Achbar, Jennifer Abbott et Joel Bakan, le gourou du management Peter Drucker donne ce conseil: «Si vous constatez qu'un cadre souhaite assumer des responsabilités sociales, congédiez-le sur-le-champ.» Pour sa part, William Niskanen, président du très libertarien Cato Institute, déclare que jamais il n'investirait dans une firme défendant le principe de responsabilité sociale des entreprises.

Toute société de capitaux qui prend ce risque, que ce soit en accordant de meilleurs salaires et avantages sociaux à ses employés, en protégeant leurs droits, en réinvestissant ses profits dans la réduction de ses impacts sur l'environnement ou en améliorant le rapport qualité-prix de ses produits, peut se voir poursuivie en justice par ses actionnaires. Dans le film, le gestionnaire de fonds Robert Monks explique: «La société de capitaux est une machine à externaliser, tout comme le requin est une machine à tuer. Ce n'est pas une question de malveillance ou de volonté: comme le requin, elle remplit les fonctions inhérentes à sa conception même.»

Feu Ray Anderson, fondateur et ancien PDG d'Interface, premier fabricant mondial de moquette, considérait la société de capitaux comme un «instrument contemporain de destruction» qui tend compulsivement à «profiter de l'inconscience ou de l'indifférence du public pour faire acquitter le moindre coût par autrui».

«Notre propension débridée à surconsommer et à polluer sans en assumer la responsabilité est en train de détruire la biosphère», déplorait-il.

Basé sur l'essai de Bakan intitulé *La corporation: la soif pathologique de profit et de pouvoir*[13], le film soutient que les sociétés de capitaux partagent de nombreux traits avec les personnes ayant reçu un diagnostic de psychopathie. Le psychologue Robert Hare y énumère les symptômes de ce trouble de la personnalité, qu'il décèle aussi dans le comportement des grandes entreprises:

– froide indifférence à l'égard des sentiments d'autrui;
– incapacité à entretenir des relations durables;
– mépris inconsidéré de la sécurité d'autrui;
– fourberie: tendance systématique au mensonge et à la duperie;
– incapacité à se sentir coupable;
– incapacité à se conformer aux normes sociales et au droit.

Or, aux États-Unis, les sociétés de capitaux ont les mêmes droits que les individus. Elles contribuent financièrement à des campagnes électorales, et emploient 35 000 lobbyistes à Washington, sans parler de milliers d'autres répartis dans les capitales d'États, qui veillent à ce que des lois favorables à leurs intérêts soient adoptées et à ce que les organismes de réglementation soient neutralisés. La radio, internet et la presse écrite sont saturés d'annonces vantant leurs marques, qui constituent leurs visages amicaux. Elles disposent d'armées d'avocats et de dizaines de milliers d'employés. Des centaines d'élus veillent à ce que l'État ne s'ingère pas dans leurs affaires et à ce qu'elles ne fassent pas l'objet de poursuites judiciaires. Elles détiennent un quasi-monopole sur la presse écrite et électronique. Une poignée de géants des médias, tels AOL Time Warner, General Electric, Viacom, Disney et News Corporation, contrôlent à peu près tout ce qui est lu, vu et entendu.

« Le capital privé tend à se concentrer en peu de mains, en partie à cause de la compétition entre les capitalistes, en partie parce que le développement technologique et la division croissante du travail encouragent la formation de plus grandes unités de production aux dépens des plus petites », écrivait Albert Einstein en 1949, dans un article publié par la *Monthly Review* où il expliquait pourquoi il était socialiste :

> Le résultat de ces développements est une oligarchie de capitalistes dont la formidable puissance ne peut effectivement être refrénée, pas même par une société qui a une organisation politique démocratique. Ceci est vrai, puisque les membres du corps législatif sont choisis par des partis politiques largement financés ou autrement influencés par les capitalistes privés qui, pour tous les buts pratiques, séparent le corps électoral de la législature. La conséquence en est que, dans les faits, les représentants du peuple ne protègent pas suffisamment les intérêts des moins privilégiés. De plus, dans les conditions actuelles, les capitalistes contrôlent inévitablement, d'une manière directe ou indirecte, les principales sources d'information (presse, radio, éducation). Il est ainsi extrêmement difficile pour le citoyen, et dans la plupart des cas tout à fait impossible, d'arriver à des conclusions objectives et de faire un usage intelligent de ses droits politiques[14].

*
* *

Le désenchantement qui accable aujourd'hui les États-Unis n'est pas le fait d'une simple récession – le pays est en récession depuis un certain temps déjà –, mais bien le résultat d'une dépression, la pire crise économique depuis les années 1930. Des masses de chômeurs appauvris sont disposés à travailler pour des salaires de misère, sans avantages sociaux ni protection syndicale. Cette conjoncture est excellente pour les entreprises, mais très mauvaise pour les travailleurs. Le revenu annuel moyen des 90 % d'Américains les moins riches connaît un déclin lent et régulier depuis 30 ans, après avoir culminé à 33 000 dollars en 1973. En 2005, après 30 ans de croissance économique, il avait chuté à un peu plus de 29 000 dollars (en dollars constants), observe David Cay Johnston dans son livre intitulé *Free Lunch*. Qui donc a profité de cette croissance? On pourrait poser la question à Exxon Mobil, la plus grande société pétrolière et gazière des États-Unis, qui a enregistré un bénéfice de 10,9 milliards de dollars au premier trimestre de 2007 (le plus gros de tous les temps pour une entreprise américaine), ou, mieux encore, à son président et chef de la direction Rex Tillerson, dont la rémunération a grimpé de près de 18 % en 2007 pour atteindre 21,7 millions de dollars. Selon des documents soumis à la Securities and Exchange Commission (SEC), sa rémunération se répartissait comme suit: salaire de 1,75 million, primes de 3,36 millions et attribution d'actions et d'options d'une valeur de 16,1 millions. Il faut ajouter à ces sommes près de 430 000 dollars, dont 229 331 pour sa sécurité personnelle et 41 122 pour l'utilisation d'un avion de l'entreprise, ainsi que plus de 7,6 millions découlant de l'exercice d'options et de la vente d'actions qu'il possédait déjà. En 2007, les revenus d'Exxon Mobil ont totalisé 40,61 milliards de dollars, en hausse de 3 % par rapport à l'année précédente. Cela dit, Tillerson n'a pas touché la rémunération la plus élevée de l'industrie: cette année-là, Ray Irani, PDG d'Occidental Petroleum, a gagné 33,6 millions de dollars, tandis que James Hackett, qui dirige Anadarko, en a empoché 26,7 millions.

Sur chaque dollar gagné en 2005, 48,5 cents sont allés aux 10 % les plus riches de la population. Il s'agit de la plus importante part du gâteau que ce groupe ait reçu depuis 1929, juste avant que la Grande Dépression ne vienne mettre un terme aux *Roaring Twenties*. En outre, chez ces 10 % d'Américains gagnant plus de 100 000 dollars par an, l'essentiel de la croissance a profité au 0,1 % le plus riche, ces gens qui, tels Tillerson, Irani ou Hackett, ont recueilli au moins 1,7 million de dollars cette année-là. Tant que le système électoral n'aura pas été réformé et qu'il sera impossible de se faire élire sans faire des courbettes aux Tillerson, Irani ou Hackett de ce monde afin d'amasser des centaines de millions de dollars, la cannibalisation des États-Unis se poursuivra.

En manipulant les statistiques, l'élite entretient une illusion de croissance et de prospérité. Elle refuse d'admettre qu'elle a perdu le contrôle de la situation, car un tel aveu reviendrait à reconnaître son échec. Elle contribue plutôt au déni collectif de la réalité en prétendant qu'en affectant des milliards de dollars de fonds publics à des prêts ou à un autre plan de sauvetage on empêchera l'édifice de s'écrouler. Les experts et les animateurs vedettes de la télévision, tous plus grassement payés les uns que les autres, de même que les économistes et les dirigeants du secteur financier, observent le monde depuis le cocon douillet du milieu des affaires. L'État-entreprise peut compter sur leur loyauté. Ils s'accrochent à l'entreprise et à sa structure : familière, sûre, paternelle, elle incarne le système.

L'État est en voie d'être anéanti par la grande entreprise, qui accapare maintenant 40 % de ses dépenses discrétionnaires. Les tâches assumées jadis par 800 000 employés de la fonction publique ont été confiées en sous-traitance au secteur privé. Cette substitution a non seulement renforcé le pouvoir de ce gouvernement de l'ombre, mais elle a aussi contribué à l'affaiblissement des syndicats de fonctionnaires fédéraux. Intendance des prisons fédérales, application des normes, contrôle des évaluations scientifiques, traitement des demandes d'accès à l'information, interrogatoires de prisonniers, encadrement de la plus grande armée de mercenaires de la planète en Irak... Toutes ces responsabilités relèvent désormais du secteur privé. C'est ainsi qu'on permet à des entreprises de s'enrichir de manière éhontée aux dépens du citoyen américain. On peut considérer ce marché de dupes comme un élargissement du vaste programme d'aide sociale dont profite l'industrie de l'armement.

En 2003, Halliburton a décroché un contrat sans appel d'offres de sept milliards de dollars assorti d'une clause de non-concurrence pour procéder à la remise en état des champs pétrolifères d'Irak, et s'est vu confier le mandat de superviser l'ensemble de la production pétrolière de ce pays. Les contrats octroyés à Halliburton ont atteint le total de 130 milliards de dollars. Riche de l'argent des contribuables, la firme a pris soin de constituer 107 de ses 143 filiales (soit 75 %) dans 30 pays différents, contre seulement 36 aux États-Unis. En installant ses « sociétés étrangères contrôlées » et ses filiales dans des pays où les charges fiscales sont faibles ou carrément inexistantes, c'est-à-dire dans des paradis fiscaux, elle limite l'assujettissement de ses revenus de provenance étrangère à l'impôt. Ce sont de tels stratagèmes qui permettent aux grandes entreprises de soutirer des fonds publics et de les dilapider, tout en évitant de payer de l'impôt. Le gouvernement, qui leur est assujetti, ne se contente pas de les financer : il les protège.

Les disparités financières et politiques entre l'oligarchie et la classe ouvrière ont fait apparaître une nouvelle forme de servitude. À la fin de 2012, estiment des analystes du Credit Suisse, le nombre de saisies immobilières provoquées par la crise des prêts hypothécaires à haut risque aura atteint 1 390 000. Si leurs calculs sont exacts, cela signifie que 12,7 % de l'ensemble des acheteurs de maisons aux États-Unis auront été contraints de quitter leur domicile.

Le sauvetage d'institutions financières dénuées de tout scrupule à utiliser l'argent des contribuables a signé l'arrêt de mort du New Deal et la « Grande Société » est à l'agonie. Aux États-Unis, le pouvoir n'appartient plus aux citoyens, qui, à 100 contre 1, ont demandé à leurs représentants fédéraux de ne pas piller le trésor public au profit des firmes d'investissement de Wall Street. Le pouvoir est aux mains des sociétés de capitaux. Ce sont elles, et non le peuple, qui choisissent les candidats à la présidence, au Congrès, à la magistrature et à la plupart des assemblées législatives des États de l'union. En règle générale, les chances de se faire élire sans leur bénédiction et leur financement sont à peu près nulles. Ces entreprises, dont fait partie la Commission sur les débats présidentiels (un organisme privé), déterminent qui peut prendre la parole et quels enjeux les candidats peuvent soulever ou non, qu'il s'agisse du régime public et universel d'assurance maladie, du sauvetage de Wall Street ou de l'ALENA. Quiconque ne suit pas leur scénario se voit confiné aux marges, comme ce fut le cas de Dennis Kucinich, de Ralph Nader ou de Cynthia McKinney.

Voilà pourquoi la plupart des démocrates se sont opposés à la demande du représentant démocrate de Pennsylvanie John Murta de procéder au retrait immédiat des troupes d'Irak (une décision qui aurait tari la source des profits de Halliburton) et ont appuyé la poursuite du financement de la guerre. Voilà pourquoi ils ont presque tous voté pour le Patriot Act[15]. Voilà pourquoi le parti a rejeté un amendement à un projet de loi sur les faillites qui aurait plafonné les taux d'intérêt des cartes de crédit à 30 %. Voilà pourquoi des politiciens favorables à la grande entreprise ont balayé du revers de la main un projet de loi qui aurait modifié la tristement célèbre Loi sur les mines de 1872, qui autorise les sociétés minières à piller le sous-sol du pays pour leur propre bénéfice. Voilà pourquoi ceux-ci ont refusé d'appuyer le projet de loi 676, déposé par les représentants Dennis Kucinich et John Conyers, portant sur la création d'un régime public d'assurance maladie. Voilà pourquoi tant de politiciens plaident la cause de l'énergie nucléaire. Voilà pourquoi ils sont si nombreux à avoir soutenu le projet de loi sur l'équité en matière de recours collectifs, qui a finalement été adopté[16].

L'assaut contre la classe ouvrière américaine, qui a touché des membres de ma famille, est en voie d'être achevé. De 2006 à 2009, environ un travailleur sur cinq a perdu son emploi. À peu près le quart de ceux qui travaillaient à temps plein gagnaient moins de 40 000 dollars par an. Les États-Unis comptent aujourd'hui de vastes zones semblables au tiers-monde. La classe ouvrière américaine a été « weimarisée » et on assiste maintenant à un assaut contre la classe moyenne. De la finance à l'ingénierie, en passant par l'architecture, tous les domaines pouvant être informatisés tendent à être délocalisés vers des pays comme l'Inde ou la Chine, où les travailleurs acceptent des salaires nettement inférieurs à ceux de leurs homologues occidentaux, et ce, sans avantages sociaux. Redevables aux sociétés de capitaux pour leur prospérité et leur pouvoir, tant le Parti républicain que le Parti démocrate ont accepté qu'il en soit ainsi.

Les dernières décennies ont vu la montée d'un puissant réseau d'entités économiques qui, au moyen d'ententes entre sous-secteurs, industries ou autres instances, cherchent à atténuer ou à abolir les contrôles étatiques dont elles font l'objet. Ces sociétés sont parvenues à neutraliser les autorités politiques et judiciaires. L'État-entreprise, d'abord mis en place sous Ronald Reagan, puis nourri par tous les présidents qui l'ont suivi, a détruit les institutions publiques et privées qui protégeaient les citoyens et les travailleurs. Aujourd'hui, seuls 7,8 % des salariés du secteur privé sont syndiqués, un taux comparable à celui qui prévalait au tout début du XXe siècle. La pauvreté touche 50 millions d'Américains, auxquels s'ajoutent les dizaines de millions de leurs concitoyens dont la situation économique les situe dans la catégorie nommée « quasi-pauvreté ».

La souffrance et les bouleversements qui affligent tous ces gens ne font pas les manchettes. L'univers du spectacle et les pseudo-événements détournent l'attention d'un public gavé d'illusions et de mythes exaltant la nation et l'individu, sans égard pour la misère morale et politique qui accable cette époque où tout s'effondre. Les efforts courageux des quelques rares journaux qui, tels le *New York Times* ou le *Washington Post*, de concert avec Democracy Now, National Public Radio (NPR) et Jim Lehrer du Public Broadcasting Service (PBS), persistent à pratiquer un journalisme éthique au nom du bien commun, sont ceux d'une minorité assiégée. La Commission fédérale des communications (FCC) offre d'ailleurs un bon exemple du degré d'abaissement des normes américaines en la matière : elle considère des émissions de télévision comme le magazine à potins mondains *TMZ*, diffusé par Fox, ou le bulletin de nouvelles *700 Club*, animé par le télévangéliste Pat Robertson et diffusé par le Christian Broadcast Network, comme des «sources d'information fiables». L'économiste Charlotte Twight qualifie de «fascisme participatif» ce vaste système de divertissement qui invite son public à voter pour le concurrent de son choix à *American Idol* ou à prendre part à des émissions de télé-réalité dans l'espoir d'accéder à la célébrité.

Washington est devenu la Versailles de l'Amérique. Le peuple est dirigé, diverti et informé par la classe de courtisans que sont devenus les médias. La plupart des démocrates et des républicains sont eux aussi des courtisans. Les experts, du moins ceux à qui une tribune donne de l'influence, sont aussi des courtisans. Captivé par la vacuité du théâtre politique, le peuple est impitoyablement dépossédé de son pouvoir. Écrans de fumée et jeux de miroirs masquent stratagèmes et escroqueries.

Dans une large mesure, le journalisme télévisé est une imposture. Des reporters vedettes se faisant passer pour des journalistes gagnent des millions en offrant une tribune aux gens riches et célèbres et à leurs interprétations tendancieuses, faux-fuyants et autres fumisteries. S'asseoir dans un studio, bien maquillé, pour bavarder avec Joe Biden, Hillary Clinton ou Lawrence Summers n'a pas grand-chose à voir avec le journalisme. Nul journaliste digne de ce nom ne devrait accepter sans broncher qu'on le paie cinq millions par année. Nul journaliste digne de ce nom ne peut entretenir de relations cordiales avec les puissants ni considérer que de les servir est un aspect fondamental de sa profession. Les détenteurs du pouvoir détestent les journalistes, non sans raison. Parlez-en à Amy Goodman, à Seymour Hersh, à Walter Pincus, à Robert Scheer ou à David Cay Johnston.

L'humoriste Jon Stewart, qui anime la populaire émission *Daily Show with Jon Stewart* sur Comedy Central, est l'une des personnalités les plus influentes des médias américains. À Jim Cramer, animateur de l'émission *Mad Money* sur le réseau CNBC, Stewart demande lors d'une interview pourquoi, alors qu'il a conseillé les téléspectateurs en matière de placements pendant des années, il n'a jamais mis en cause les assertions fallacieuses des PDG et des banquiers responsables de la crise financière, et comment il se fait qu'il n'ait jamais alerté son public sur les tactiques douteuses de placement à court terme et de recours massifs à l'emprunt qui ont permis à des PDG de puiser des fortunes à même les comptes d'épargne et les caisses de retraite des Américains ordinaires[17] :

STEWART : La crise a fermenté pendant dix ans. [...] Des spéculateurs de Bear Stearns et de Merrill Lynch misaient en empruntant 35 fois leur mise, alors comment voulez-vous blâmer les emprunteurs hypothécaires. [...]

CRAMER : J'aimerais que mes invités prêtent serment avant d'entrer en ondes. Bien des PDG m'ont menti pendant l'émission. C'est très choquant, mais je ne peux pas les forcer à dire la vérité.

STEWART : Vous saviez ce que faisaient les banques et vous avez vanté leurs mérites pendant des mois. Tous vos collègues du réseau en faisaient autant.

CRAMER : Dick Fuld, qui dirigeait Lehman Brothers, m'a téléphoné quand l'action est tombée à 40 dollars et m'a dit : « Écoute, je pensais que c'était une erreur, qu'on n'avait pas les bons chiffres. » Il n'arrêtait pas de me mentir.

STEWART : Le PDG d'une société vous a menti ?

CRAMER : C'est scandaleux !

STEWART : N'êtes-vous pas censés vous consacrer au journalisme financier ? Selon vous, quelle est la mission de CNBC ? [...]

CRAMER : Jamais je n'aurais cru que Bear Stearns s'évaporerait du jour au lendemain. J'en connaissais les dirigeants. Je les croyais honnêtes. C'est mon erreur. Je les croyais vraiment honnêtes. Est-ce qu'ils m'ont permis de les interviewer parce que je les connaissais déjà ? Sans doute, dans une certaine mesure. [...] On peut difficilement imaginer un journaliste qui débarque en disant : « Je suis venu pour interviewer Henry Paulson, ce type qui ment comme il respire. » C'est difficile. Je crois que ça dépasse les limites.

STEWART : Mais quelle est la responsabilité des gens qui couvrent Wall Street ? [...] Je tiens pour acquis, et c'est peut-être complètement farfelu de ma part, que vous ne prenez pas leurs propos pour argent comptant, que vous essayez de voir ce qui se cache derrière. [Applaudissements]

Comme presque tous les reporters de la télévision et une bonne partie de ceux de la presse écrite, Cramer offre avec complaisance une tribune aux détenteurs du pouvoir tout en prétendant passer leurs allégations au crible. Il fait mine d'être journaliste. Les médias ont certes accès à l'élite, mais, en contrepartie, ils doivent rapporter fidèlement ce qu'elle veut les voir rapporter. Le journaliste qui rompt cet équilibre – on parle alors d'un vrai journaliste – se voit bloquer l'accès à cette coterie.

Les pratiques de Jim Cramer, observe Glenn Greenwald dans le webmagazine *Salon.com,* rappellent celles des reporters qui ont couvert les préparatifs de la guerre d'Irak. Jour après jour, des organes d'information aussi divers que le *New York Times,* CNN et les trois grands réseaux de télévision relayaient les mensonges que leur servait l'élite comme s'il s'agissait de faits avérés. À l'instar de Cramer et de la plupart des journalistes de la télévision, ils servaient l'élite au pouvoir plutôt que l'intérêt public.

Dans son documentaire de 2007 intitulé *Buying the War*[18], produit par PBS, Bill Moyers demande à l'animateur de l'émission d'information *Meet the Press,* feu Tim Russert, pourquoi il a relayé les assertions de la Maison-Blanche sans s'être assuré de leur véracité au préalable. Il va plus loin en comparant le travail de Russert à celui de Bob Simon, un des animateurs du magazine télévisé *60 Minutes,* à qui quelques coups de téléphone ont suffi pour démontrer que les fuites orchestrées par l'administration Bush dans le but d'obtenir un appui populaire et politique au déclenchement de la guerre étaient de faux renseignements. Moyers se penche sur une nouvelle transmise par le bureau du vice-président Dick Cheney au *New York Times,* à la une duquel elle a été publiée le matin même où celui-ci était l'invité de *Meet the Press.* Moyers présente un extrait vidéo du passage du vice-président à l'émission, qu'il annonce ainsi:

> MOYERS: Citant des sources gouvernementales anonymes, le *New York Times* a rapporté que Saddam Hussein aurait entrepris de ratisser la planète à la recherche de matériaux permettant de

construire une bombe atomique, dont des tubes d'aluminium expressément conçus à cette fin.

Il montre ensuite l'extrait :

CHENEY : [...] des tubes d'aluminium. Il y a un article dans le *New York Times* de ce matin... J'attribue cette nouvelle au journal ; je ne parlerai pas de sources précises du milieu du renseignement, mais...

Le journaliste Jonathan Landay, qui a publié des articles mettant en cause d'autres déclarations de Cheney sur les prétendus projets d'acquisition d'armes nucléaires par Saddam Hussein, explique pourquoi la Maison-Blanche a sournoisement orchestré ces fuites : il fallait précisément que Cheney puisse évoquer des renseignements jusque-là ultrasecrets sur les ondes de la télévision nationale. Même si ceux-ci n'avaient pas été corroborés (et ne l'ont d'ailleurs jamais été), le vice-président pouvait maintenant en parler en public comme s'ils constituaient des faits avérés. « En temps normal, poursuit Landay, des renseignements ultrasecrets comme ceux portant sur les tubes d'aluminium n'auraient jamais été rendus publics. Ni le vice-président ni la conseillère à la sécurité nationale ne sont autorisés à divulguer de tels renseignements sur le plateau d'un talk-show du dimanche. Cependant, comme le *New York Times* les avait publiés ce matin-là, ils pouvaient en parler. »

Moyers présente ensuite un autre extrait du passage de Cheney à *Meet the Press* :

CHENEY : On sait maintenant que [Saddam Hussein] cherchait bel et bien à obtenir ces tubes et nous l'en avons empêché par l'entremise de cette filière. Ce sont des tubes qui sont employés dans la construction de centrifugeuses, ces appareils qui permettent de transformer l'uranium naturel en uranium hautement enrichi, ingrédient essentiel à la fabrication d'une bombe atomique.

De retour en studio, Moyers demande à Bob Simon, de *60 Minutes,* ce qu'il pense de la prestation de Cheney :

MOYERS : Avez-vous vu cette interview ?
SIMON : Oui.

MOYERS : Qu'en avez-vous pensé ?

SIMON : Je l'ai trouvée remarquable.

MOYERS : Pourquoi ?

SIMON : C'est remarquable d'orchestrer une fuite puis de citer la nouvelle. C'est très fort ! [...]

Dans la suite de l'extrait, Russert pose à Cheney une question qui semble montrer qu'il adhère, de manière crédule et dénuée de tout sens critique, aux propos que le vice-président vient de tenir.

RUSSERT [À CHENEY] : Quels matériaux obtenus par [Saddam Hussein] viendront selon vous renforcer son programme nucléaire ?

En studio, Moyers demande à Russert pourquoi il n'a pas posé de questions plus incisives au vice-président à propos d'informations dont le caractère inédit et potentiellement explosif commandait le scepticisme :

MOYERS : Selon vous, était-ce une pure coïncidence que Cheney participe à votre émission et que certains de ses collègues soient interviewés dans d'autres magazines du dimanche, le jour même où cette nouvelle était publiée ?

RUSSERT : Je ne sais pas. Le *New York Times* est meilleur juge que moi.

MOYERS : Personne ne vous avait prévenu que ça se passerait comme ça ?

RUSSERT : Non, non... Je veux dire...

MOYERS : Le bureau de Cheney ne vous a pas averti de l'imminence d'une « grosse nouvelle » ?

RUSSERT : Non. *Meet the Press* n'est soumis à aucune règle. Nous posons toutes les questions que nous voulons. Je n'avais jamais entendu parler de cette histoire de tubes d'aluminium avant de lire l'article du *New York Times*.

MOYERS : Des observateurs critiques considèrent que ces événements du 8 septembre 2002, et en particulier votre émission, illustrent parfaitement la manière dont la presse et le gouvernement sont devenus indissociables. Quelqu'un du gouvernement plante une nouvelle alarmante dans le *New York Times*, puis le vice-président passe à votre émission et cite le *New York Times*. C'est une fuite circulaire, qui se confirme elle-même.

Russert : Je ne sais pas comment Judith Miller et Michael Gordon ont fait leur boulot et je ne connais pas leurs sources. La nouvelle a fait la une du *New York Times*. En prenant part aux magazines d'information ce dimanche-là, la conseillère Condoleezza Rice, le vice-président Cheney et les autres ont fait exactement cela. Ce qui m'intéressait, c'était de savoir si d'autres hauts responsables du gouvernement partageaient leurs appréhensions. J'aurais bien aimé entendre mon téléphone sonner ou les rencontrer en personne.

Moyers s'adresse ensuite aux téléspectateurs : « Bob Simon, lui, n'a pas attendu que son téléphone sonne. » On revient à sa conversation avec le journaliste de CBS :

Moyers [à Simon] : Au début de notre entretien, vous disiez avoir parlé à des gens qui s'y connaissaient en matière de tubes d'aluminium. Qui étaient-ils ?

Simon : Nous nous sommes entretenus avec des scientifiques et des chercheurs, ainsi qu'avec des gens qui ont enquêté sur le terrain, en Irak, depuis le début.

Moyers : Ces personnes auraient-elles accepté de parler à n'importe quel reporter ou étaient-elles plutôt des sources exclusives à *60 Minutes* ?

Simon : Non, je crois que la plupart auraient répondu à n'importe quel reporter.

Moyers : Vous avez donc tout simplement passé des coups de téléphone ?

Simon : Tout simplement, oui.

Moyers : Vous leur avez parlé ?

Simon : Nous leur avons parlé, puis nous sommes allés les voir avec des caméras. [...]

Pour Walter Pincus, du *Washington Post*, l'échec de Russert est représentatif de celui, à plus grande échelle, de nombreuses personnalités des médias. « De plus en plus d'acteurs des médias deviennent les courroies de transmission ou encore les juges du gouvernement. Nous avons en quelque sorte renoncé à notre indépendance[19]. »

*

* *

Quand sa complicité dans la diffusion d'informations mensongères a été mise au jour, Russert, à l'instar de Cramer, s'est posé en victime innocente. Les journalistes du *New York Times* Judy Miller et Michael Gordon, qui étaient pratiquement devenus les sténographes de l'administration Bush pendant la campagne de propagande pour l'invasion de l'Irak, ont invoqué la même excuse. Sitôt que les allégations brandies pour légitimer la guerre se sont révélées fausses, Miller s'est justifiée avec une boutade: « Je ne peux pas être plus fiable que mes sources. » Une telle logique contredit le rôle traditionnel du journaliste, qui ne devrait jamais oublier que les détenteurs du pouvoir ont des objectifs et s'astreignent rarement à la vérité. Comme l'a bien souligné I.F. Stone, tous les gouvernements mentent et c'est au journaliste que revient le travail fastidieux de dévoiler leurs mensonges. Les courtisans, eux, se contentent des miettes que leur jettent les puissants et servent les intérêts de l'élite du pouvoir.

De son côté, Cramer continue à servir ses maîtres en fustigeant le gouvernement pour ses tentatives de rendre le système financier responsable de ses actes. Il n'a de cesse de qualifier le président Obama et les élus démocrates de communistes russes « déchaînés » qui s'acharnent à « détruire la richesse ». À ses yeux, le président est un « bolchevique » qui « s'inspire de Lénine ». Quand il parle des démocrates, il ponctue son discours de « Marx », de « camarades », de « soviétique », de « palais d'Hiver » et de « Politburo », et il a demandé si Nancy Pelosi, ex-présidente de la Chambre des représentants, était la « secrétaire générale du Parti communiste ». Le 3 mars 2009, à l'émission *Today* sur NBC, il s'en est pris au prétendu « programme radical » d'Obama, en affirmant qu'il s'agissait du « pire acte de destruction de richesses qu'un président ait jamais commis ». Le discours des courtisans comme Cramer va se durcir à mesure que le marasme économique ira en s'aggravant et que le gouvernement sera contraint d'adopter des politiques de plus en plus interventionnistes, y compris l'éventuelle nationalisation de nombreuses banques.

La prétention voulant que ces courtisans soient des journalistes réalisant des reportages d'intérêt public constitue le mensonge le plus énorme. La corruption ne se limite pas à une poignée de reporters ou d'animateurs : c'est l'institution même des médias qui est corrompue. Bon nombre de ses artisans, en particulier à Washington, n'ont aucun scrupule à servir l'élite. Dans les semaines ayant précédé l'invasion de l'Irak, ils étaient trop occupés à jouer les braves patriotes américains pour être en mesure d'effectuer des reportages. Rares sont ceux qui ont abordé la question des incessantes violations des libertés civiles et de la Constitution commises par l'administration Bush. Tels des perroquets, les courtisans répètent la propagande officielle. Jamais ils ne bravent l'élite ni ne mettent en cause les structures de l'État-entreprise. En contrepartie, de grandes entreprises les emploient en leur conférant le statut de célébrités et l'élite les admet dans son cercle restreint. Des eunuques de la cour des Mandchous au XIXᵉ siècle aux adulateurs des califes abbassides au Moyen Âge, jamais dans l'histoire du monde une classe de courtisans ne s'est muée en classe socialement productive et consciente de ses responsabilités, observe John Ralston Saul. Les courtisans sont les hédonistes du pouvoir.

L'essor des courtisans ne se borne pas à la presse. Les élus gouvernent en prétendant servir le bien commun alors que, dans les faits, ils œuvrent presque tous au bien de la grande entreprise. En 2008, un congrès à majorité démocrate a adopté une loi modifiant la Loi sur la surveillance et les renseignements étrangers (le FISA Amendments Act) afin d'accorder l'immunité aux entreprises de télécommunications qui, au cours des six années précédentes, avaient pris part aux activités illégales de surveillance menées par l'Agence de sécurité nationale (NSA). Cette loi met en péril le travail des journalistes, des militants pour les droits de la personne, des juristes redresseurs de torts et de quiconque dénonce les abus que les gouvernements cherchent à dissimuler. À cause de cette loi, on ne connaîtra jamais l'ampleur des atteintes aux libertés civiles perpétrées par l'administration Bush, mais le plus grave est que, en accordant au gouvernement fédéral le droit d'épier les conversations téléphoniques et les courriels des citoyens, celle-ci porte un coup fatal au droit à la vie privée. L'État peut conserver ces communications privées indéfiniment et même les divulguer à d'autres gouvernements. Il peut ainsi repérer et réduire au silence quiconque ose diffuser des renseignements contredisant le discours officiel ou dévoiler des escroqueries ou des abus de pouvoir. L'industrie des télécommunications avait besoin de cette loi : elle a dépensé quelque 15 millions de dollars en lobbying et l'a donc obtenue.

La vie de courtisan requiert agilité et éloquence. Les plus talentueux n'ont rien à envier aux meilleurs acteurs. Ils nous divertissent, nous font nous sentir bien, nous persuadent. Ce sont nos amis, visages souriants d'un État-entreprise qui a fait main basse sur le gouvernement. Quand la grande entreprise formule ses impérieuses exigences, les courtisans s'agenouillent : ils rassurent les firmes de télécommunications qui craignent d'éventuelles poursuites, permettent à l'industrie gazière et pétrolière d'engranger des profits excessifs, maintiennent les généreuses subventions dont se gavent les milieux d'affaires et tolèrent que le système de santé à but lucratif laisse souffrir et mourir ceux qui ne sont pas assurés ou qui le sont mal en les privant de soins.

Nous avons confiance en ces courtisans au visage poudré qui nous trompent en faisant mine de pratiquer le journalisme. Nous avons confiance en ces courtisans des partis politiques qui nous promettent de défendre nos intérêts tout en adoptant loi sur loi pour aider les entreprises à se livrer à des pratiques abusives. Nous confondons les sentiments qu'ils veulent nous inspirer avec l'information, les faits et les savoirs authentiques. C'est là le danger qui pèse sur une culture inondée de pseudo-événements. Le Parti démocrate a refusé de mettre en accusation Bush et Cheney, a permis à l'État d'espionner les citoyens sans justification ni mandat et a versé des milliards de dollars en fonds publics à des firmes d'investissement au comportement frauduleux. Malgré cela, il persiste à prétendre que les droits civils et la démocratie lui tiennent à cœur. Il abuse de notre confiance et, comme le font trop souvent les victimes à l'égard de leur agresseur, nous en redemandons.

*

* *

Le déclin politique et économique des États-Unis résulte de l'offensive des entreprises pour une déréglementation tous azimuts, de l'abrogation des lois antitrust et de la mutation radicale d'une économie dont le moteur est passé de la fabrication à la consommation. Le président Franklin D. Roosevelt était conscient des dangers qu'entraîneraient ces bouleversements. Le 29 avril 1938, il rendait au Congrès un avis intitulé « Message to Congress on Curbing Monopolies » :

> Les tristes événements qui se déroulent outre-mer nous rappellent deux vérités toutes simples à propos de la liberté d'un peuple attaché à la démocratie. La première est que, dans une démocratie, la liberté n'est pas assurée si les citoyens tolèrent qu'un pouvoir étende son emprise jusqu'à devenir plus fort que l'État démocratique lui-même. Il s'agit du fondement du fascisme, c'est-à-dire de l'appropriation de l'État par un individu, un groupe ou toute autre puissance privée. La seconde vérité est que, dans une démocratie, la liberté n'est pas assurée si le système économique est incapable d'offrir de l'emploi, de produire des biens ou de les distribuer de manière à garantir un niveau de vie acceptable à la population[20].

La montée de l'État-entreprise a donc de graves conséquences politiques, comparables à celles qu'ont subies l'Italie et l'Allemagne dans la première moitié du XXe siècle. Les lois antitrust n'ont pas seulement pour effet de réguler le marché : elles sont aussi des remparts qui protègent la démocratie. Une fois ceux-ci abattus, une fois l'État mis au service de la grande entreprise, il faut s'attendre au pire.

À mesure que la pression monte et que des fractions de plus en plus importantes de la population s'enfoncent dans le désespoir et la pauvreté, les gouvernements et les entreprises renforcent leurs mesures de contrôle en vue de prévenir l'agitation sociale. L'émergence de l'État-entreprise va nécessairement de pair avec celle de l'État policier. C'est dans cette perspective que l'administration Bush a adopté puis prolongé le Patriot Act, autorisé la suspension de l'*habeas corpus*, pratiqué la « restitution extraordinaire » de présumés terroristes, permis l'écoute téléphonique sans mandat et refusé de garantir des élections libres et équitables avec vérification du décompte des voix. Toutes ces politiques font partie d'un tout et sont indissociables. Le gouvernement ne les a pas mises en place pour lutter contre le terrorisme ou renforcer la sécurité nationale, mais pour asseoir sa mainmise sur la population du pays.

Le témoignage du directeur du renseignement national, Dennis Blair, devant le comité sur le renseignement du Sénat en février et mars 2009 a permis d'entrevoir le régime autoritaire vers lequel glissent les États-Unis. Cet amiral à la retraite a prévenu les sénateurs du fait que l'aggravation de la crise économique constitue sans doute la pire menace à la stabilité et à la sécurité du pays. Celle-ci, a-t-il déclaré, pourrait provoquer un retour aux « violences extrémistes » des années 1920 et 1930 :

> En matière de sécurité, les États-Unis devraient avant tout se préoccuper de la crise économique mondiale et de ses conséquences politiques. Celle-ci sévit depuis plus d'un an et les économistes, du moins ceux qui en reconnaissent l'ampleur, ne s'entendent pas sur le moment où nous allons toucher le fond. Certains d'entre eux craignent qu'elle ne s'aggrave au point d'atteindre l'envergure de la Grande Dépression. Bien entendu, on se souvient tous des graves conséquences politiques, de l'instabilité et de la violence extrémiste suscitées par la tourmente économique des années 1920 et 1930 en Europe[21].

Les perspectives d'avenir sont peu réjouissantes. Selon l'Organisation internationale du travail (OIT), 50 millions de travailleurs auront perdu leur emploi dans le monde en 2009. Au milieu de cette année-là, les États-Unis avaient déjà enregistré près de quatre millions de licenciements. En 2008, aux États-Unis, 2,3 millions de propriétés ont fait l'objet d'un avis de paiement en souffrance ou d'une reprise de possession et tout indique que cette tendance va s'intensifier, en particulier avec l'amorce d'une vague de saisies d'immeubles commerciaux vacants. Environ 20 000 grandes banques ont fait faillite, ont été vendues ou ont été nationalisées en 2008 et près de 61 000 entreprises américaines ont fermé leurs portes en 2009.

Pour sortir de cette impasse, nous disposons de peu de moyens. La mondialisation a entraîné le démantèlement du secteur manufacturier américain. La stagnation des salaires et l'élargissement de l'accès au crédit ont fait grimper l'endettement des consommateurs à 14 000 milliards de dollars. Dans la foulée de la crise, l'État a décaissé 12 800 milliards en dépenses, prêts ou garanties de prêt, sommes qu'il a pour l'essentiel empruntées ou créées de toutes pièces et auxquelles s'ajoutent les emprunts nécessaires à la poursuite des guerres en Afghanistan et en Irak. Personne ne semble se rendre à l'évidence : on ne pourra jamais rembourser tout cet argent. On croit pouvoir sortir de la crise et maintenir un grand projet impérialiste à crédit tout en revenant à l'illusion de richesse que nourrissait la bulle économique. Il n'existe aucun plan cohérent qui tienne compte de ces limites considérables pour arrêter l'hémorragie ou atténuer les privations croissantes que doit endurer la population. Le contraste entre cette inertie et les préparatifs auxquels s'active l'État policier en vue de réprimer une éventuelle agitation sociale donne un avant-goût de ce qui nous attend.

*
*   *

En 1975, alors qu'il présidait la commission spéciale sur le renseignement, le sénateur Frank Church a mené une enquête sur la gigantesque et très secrète NSA. Il s'est montré vivement préoccupé par la capacité de l'État à s'immiscer dans la vie privée des citoyens. Au terme des travaux de la commission, il a écrit ce qui suit :

> À tout moment, cette capacité pourrait se retourner contre le peuple des États-Unis. Aucun Américain n'aurait plus la moindre vie privée, tant il est possible de tout surveiller, qu'il s'agisse des conversations téléphoniques, des télégrammes ou de quoi que ce soit d'autre. Il n'y aurait plus le moindre endroit où se cacher. Si le gouvernement se muait en tyrannie, si un dictateur prenait le pouvoir, les moyens technologiques dont dispose la communauté du renseignement lui permettraient de mettre en place un régime totalitaire contre lequel il serait vain de lutter :

même les tentatives les plus discrètes et les plus prudentes d'organiser la résistance pourraient être épiées par le gouvernement. Voilà ce que cette technologie rend possible. [...] Je refuse que notre pays emprunte cette voie. Je sais que ces moyens rendent possible l'instauration d'une tyrannie absolue aux États-Unis. Nous devrons veiller à ce que cette agence et tous les autres organismes ayant accès à ces technologies respectent la loi et fassent l'objet d'une supervision adéquate. C'est ainsi que nous éviterons de plonger dans cet abîme dont il serait impossible de sortir [...][22].

À l'époque où le sénateur Church a fait cette déclaration, la NSA n'était pas autorisée à épier des citoyens américains. Aujourd'hui, elle en a le droit.

Le président peut ordonner à des militaires de capturer n'importe quel citoyen et de le détenir sans inculpation. En effet, une résolution intitulée Autorisation de recourir à la force militaire, adoptée conjointement par les deux chambres du Congrès dans la foulée des événements du 11-septembre, donne à l'exécutif le pouvoir d'«utiliser toute la force jugée nécessaire et appropriée» contre quiconque est impliqué dans la planification ou la perpétration d'une attaque terroriste. Ainsi, en accusant des citoyens des États-Unis d'être des «combattants ennemis», le président peut les dépouiller des droits que leur reconnaît la Constitution. Que signifie cette résolution pour les citoyens? Combien de temps peut-on être détenu sans inculpation, sans avoir droit à un avocat et sans pouvoir communiquer avec l'extérieur?

Le spectre de l'agitation sociale est évoqué dans un rapport intitulé *Known Unknowns: Unconventional «Strategic Shocks» in Defense Strategy Development*, publié en novembre 2008 par l'Institut d'études stratégiques de l'École supérieure de guerre de l'armée des États-Unis. Son auteur, le professeur et ex-officier Nathan Frier, y invite les militaires à se préparer à «des bouleversements stratégiques violents sur le territoire même des États-Unis», qui pourraient être provoqués par un «effondrement imprévu de l'économie», une «résistance intérieure acharnée», des «urgences en matière de santé publique» ou par un «dysfonctionnement des instances politiques et judiciaires».

La «violence populaire généralisée» qui résulterait de telles situations, lit-on dans le document, «obligerait en dernière instance les autorités militaires à revoir leurs priorités en vue d'assurer un minimum d'ordre et de sécurité».

Un establishment politique et militaire auquel de longues années de paix sociale ont donné un excès de confiance serait contraint de renoncer sans attendre à une partie ou à l'essentiel de ses missions à l'étranger afin de faire face à la montée de l'insécurité au pays.

Dans des circonstances extrêmes, cette réorientation pourrait impliquer l'usage de la force militaire contre des groupes hostiles œuvrant sur le territoire des États-Unis. Qui plus est, en cas de conflit social à l'échelle nationale ou internationale, [le département de la Défense] serait nécessairement appelé à jouer un rôle crucial dans la mise en place de conditions favorables à la continuité du pouvoir politique, poursuit le fascicule[23].

En clair, il est ici question d'imposer la loi martiale et un gouvernement de facto dirigé par le département de la Défense. C'est du moins ce que ses stratèges envisagent. Il importe d'en être conscient.

Dans son témoignage, Dennis Blair a prévenu les sénateurs qu'«environ le quart des pays ont déjà enregistré une certaine instabilité, par exemple des changements de gouvernement, en raison du ralentissement économique actuel». Bien que «la plupart des manifestations antigouvernementales» ayant eu lieu dans le monde se soient produites en Europe et dans les pays de l'ex-URSS, a-t-il indiqué, celles-ci pourraient très bien s'étendre aux États-Unis. L'effondrement du système financier mondial «risque de susciter une vague de crises économiques dans les pays émergents au cours de l'année qui vient». De nombreux pays «d'Amérique latine, d'ex-URSS et d'Afrique subsaharienne n'ont pas de réserves monétaires suffisantes, d'accès adéquat au marché international du crédit ou d'autres moyens de faire face à la crise».

«Quand le taux de croissance chute, il faut s'attendre à ce que surgissent des problèmes», a déclaré Blair aux sénateurs. Il a cité des «modélisations statistiques» montrant que, «si elle se prolonge au-delà d'un an ou deux, une crise économique augmente les risques d'instabilité pouvant ébranler un régime[24]».

Ce jour-là, Blair tenait le nouveau discours de la peur. Avec l'aggravation de la crise économique, l'islamisme radical va cesser d'être présenté comme la principale menace à laquelle sont confrontés les États-Unis (même si les détenteurs du pouvoir ne se gêneront pas pour en brandir l'épouvantail s'ils jugent nécessaire de recourir à un certain exotisme pour effrayer la population). Les autorités vont plutôt mettre l'accent sur le danger que représente la populace, les environnementalistes, les anarchistes, les syndicats, les milices d'extrême droite et les autres enragés d'une classe ouvrière dépossédée. Comme c'est toujours le cas en période de crise et d'appauvrissement, la criminalité va augmenter. Dans les bulletins de nouvelles des grands médias, ceux qui contesteront la main de fer de l'État policier seront assimilés à la classe en pleine expansion des indigents portés sur le crime.

*

* *

L'État-entreprise dissimule son travail de sape sous des mensonges. Prenons l'exemple de l'indice des prix à la consommation (IPC), dont se sert l'État pour mesurer l'inflation. Pour obtenir de faibles taux d'inflation, on remplace certaines composantes du panier d'achats type constituant la base de l'IPC par d'autres produits de base dont le prix a peu augmenté. Grâce à cette astuce, l'augmentation du coût de la vie paraît faible. L'écart entre le discours et la réalité est digne des fables que servait le régime de la vieille Allemagne de l'Est à sa population. En 2008, M.P. Dunleavey, qui signe la rubrique «Cost of Living» dans le *New York Times*, a écrit qu'elle déboursait 587 dollars par mois pour son épicerie, contre 400 l'année précédente[25]. Il s'agit d'une hausse de 40%. Selon l'économiste californien John Williams, directeur de l'organisme Shadow Government Statistics, si Washington appliquait les critères de 1970 pour mesurer l'IPC, le taux d'inflation courant se chiffrerait à 10%.

Ces fausses statistiques procurent un avantage considérable aux grandes entreprises. Des taux d'inflation artificiellement bas, nettement inférieurs aux taux réels, font en sorte que les taux d'intérêt sont plus faibles qu'ils n'en ont l'air. Tout en masquant la détérioration de l'économie américaine, ces statistiques truquées permettent aux grandes entreprises et à l'État de se soustraire aux mesures d'ajustement normalement commandées par l'inflation. Ainsi, les prestations d'aide sociale et de retraite n'augmentent pas suffisamment, les taux d'intérêt sur une dette atteignant des milliers de milliards de dollars restent bas et les hausses de salaire sont inférieures à l'élévation du coût de la vie.

De tels mensonges camouflent le déclin de l'économie depuis déjà quelques dizaines d'années. Comme par magie, l'administration Reagan a fait baisser le taux de chômage de 2 % en incluant 1,5 million d'employés de l'armée de terre, de la Navy, de l'armée de l'air et du Corps des *marines* dans les effectifs de la fonction publique. À son tour, le président Clinton a décrété que les personnes ayant renoncé à chercher du travail ou n'en ayant trouvé qu'à temps partiel alors qu'elles souhaitaient travailler à plein temps ne seraient plus considérées comme des chômeurs. Cette astuce lui a permis de rayer cinq millions de chômeurs des statistiques officielles. Dès qu'une personne travaille plus de 21 heures par semaine (la plupart des petits salariés d'entreprises comme Wal-Mart travaillent en moyenne 28 heures par semaine), elle est prise en compte dans le calcul du taux d'emploi, et ce, même si son salaire réel est bien inférieur au seuil de pauvreté. Ainsi, aux États-Unis, le taux de chômage réel, qui inclut les personnes ayant abandonné leur recherche d'emploi et celles qui n'ont qu'un petit boulot à mi-temps et mal payé, n'est pas de 8,5 %, mais bien de 15 %, ce qui représente près de 1 personne en âge de travailler sur 6, et le rythme actuel des pertes d'emplois dépasse celui qui sévissait dans les mois ayant suivi le krach de 1929.

L'individualisme est considéré comme la valeur fondamentale de la culture américaine. Pourtant, la plupart des Américains se soumettent à la tyrannie de l'État-entreprise sans rouspéter. On dit que les États-Unis sont une démocratie, mais les taux de participation aux élections nationales y sont médiocres, sans parler des scrutins portant sur des enjeux locaux, qui attirent souvent moins de 10 % des électeurs. Les élus fondent leurs décisions non pas sur le bien commun, mais sur leurs chances de plaire à de potentiels donateurs pour leurs campagnes et de décrocher un emploi lucratif au terme de leur mandat. Bien qu'elle clame sans cesse que l'État fait partie du problème et qu'il faut laisser les marchés s'autoréguler, l'élite de la finance et des affaires n'a pas hésité à piller le trésor public après avoir ruiné l'économie. Les États-Unis, martèle-t-on, sont une économie de marché fondée sur les principes du capitalisme et du libre-échange ; pourtant, la plus grande part de leurs exportations revient à l'industrie de l'armement. Un fossé se creuse entre ce qu'on dit croire et ce qu'on fait concrètement. Les Américains sont aveuglés, ensorcelés par l'illusion, qui finit par les réduire en esclavage.

*

* *

C'est l'effondrement économique de la Yougoslavie qui a porté Slobodan Milosevic au pouvoir, c'est en s'écroulant que la république de Weimar a vomi Adolf Hitler, et c'est le naufrage de la Russie tsariste qui a ouvert la porte à Lénine et aux bolcheviques. Les grandes crises économiques engendrent invariablement l'extrémisme politique. La rage qui habite actuellement une classe ouvrière américaine appauvrie et privée de ses droits sociaux laisse présager un inquiétant virage à l'extrême droite. Pendant deux ans, j'ai parcouru le pays en vue d'écrire un livre sur la droite chrétienne intitulé *American Fascists: The Christian Right and the War on America*[26]. Pour bon nombre de citoyens des anciennes villes industrielles que j'ai visitées, la fin du monde n'est plus une vue de l'esprit. Insécurité et instabilité ont jeté la classe ouvrière dans un profond désespoir et, chose peu surprenante, dans les bras de ces démagogues et charlatans de la droite chrétienne radicale qui prêchent la foi dans la magie, les miracles et l'utopie d'une nation fondée sur leur lecture de la Bible. Si rien n'est fait pour réintégrer les travailleurs dépossédés dans l'économie et leur redonner espoir, c'en sera fait de la démocratie américaine.

Dans son essai intitulé *Effondrement*, le biologiste et géographe Jared Diamond énumère cinq facteurs pouvant mener à l'effondrement d'une société : l'incapacité à prévenir la dégradation de l'environnement et à en comprendre les causes, les changements climatiques, les déprédations commises par des voisins hostiles, la dépendance envers des partenaires contraints de freiner leurs échanges commerciaux et, enfin, les réponses apportées par la société à ces problèmes[27]. Ce dernier facteur, qui témoigne souvent d'un décalage entre les intérêts à court terme de l'élite et les intérêts à long terme de la société qu'elle domine et exploite, est crucial.

La corruption, l'incurie et l'inertie politique d'une élite qui se croit au-dessus des lois engendrent presque toujours une généralisation du cynisme, du repli sur soi, de l'apathie et, enfin, de la colère. Ceux qui en subissent les conséquences perdent toute loyauté envers la nation et en viennent progressivement à nourrir un violent ressentiment. Tournée en dérision par le comportement des classes privilégiées, la notion même de bien commun disparaît. Plus rien n'importe. Tout ce qui compte, c'est « moi ».

Alors que la population commence à saisir l'ampleur de la fourberie et des agissements de la classe dominante, que les partis républicain et démocrate se révèlent les instruments dociles de l'État-entreprise, que les comptes d'épargne, les fonds d'études et les régimes de retraite perdent leur valeur, que le chômage atteint des sommets et que le prix des maisons est en chute libre, il faut se préparer au retour en force sur la scène politique d'une extrême droite revigorée, avec dans ses rangs des éléments de la droite chrétienne. Comme tous les mouvements extrémistes, la droite chrétienne s'abreuve du désespoir et de l'absence de perspectives économiques. En cette époque où de plus en plus de gens s'enfoncent dans la misère sans entrevoir de solution, le désespoir est un des rares produits que nous ayons en surplus.

Notre effondrement n'est toutefois pas seulement économique et politique : la crise touche aussi notre foi. L'idéologie
capitaliste de la croissance illimitée a échoué. Ses tenants ont
fait preuve d'insouciance à l'égard de la surexploitation des
ressources naturelles, qu'il s'agisse des combustibles fossiles
ou des stocks de poissons, sans parler de l'érosion des sols, de
la surpopulation et du réchauffement climatique. Ils se sont
montrés incapables de comprendre que le déclin du secteur
manufacturier et l'intensification effrénée des mouvements de
capitaux déréglementés pouvaient ruiner le système financier.
Surévaluation du dollar (qui pourrait bientôt chuter), multi-
plication des bulles spéculatives allant des technologies à l'immobilier, avidité incontrôlée, désindustrialisation, montée de
l'oligarchie, corruption de l'élite politique, appauvrissement
des salariés, budget militaire outrancier, crédit illimité... Les
innombrables conséquences de cette idéologie se conjuguent
pour nous mener à notre perte. La crise financière pourrait
bientôt se muer en crise de change, un second choc qui met-
trait en péril la solvabilité des États-Unis. Nous avons confié
les rênes au marché et nous en payons maintenant le prix.

Dans *La grande transformation,* son ouvrage phare paru
en 1944, Karl Polanyi a exposé les effets dévastateurs – dépres-
sions, guerres, totalitarisme – du prétendu libre marché autorégulé. Il avait compris que « le fascisme, comme le socialisme,
était enraciné dans une société de marché qui refusait de
fonctionner[28] ». En l'absence d'un strict contrôle de l'État,
expliquait-il, tout système financier ne peut que dégénérer en
capitalisme mafieux (assorti d'un régime politique à l'avenant).
Voilà qui décrit bien l'actuelle élite du pouvoir.

Polanyi, qui a fui l'Europe fasciste en 1933 avant de devenir professeur à l'université Columbia, a fait valoir que le marché autorégulé a pour effet de transformer les humains et la
nature en marchandises dont il détermine lui-même la valeur,
ce qui mène inexorablement à la destruction de la société et de
l'environnement. Une société qui ne reconnaît plus le caractère sacré de la nature et de la vie humaine, qui ne perçoit plus
en celles-ci une valeur intrinsèque supérieure à toute valeur

marchande, court au suicide. Les excès de la spéculation et le creusement des inégalités, écrivait-il, sapent inéluctablement les fondements de toute prospérité à long terme.

La crise économique actuelle se superpose à une crise environnementale, ce dont Polanyi n'aurait pas été surpris. La planète se réchauffe à un rythme alarmant : fonte des calottes glaciaires, hausse du niveau des mers, sécheresses affectant des terres arables... En 2008, sur la côte arctique de la Russie, les membres de l'expédition International Siberian Shelf Study (isss) ont observé des « cheminées de méthane » jaillissant du plancher océanique pour remonter vers la surface. La hausse des températures moyennes en Arctique provoque la libération de quantités croissantes de ce gaz jusqu'ici séquestré dans le pergélisol, dont l'impact sur l'effet de serre est 25 fois plus fort que celui du dioxyde de carbone et dont l'émission par millions de tonnes dans l'atmosphère ne peut qu'accélérer le réchauffement climatique.

Les maîtres de l'État-entreprise s'opposent à la protection de l'environnement tout aussi vigoureusement qu'ils combattent la réglementation financière. Comme l'avait prédit Polanyi, ils sont responsables de notre appauvrissement autant que de celui des écosystèmes. De concert avec un État soumis à la grande entreprise, les industries du pétrole, du gaz et de l'automobile nous ont rendus dépendants des combustibles fossiles. S'il se poursuit, le réchauffement du climat va rendre inhabitables de vastes régions de la planète. Des espèces sont en voie d'extinction, et des millions d'habitants des régions côtières et désertiques ont déjà commencé à migrer. Le climatologue de la NASA, James Hansen, a démontré qu'une concentration en dioxyde de carbone supérieure à 350 parties par million (ppm) dans l'atmosphère est incompatible avec la préservation de « cette planète où la civilisation s'est épanouie et à laquelle la vie est adaptée ». Pour enrayer cette immolation et revenir à un taux inférieur à 350 ppm, a-t-il conclu, il faudra mettre un terme à la combustion de charbon d'ici 2030 (et bien avant dans le seul monde industrialisé). Notons que la moitié de l'électricité consommée aux États-Unis est produite à partir de ce combustible.

*

* *

La démocratie n'est pas une excroissance du libre marché. En fait, démocratie et capitalisme sont antagoniques. À l'instar de l'individualisme, celle-ci ne repose pas sur l'appât du gain, mais plutôt sur le don de soi. Pour bien fonctionner, elle doit souvent donner préséance aux citoyens au détriment des intérêts économiques de l'élite. Ce n'est toutefois pas ce qu'on observe dans les agissements des dirigeants d'entreprises et des mandarins de l'État, qui tentent de freiner l'effondrement de l'économie en fournissant argent et ressources au secteur financier. Leurs compétences se limitant à la gestion du système tel qu'il est, on voit mal comment ils sauraient le transformer.

Selon Saul, les trois principaux objectifs du mouvement corporatiste des années 1920 en Allemagne, en Italie et en France, qui allaient devenir partie intégrante du fascisme, étaient de «faire passer le pouvoir directement aux groupes d'intérêt économique et social», d'«encourager l'esprit d'entreprise dans les domaines habituellement réservés au service public» et d'«effacer les frontières entre l'intérêt public et privé, c'est-à-dire [de] remettre en question l'idée d'intérêt public[29]». Voilà qui semble désespérément familier.

Chute des salaires réels oblige, la classe ouvrière n'a pu surnager qu'en s'endettant lourdement. Elle risque aujourd'hui de voir ses revenus stagner ou diminuer pendant des années, voire des décennies, et ce, sans recouvrer son accès au crédit. En parallèle, des intérêts commerciaux et spéculatifs drainent le trésor public. L'État, seule institution assez puissante pour défendre les droits des citoyens, se retrouve affaibli, de moins en moins capable d'aider cette masse d'Américains qui font face à la pire période d'austérité et de souffrances que le pays ait connue depuis les années 1930. Joseph Schumpeter l'avait bien compris : la destruction créatrice est un processus essentiel du capitalisme débridé.

« Nous allons assister au gaspillage le plus monumental et à la plus vaste escroquerie de l'histoire des États-Unis », me répond Ralph Nader depuis son bureau de Washington quand, à l'automne 2008, je lui demande ce qu'il pense du plan de sauvetage du système financier.

« Non seulement est-il mal orienté, en ce sens où il est destiné aux responsables de la crise plutôt qu'aux gens qui en ont subi les pires conséquences, mais ses modalités d'application ne garantissent ni son efficience ni un comportement honnête de la part de ses bénéficiaires. Le département de la Justice est débordé : il ne dispose pas du dixième des avocats, enquêteurs et autres vérificateurs dont il aurait besoin pour traiter la vague de crimes d'entreprise antérieure au plan de sauvetage. Il se révèle particulièrement incapable d'empêcher la déprédation de cet argent frais par le milieu de la finance. Les institutions financières n'ont pas affecté ces sommes à la relance du crédit d'investissement, mais plutôt à des acquisitions ou aux primes et dividendes qu'elles ont continué d'accorder à leurs dirigeants et actionnaires. Tant qu'on ne les condamne pas à la prison ou que peu de reportages rapportent l'incarcération de leurs collègues, ils peuvent bien se moquer de la justice. Ils jouissent d'une impunité totale. Ceux qui démissionnent se voient offrir un parachute doré. Même [le président de General Motors Rick] Wagoner est parti en empochant 21 millions de dollars. »

Une poignée d'anciens cadres ont admis que le plan de sauvetage constituait un gaspillage. Maurice R. Greenberg, ex-PDG de la société American International Group (AIG), a déclaré au comité de la Chambre des représentants pour la surveillance et la réforme du gouvernement que la tentative de sauvetage de la firme, qui a coûté 170 milliards de dollars au trésor public, avait « échoué ». Celle-ci aurait dû se réorganiser en se plaçant sous la protection du chapitre 11 de la Loi sur les faillites plutôt que d'appeler l'État à l'aide, a-t-il expliqué.

« Ces sauvetages témoignent de l'état de délabrement avancé de nos institutions, affirme Nader. On dépense des sommes astronomiques sans savoir si ça va donner quelque chose. »

« Ce capitalisme en faillite entraîne dans sa chute les politiques socialistes à l'aide desquelles on cherche à le sauver, poursuit-il. Nous avons atteint la phase terminale : s'il n'y a plus de socialisme pour sauver ces firmes, nous risquons de nous retrouver dans une société féodale : corps de police privés, quartiers privés, servage... le tout à la sauce xxie siècle. »

L'État n'arrivera jamais à amasser les 3 000 ou 4 000 milliards de dollars supplémentaires dont il aurait besoin pour réparer les dégâts, surtout si l'on tient compte des dépenses de 12 000 milliards déjà engagées. Il n'y a pas si longtemps, de telles dépenses auraient été impensables. Les plans de sauvetage et de stimulation économique ne ressusciteront pas le capitalisme de casino. Même si rien n'indique que la crise soit à la veille de prendre fin ni que les sauvetages produisent les effets escomptés, l'insouciance et l'appât du gain des barons du capitalisme sont à leur paroxysme. Le fardeau imposé aux classes ouvrière et moyenne devient écrasant. Durant le dernier trimestre de 2008, indique la Réserve fédérale, les ménages américains ont perdu 5 100 milliards de dollars, soit 9 % de leur richesse. En 57 ans de collecte de données, il s'agit là de la plus lourde perte que la banque centrale ait jamais subie en un seul trimestre. Sur l'année entière, les avoirs des ménages ont diminué de 11 100 milliards, soit de 18 %. Ces chiffres ne tiennent pas compte du déclin des investissements sur le marché des valeurs mobilières, qui s'est sans doute traduit par la volatilisation de milliers de milliards de dollars supplémentaires en valeur nette collective.

La chute, inévitable si rien n'est fait pour changer le cours des choses, sera subite. Les États-Unis empruntent plus de deux milliards de dollars par jour depuis dix ans ; ils ne pourront continuer à le faire éternellement. Dès que la Chine, les monarchies pétrolières et d'autres investisseurs internationaux vont cesser d'acheter des bons du Trésor américain, le dollar va dégringoler et l'inflation va grimper en flèche. Bref, le pays va devenir une seconde république de Weimar. Les démocrates et la plupart des républicains vont alors faire les frais de la rage incontrôlée d'une population trahie qui n'aura pas été préparée intellectuellement et émotionnellement à une telle débâcle. Les hurluberlus protofascistes que sont les démagogues chrétiens, les animateurs de radio-poubelle ou les simples d'esprit comme Sarah Palin, bref, tous ceux dont on se moque en les traitant de bouffons, vont trouver un public ouvert à leurs idées de vengeance et de renouveau de l'ordre moral. L'élite – celle qui, diplômée de Harvard, parle la langue de l'argent – va quant à elle se barricader dans ses luxueuses enclaves et continuer à jouir de ses privilèges pendant que la majorité dépossédée, exclue de ces quartiers protégés, sera livrée aux griffes de l'État policier.

Selon John Maynard Keynes, Lénine aurait déclaré que le meilleur moyen de détruire le capitalisme était de corrompre la circulation monétaire. La désintégration du système financier et la chute du dollar américain vont engendrer une perte de confiance dans les mécanismes classiques de régulation sociale. Quand une monnaie perd toute valeur, le gouvernement subit le même sort, les normes et les croyances volent en éclats et les repères moraux s'inversent. Les honnêtes travailleurs paient la note pendant que les bandits, profiteurs et autres spéculateurs s'enfuient avec la caisse. Certains signes laissent entrevoir qu'un tel processus s'est amorcé. Pensons par exemple au dernier PDG de Lehman Brothers, Richard Fuld. Alors que bon nombre de ses investisseurs perdaient tout, il a empoché 485 millions de dollars. L'effondrement d'une économie ne se traduit pas uniquement par un déclin du commerce, des pénuries, des faillites et une hausse du chômage : il ébranle aussi les bases mêmes de la société. J'en ai jadis été témoin en Yougoslavie. Je le constate aujourd'hui aux États-Unis.

La crise a révélé la vraie nature du libre marché et de la mondialisation : loin d'être source de prospérité, ceux-ci sont plutôt les vecteurs d'une véritable escroquerie. Cette mise à nu ne doit cependant pas laisser présager quelque abdication des maîtres de l'État-entreprise. Comme l'avait souligné George Orwell, le totalitarisme ne se caractérise pas tant par la foi que par la schizophrénie : « Une société devient totalitaire quand sa structure devient manifestement artificielle, c'est-à-dire lorsque sa classe dominante ne remplit aucune fonction, mais parvient à s'accrocher au pouvoir par la force ou par la fraude[30]. » Une fois sa fraude massive démasquée, il ne lui reste plus que la force.

Craignant de perdre leur pouvoir et leur richesse, de puissants milieux d'affaires déploient leurs forces à l'encontre de la population. Ils attendent le moment opportun pour frapper, la crise nationale qui leur permettrait, au nom de la sécurité et de la morale, de s'arroger le pouvoir absolu. Ils sont prêts. Ces forces antidémocratiques, qui chercheront à s'allier à la droite chrétienne radicale et à d'autres mouvements extrémistes, miseront sur la peur, le chaos et la haine de l'élite en brandissant le spectre de la gauche et du terrorisme pour imposer des mesures draconiennes visant à tuer la démocratie américaine. Croix en main, drapés dans la bannière étoilée, ils s'engageront à faire régner la loi et l'ordre en scandant des slogans patriotiques. Ce jour-là, épuisés, brisés, nous n'aurons peut-être plus la force de résister.

*
* *

Dans *La crypte des capucins*, roman relatant le déclin de l'Empire austro-hongrois, Joseph Roth écrit que, à la toute fin, même les lampadaires attendaient impatiemment la levée du jour pour pouvoir enfin s'éteindre. Conjuguée à un déclin moral empreint d'hédonisme et d'une malsaine frivolité généralisée, une semblable pulsion de mort anime le monde d'aujourd'hui, où les gens sont réduits à l'état d'objets, où tout se vaut et où les mythes nationaux se sont écroulés. La Terre est jonchée des ruines de puissantes civilisations disparues. Les empires égyptien, perse, maya, romain, byzantin, moghol, ottoman et chinois ne se sont pas tous effondrés pour les mêmes raisons. L'Empire romain, par exemple, n'a jamais été confronté à l'épuisement de ses ressources naturelles ou à une catastrophe écologique. Néanmoins, au moment de leur déclin, tous étaient sous la coupe d'une élite plus ou moins corrompue qui, trop occupée à dilapider les ressources et à piller l'État, n'arrivait plus à maintenir l'allégeance du peuple au régime et la cohésion sociale. Ces empires ont donc subi une déchéance morale. À leur stade ultime, ils reposaient de plus en plus sur l'embauche de mercenaires – comme le font les États-Unis en Irak et en Afghanistan –, car leurs citoyens ne souhaitaient plus s'enrôler dans l'armée. En se vautrant dans la jouissance et la complaisance et en renonçant à leurs obligations civiques et à leurs propres émotions au profit de l'effervescence clinquante du spectacle des arènes, les peuples de ces empires ont sombré dans l'apathie politique, précipitant leur déclin.

Plus nous nous éloignons d'une culture transmise par l'écrit, tout en complexité, en nuances et en idées, pour nous réfugier dans l'univers rassurant des images, des fantasmes, des slogans, des célébrités et de la violence, plus nous risquons l'implosion. L'effondrement se poursuit, notre souffrance augmente et, tels les amateurs de lutte professionnelle ou les gens qui confondent pornographie et sexualité, nous aspirons au charme réconfortant de l'illusion. L'illusion nous apporte le bien-être ; elle constitue sa propre réalité. Les voix de ces cassandres solitaires qui osent lever le voile sur nos désastreuses guerres impériales, le marasme économique ou les dangers de la pollution et de la surpopulation se perdent dans le chahut d'auditoriums ou de studios de télévision bondés de spectateurs en liesse qui scandent «Pute ! Pute ! Pute !» ou «JER-RY ! JER-RY ! JER-RY ! JER-RY !»

Plus sa situation s'aggrave, moins une population aux abois veut en entendre parler, préférant s'abreuver de ces sordides pseudo-événements que sont les drames vécus par les vedettes, les potins ou d'autres futilités constituant les plaisirs malsains d'une civilisation à l'agonie. De tous les fossés culturels, le plus inquiétant est celui qui divise les consommateurs d'illusions préfabriquées et les personnes qui savent s'en prémunir et regardent la réalité en face. Plus important que les clivages entre groupes ethniques, entre classes sociales, entre genres, entre croyants et athées ou entre républicains et démocrates, cet écart culturel sépare deux camps antagoniques radicalement différents, entre lesquels il semble impossible de bâtir des ponts tant ils ne parlent plus le même langage : une minorité cultivée et une majorité de béotiens absorbés par la culture de masse.

La culture de masse semble tout droit sortie du Pays imaginaire de Peter Pan. Elle veut nous faire croire que, si nous fermons les yeux, si nous visualisons ce que nous désirons, si nous avons foi en nous-mêmes, si nous disons à Dieu que nous croyons aux miracles, si nous puisons dans notre force intérieure, si nous comprenons que nous sommes vraiment exceptionnels et si nous veillons à notre bonheur, l'harmonie et la plénitude rempliront nos vies. Qu'il soit inspiré par les psychologues positifs, Hollywood ou les télévangélistes, ce repli dans la culture de l'illusion est une forme de pensée magique grâce à laquelle des prêts hypothécaires sans valeur se transforment en richesse, la destruction de notre assise manufacturière se transforme en possibilité de croissance, l'aliénation et l'anxiété se transforment en conformisme pétulant, et un État qui mène des guerres illégales et administre des colonies pénitentiaires où l'on pratique ouvertement la torture à l'étranger devient la plus grande démocratie du monde.

Nous entrons dans une période éprouvante de notre histoire. Soit nous serons ramenés au réalisme, à une nécessaire prise de conscience de l'impossibilité pour l'humain de façonner le réel selon ses désirs, soit le pays sombrera dans le despotisme. Soit nous apprendrons à transformer radicalement notre mode de vie, à composer avec la raréfaction des ressources, avec un environnement ravagé, une économie exsangue et le déclin de notre puissance militaire, soit nous mourrons agrippés à nos illusions. Voilà les choix difficiles auxquels nous sommes confrontés.

Cela dit, même si nous n'arrivons pas à freiner notre chute, il ne sera pas vain de garder espoir. Nous sommes certes confrontés à des forces impitoyables qui pourraient plonger le pays dans une dystopie sombre et liberticide, mais aucune tyrannie n'a jamais su endiguer la puissance de l'amour. Désorganisé, irrationnel, capable d'inspirer des élans de compassion pouvant compromettre l'existence de celui qui les ressent, l'amour est profondément subversif. Capable d'inspirer des actes de bonté modestes et désintéressés, celui-ci s'est manifesté jusque dans l'horreur des camps de concentration nazis, des champs de la mort des Khmers rouges, du goulag soviétique, du génocide rwandais et du massacre de Srebrenica.

Dans son chef-d'œuvre intitulé *Vie et destin*, l'écrivain et dissident soviétique Vassili Grossman a décrit la puissance de tels gestes :

> J'ai vu que ce n'était pas l'homme qui était impuissant dans sa lutte contre le mal, j'ai vu ce que c'était le mal qui était impuissant dans sa lutte contre l'homme. Le secret de l'immortalité de la bonté est dans son impuissance. Elle est invincible. Plus elle est insensée, plus elle est absurde et impuissante et plus elle est grande. Le mal ne peut rien contre elle ! Les prophètes, les maîtres de la foi, les réformateurs, les leaders, les guides ne peuvent rien contre elle ! L'amour aveugle et muet est le sens de l'homme. L'histoire des hommes n'est pas le combat du bien cherchant à vaincre le mal. L'histoire de l'homme, c'est le combat du mal cherchant à écraser la minuscule graine d'humanité. Mais si même maintenant l'humain n'a pas été tué dans l'homme, alors jamais le mal ne vaincra[31].

Que représentait un simple bout de papier aux yeux de Pol Pot ou de Staline ? Que représentait un simple bout de papier pour le poète russe Ossip Mandelstam, anéanti par la terreur stalinienne, ou pour son confrère hongrois Miklós Radnóti, dont le corps retrouvé dans une fosse commune était couvert de poèmes condamnant ses assassins fascistes, poèmes qu'on enseigne aujourd'hui aux enfants de son pays ?

> *Je suis un poète bon à mettre au feu du bûcher*
> *car il a témoigné pour la vérité.*
>
> *Celui-là, qui sait que la neige est blanche,*
> *que le sang est rouge, comme l'est le pavot,*
> *et que la tige duveteuse du pavot est verte.*
> *Celui-là, ils le tuent à la fin,*
> *parce que lui-même n'a jamais tué[32].*

Que représentait la parole de Jésus pour les consuls romains et les enseignements de Bouddha pour les seigneurs de guerre féodaux? Des siècles ou des décennies plus tard, qu'avons-nous retenu de tout cela? Les harangues pompeuses du dictateur ou les rappels à notre commune humanité du sage ou du poète?

Je ne suis pas naïf à propos de la violence, de la tyrannie ou de la guerre. J'ai été témoin de bien assez de cruauté humaine. Toutefois, j'ai aussi pu constater, au fil des conflits, qu'on sous-estime la puissance de l'amour, celle d'un archevêque salvadorien bravant les assassins au prix de sa vie ou du maire d'un petit village des Balkans cherchant à faire cesser les assauts que subissent ses voisins musulmans. Des années après leur disparition, ces défenseurs du sacré incarnent, pour ceux qui les suivent, des témoins invisibles qui, par leur seul courage, condamnent les tortionnaires d'aujourd'hui. Ils sont peut-être peu nombreux, mais leurs voix traversent le temps. Les médiocres qui dissimulent leur sentiment d'inutilité et de vacuité sous le masque du pouvoir et de l'illusion en essayant de nous imposer leurs pernicieuses idéologies craignent par-dessus tout ceux qui parlent le langage de l'amour. Comme d'autres avant eux, ils cherchent à faire taire ces voix solitaires, mais celles-ci, fières et indociles, se refusent toujours au silence. Toutes les époques, toutes les cultures et toutes les religions ont produit des esprits dissidents, prêts à se battre pour les opprimés. La nôtre ne fait pas exception. La faculté d'être «d'ironiques points de lumière» qui «étincellent là où les Justes font échange de leurs messages[33]», comme l'écrivait W.H. Auden, tient à la capacité de donner un sens à sa vie. À la fin de sa vie, Cyrano de Bergerac déclare, haletant:

> Oui, vous m'arrachez tout, le laurier et la rose!
> Arrachez! Il y a malgré vous quelque chose
> Que j'emporte, et ce soir, quand j'entrerai chez Dieu,
> Mon salut balaiera largement le seuil bleu,
> Quelque chose que sans un pli, sans une tache,
> J'emporte malgré vous [...][34].

La culture de l'illusion est essentiellement une culture de la mort. Lorsqu'elle disparaîtra, elle ne laissera pas grand-chose en héritage. Sparte a glorifié le militarisme, la discipline, l'obéissance et le pouvoir, mais ce sont l'art et la philosophie d'Athènes qui depuis des siècles illuminent le monde. L'espoir existe et existera toujours. Il n'émanera ni des institutions ni de l'État-nation, mais il s'imposera, et ce, même si notre civilisation s'éteint. L'amour est plus puissant que la mort. Il est indomptable. Grâce à lui, l'humain sait se sacrifier pour autrui (ce que presque tous les parents comprennent) et honorer le sacré. Depuis des millénaires, les élites du pouvoir tentent en vain d'anéantir la puissance de l'amour. Aveugle, implicite, insensible au chant des sirènes de la célébrité, incapable de s'incliner devant l'illusion, indifférent à la soif de pouvoir, l'amour finit toujours par jaillir, venant rappeler à une société à la dérive qu'elle doit distinguer le réel de l'illusion. Même si l'humanité plonge dans les ténèbres, l'amour survivra et, dans les décombres s'il le faut, triomphera.

Remerciements

C E LIVRE n'aurait jamais vu le jour sans l'aide d'Eunice. C'est elle qui a tout visionné et tout retranscrit, des galas de lutte professionnelle aux émissions de télé-réalité, en passant par les scènes décrites dans le chapitre consacré à la pornographie. Elle a retravaillé et réécrit maints passages, précisant des réflexions incomplètes, critiquant des affirmations douteuses et ajoutant çà et là des paragraphes afin d'enrichir mon argumentation. Elle a passé nombre de nuits blanches à revoir des sections entières pendant que je dormais. Toutes mes publications bénéficient d'ailleurs de ses bons soins. Notre mariage repose sur une combinaison unique d'affinités spirituelles et intellectuelles. Comme l'écrivait John Donne dans *Le Soleil levant* :

> *Elle est tous les États et moi tous les Princes ;*
> *Il n'existe rien d'autre.*
> *Les Monarques nous contrefont ; auprès du nôtre*
> *Tout honneur est d'emprunt, tout trésor alchimie ;*
> *Et toi, Soleil, tu n'es guère moins heureux*
> *À voir le monde ainsi se contracter*[35].

Je suis profondément reconnaissant envers le Nation Institute et la fondation Lannan pour leur soutien, sans lequel je n'aurais pu écrire ce livre. Je tiens à remercier plus particulièrement Hamilton Fish, Ruth Baldwin, Taya Grobow et Jonathan Schell, ainsi que Peggy Suttle et Katrina van den Heuvel, du magazine *The Nation*. Carl Bromley, de Nation Books, est un éditeur particulièrement brillant et talentueux doublé d'un remarquable écrivain et d'un intellectuel à part entière ; il m'a grandement aidé à donner à ce livre sa forme définitive. En cette époque où l'édition semble être un art en voie de disparition, il applique à son métier les normes les plus élevées. Amoureux des livres et des idées, il fait preuve d'un enthousiasme contagieux, sans parler de ses intuitions presque toujours justes. Travailler à ses côtés fut un privilège. Michele Jacob, avec qui j'avais déjà travaillé, s'est occupée de la publicité et des relations de presse avec toute l'efficacité dont elle a toujours su faire preuve. Patrick Lannan et Jo Chapman, de la fondation Lannan, m'ont en tout temps apporté leur soutien inconditionnel. Patrick, qui en a sans doute fait plus que quiconque au pays pour appuyer, défendre et préserver des écrits de qualité, est celui qui m'a fait connaître l'essai de Sheldon Wolin intitulé *Democracy Incorporated.*

Mon mentor le révérend Coleman Brown, qui m'a enseigné la religion à l'université Colegate, m'a encore soutenu dans ce projet. Sa générosité, sa grande sagesse et ses remarques pertinentes ne m'ont pas ménagé. Sa compassion et sa grande lucidité quant à la condition humaine m'ont permis d'adopter un ton plus modéré et m'ont prémuni contre le désespoir, me rappelant que le bien existe et n'est pas aussi impuissant qu'il ne le semble.

Amoureux comme moi des livres, de la poésie et du théâtre, John Timpane a révisé la dernière version du manuscrit, ce qu'il a d'ailleurs fait, à ma demande, pour chacun de mes livres. Meilleur réviseur de la profession, John est pour moi l'autorité suprême, qui décide en dernière instance de ce que je dois conserver, enlever ou modifier. Nul écrivain ne pourrait être en de meilleures mains.

Chris Hebdon, étudiant à Berkeley, a travaillé sans relâche à ce projet. Il a assisté au séminaire sur la psychologie positive, qu'il a enregistré pour en faire un compte rendu, et il a mené toutes les interviews. Le chapitre 4 est donc en bonne partie le sien. La lucidité de ce jeune homme de grand talent n'a d'égale que son intelligence, qui doit parfois rendre ses professeurs mal à l'aise. Mon fils Thomas, dont l'intégrité va de pair avec une intelligence remarquable, sans parler de sa maturité et de sa sensibilité, qui vont bien au-delà de ce qu'on attendrait de quelqu'un de son âge, a passé ses vacances de Noël à travailler sur le livre à la bibliothèque de l'université de Princeton. Robert Scheer et Zuade Kaufmann, éditeurs du webmagazine *Thruthdig,* où j'écris une chronique hebdomadaire, sont très attachés au maintien de standards élevés en matière de recherche et de rédaction. C'est pour moi un privilège de pouvoir compter sur leur amitié et de contribuer à leur publication. Gerald Stern, Anne Marie Macari, Mae Sakharov, John R. McArthur, Richard Fenn, James Cone, Ralph Nader, Maria-Christina Keller, Pam Diamond, June Ballinger, Michael Goldstein, Irene Brown, Margaret Maurer, Sam Hynes, Tom Artin, Joe Sacco, Steve Kinzer, Charlie et Catherine Williams, Mark Kurlansky, Ann et Walter Pincus, Joe et Heidi Hough, Laila al-Arian, Michael Granzen, Karen Hernandez, Ray Close, Peter Scheer, Kasia Anderson, Robert J. Lifton, Lauren B. Davis, Robert Jensen, Cristina Nehring, Bernard Rapoport, Jean Stein, Larry Joseph et Wanda Liu (notre excellente et très patiente professeure de mandarin), ainsi que Dorothea von Molke et Cliff Simms, qui tiennent une des plus belles librairies des États-Unis, sont des gens que je tiens en haute estime. De tous les lecteurs du manuscrit, Cliff a été de ceux qui en ont le mieux anticipé les critiques ; il lui a ainsi permis d'avoir plus de mordant et de précision. Je remercie également Boris Rorer et Michael Levien, qui m'ont recommandé le brillant essai sur l'industrie de la pornographie de David Foster Wallace, ainsi que le personnel de la boulangerie Bon Appetit, où je me procure ma baguette quotidienne.

Merci aussi à Lisa Bankoff, d'International Creative Management, qui, comme elle l'a fait pour tous mes livres, a négocié mes contrats et m'a aidé à faire face aux détails exaspérants qu'impose la préparation d'un livre. C'est une chance pour moi de travailler avec elle.

Mes enfants Thomas, Noëlle et Konrad sont ma plus grande joie. Après toutes ces années où j'ai été témoin de trop de souffrances et de morts violentes, ils apaisent mon âme en me rappelant tendrement que l'amour aide à se remettre d'un traumatisme et que la rédemption est possible.

Notes et références

Notes du chapitre 1

1. John Ralston Saul, *Les bâtards de Voltaire. La dictature de la raison en Occident*, Paris, Payot, 1993, p. 490-491.
2. William Butler Yeats, « Le nid de l'étourneau près de ma fenêtre », *La tour*, Verdier, 2002, p. 45.
3. La lutte professionnelle (Amérique du Nord) ou catch (Europe) est un sport-spectacle inspiré de la lutte. [NdT]
4. La World Wrestling Entertainment (wwe, autrefois wwf) connaît un succès phénoménal, tant aux États-Unis que dans le reste du monde. Elle se classe régulièrement dans les dix premiers termes d'interrogation du Buzz Index quotidien de Yahoo! et d'autres moteurs de recherche. Selon une étude effectuée entre octobre 2006 et mars 2007 par Omniture SiteCatalyst, son site internet officiel, www.wwe.com, enregistre une moyenne mensuelle de 7,7 millions de visiteurs uniques aux États-Unis seulement (ce qui équivaut à 517 000 visiteurs uniques par jour). Ce site obtient une moyenne mensuelle de 214,4 millions de pages vues à partir des États-Unis seulement (7 millions par jour), et de 16,2 millions de flux vidéo (524 000 par jour). Selon une enquête menée en mai 2006 par Forrester Consulting, la moyenne d'âge du public de la wwe est de 24 ans, et celui-ci est constitué à 86 % d'hommes ; les 12-17 ans en représentent 36 %, contre 40 % pour les 18-34 ans ; il compte 41 % d'étudiants ; et 62 % des hommes âgés de 18 à 34 ans qui en font partie travaillent à temps plein. Selon Quantcast, 81 % des personnes qui consultent le site de la wwe le font quotidiennement ou plusieurs fois par semaine ; 57 % d'entre elles n'ont pas fait d'études supérieures ; 36 % ont un revenu annuel inférieur ou égal à 30 000 dollars, contre 30 % de 30 000 à 60 000 dollars ; 51 % ont des enfants âgés de 6 à 17 ans ; le public est composé à 64 % d'Américains d'origine européenne, à 14 % d'Afro-Américains et à 16 % d'Hispano-Américains.
5. « Je sais, je suis sexy... J'ai un look... à faire craquer les filles. » [NdT]
6. José Ortega y Gasset, *La révolte des masses*, Paris, Stock, 1961, p. 211-212.
7. Personnage incarné par un lutteur. [NdT]

8. Paul A. Cantor, «Pro Wrestling and the End of History», *The Weekly Standard*, vol. 5, n° 3, 4 octobre 1999, p. 17-22.

9. Platon, *La République*, Paris, Flammarion, 2008, p. 430 (517).

10. Daniel J. Boorstin, *Le triomphe de l'image: une histoire des pseudo-événements en Amérique*, Montréal, Lux, 2012, p. 26.

11. *Ibid.*, p. 308.

12. *Ibid.*, p. 258.

13. Neal Gabler, *Life, The Movie: How Entertainment Conquered Reality*, New York, Vintage, 1998, p. 4.

14. James Bradley, *Flags of Our Fathers*, New York, Bantam, 2000, p. 518-519.

15. Antonino D'Ambrosio, *A Heartbeat and a Guitar: Johnny Cash and the Making of Bitter Tears*, New York, Nation Books, 2009.

16. William Deresiewicz, «The End of Solitude», *The Chronicle of Higher Education*, vol. 55, n° 21, 30 janvier 2009, p. B6.

17. Alain de Botton, *Du statut social*, Paris, Mercure de France, 2004.

18. «Je peux rire de moi-même pendant que coulent mes larmes...» [NdT]

19. Walter Benjamin, «L'œuvre d'art à l'époque de sa reproduction mécanisée», *Écrits français*, Paris, Gallimard, 1991, p. 157.

20. C. Wright Mills, *L'élite du pouvoir*, Paris, Maspero, 1969, p. 78.

21. Richard Hoggart, *La culture du pauvre*, Paris, Éditions de Minuit, 1970, p. 253.

22. Chris Rojek, *Cette soif de célébrité!*, Paris, Autrement, 2003, p. 86.

23. *Ibid.*, p. 29.

24. *Ibid.*

25. Neil Postman, *Se distraire à en mourir*, Paris, Nova, 2010, p. 14.

26. Emily Eakin, «Greeting Big Brother with Open Arms», *The New York Times*, 17 janvier 2004, p. B9.

27. Dave Eggers, *Une œuvre déchirante d'un génie renversant*, Paris, Balland, 2001, p. 274-275.

28. *Ibid.*, p. 283.

29. *Ibid.*, p. 288-289.

30. *Ibid.*, p. 313-316.

31. Philip Roth, «Writing American Fiction», *Commentary*, mars 1961, cité dans Gordon Burn, «Have I Broken Your Heart?», *The Guardian*, 7 mars 2009, www.guardian.co.uk/books/2009/mar/07/gordon-burn.

32. Je suis redevable à Gordon Burn, *op. cit.*, pour ce compte rendu de l'histoire de Jane Goody.

33. Hannah Arendt, *La crise de la culture*, Paris, Gallimard, 1972, p. 266.

34. ABC News, *Living in the Shadows: Illiteracy in America*, 25 février 2008.

35. J'ai compilé les statistiques provenant des sources suivantes: National Institute for Literacy, National Center for Adult Literacy, The Literacy Company et l'Office du recensement des États-Unis.

36. Conseil canadien sur l'apprentissage, *Lire l'avenir. Pour répondre aux besoins futurs du Canada en matière de littératie*, Ottawa, 2008, p. 4. Voir aussi Dan Bjarnason, «Canada's Shame», *The National*, CBC, 24 mai 2006.

37. Cité dans Frank Füredi, *Where Have all the Intellectuals Gone?*, Londres, Continuum, 2004, p. 73.

38. Benjamin DeMott, « Junk Politics : A Voter's Guide to the Post Literate Election », *Harper's Magazine*, novembre 2003, p. 36.

39. Daniel J. Boorstin, *op. cit.*, p. 97.

40. *Ibid.*, p. 325.

41. Neal Gabler, *op. cit.*, p. 205.

42. Daniel J. Boorstin, *op. cit.*, p. 65.

43. Walter Lippmann, *Public Opinion*, New York, Simon & Schuster, 1997, p. 59.

44. Warren Susman, cité dans Neal Gabler, *op. cit.*, p. 197.

45. Wendell Berry, *The Unsettling of America*, San Francisco, Sierra Club, 1977, p. 24.

Notes du chapitre 2

1. Andrea Dworkin, *Pornography : Men Possessing Women*, New York, Plume, 1991.

2. « The Directors », *Adult Video News*, août 2005, p. 54.

3. *Gag Factor*, www.gagfactor.com.

4. Neil Postman, *op. cit.*, p. 17-18.

5. Marc Cooper, *The Last Honest Place in America : Paradise and Perdition in the New Las Vegas*, New York, Nation, 2004, p. 42.

6. Cité dans Robert Jensen, *Getting Off : Pornography and the End of Masculinity*, Cambridge, South End, 2007, p. 126.

7. Bill Margold, cité dans Robert J. Stoller et I.S. Levine, *Coming Attractions : The Making of an X-Rated Video*, New Haven, Yale University Press, 1993, p. 31.

8. Le *minstrel show* est un spectacle populaire du xixe siècle dans lequel des acteurs blancs se noircissaient le visage pour incarner des Noirs ignorants et stupides, mais heureux et bons musiciens. [NdT]

9. Gail Dines, « The White Man's Burden, Gonzo Pornography and the Construction of Black Masculinity », *Yale Journal of Law and Feminism*, vol. 18, 2006, p. 296-297.

10. *Ibid.*, p. 297.

11. Scott Simon, « Promoting Healthcare for the Porn Industry », *Weekend Edition*, NPR, 8 décembre 2007, www.npr.org/templates/story/story.php?storyId=17044239.

12. www.creampiethais.com/z_tour/.

13. Shelley Lubben et Jersey Jaxin, « Jersey Jaxin on Why She Quit Porn », www.youtube.com/watch?v=1Z2x816fWXE et www.youtube.com/watch?v=U1 NObcJV8r0.

Notes du chapitre 3

1. Upton Sinclair, *The Goose Step : A Study of American Education*, Whitefish (MT), Kessinger Publishing, 2010 [1923], p. 21.

2. Theodor Adorno, « Éduquer après Auschwitz », *Modèles critiques*, Paris, Payot, 1984, p. 235 et 237.

3. *Ibid.*, p. 251.

4. Henry Giroux, *The University in Chains: Confronting the Military-Industrial-Academic Complex*, Bouder (CO), Paradigm Publishers, 2007.

5. Theodor Adorno, *op. cit.*, p. 243.

6. Charles Ting, «The Dormitories at U.C. Berkeley», dans Laura Nader (dir.), *Controlling Processes: Selected Essays, 1994-2005*, Berkeley, The Kroeber Anthropological Society, 2005, p. 197-229.

7. Charles Schwartz, site web personnel, socrates.berkeley.edu/~schwrtz.

8. Charles Schwartz, «Good Morning, Regents», *UniversityProbe.org*, universityprobe.org/2009/02/good-morning-regents.

9. Josh Keller, «For Berkeley's Sports Endowment, a Goal of $1 Billion», *The Chronicle of Higher Education*, 23 janvier 2009.

10. John Ralston Saul, *Les bâtards de voltaire*, *op. cit.*, p. 121.

11. John Ralston Saul, *La civilisation inconsciente*, Paris, Payot, 1997, p. 57.

12. Ex-bras droit du vice-président Dick Cheney condamné en 2007 pour parjure et obstruction à la justice, puis gracié par le président Bush. [NdT]

13. C. Wright Mills, *op. cit.*, p. 328.

14. Le SAT Reasoning Test (anciennement Scholastic Assessment Test) est un examen standardisé d'admission à l'université aux États-Unis. [NdT]

15. Joseph A. Soares, *The Power of Privilege: Yale and America's Elite Colleges*, Stanford, Stanford University Press, 2007 ; Daniel Golden, *The Price of Admission: How America's Ruling Class Buys Its Way into Elite Colleges – and Who Gets Left Outside the Gates*, New York, Random House, 2006. [Regroupant les huit grandes universités privées les plus anciennes et les plus prestigieuses du nord-est des États-Unis, l'Ivy League est composée des universités Brown, Columbia, Cornell, Darthmouth, Harvard, Pennsylvanie, Princeton et Yale. [NdT]

16. Ludwig Wittgenstein, *Tractatus logico-philosophicus*, Paris, Gallimard, 1961, p. 177. Il s'agit de la dernière ligne de l'ouvrage. Sa version originale a été publiée en 1921 dans *Annalen der Naturphilosophie*: «*Wovon man nicht sprechen kann, darüber muss man schweigen.*»

17. William Deresiewicz, «The Disadvantages of an Elite Education», *The American Scholar*, été 2008, www.theamericanscholar.org/the-disadvantages-of-an-elite-education.

18. Richard Hoggart, *op. cit.*, p. 353-354.

19. *Ibid.*, p. 355.

20. John Ralston Saul, *Les bâtards de voltaire*, *op. cit.*, p. 133-134.

21. Cal Newport, *How to Win at College: Surprising Secrets for Success from the Country's Top Students*, New York, Three Rivers Press, 2005.

22. William Deresiewicz, *op. cit.*

23. William Hazlitt, *The Life of Thomas Holcroft*, cité dans Richard Hoggart, *op. cit.*, p. 354.

24 Frank Donoghue, *The Last Professors, The Corporate University and the Fate of the Humanities*, New York, Fordham University Press, 2008, p. 91.

25. Matthew Arnold, *Culture et anarchie*, Lausanne, L'Âge d'homme, 1984, p. 52.

26. Joseph F. Wall, *Andrew Carnegie*, Pittsburgh, University Of Pittsburgh Press, 1989, p. 837 ; Richard Teller Crane, *The Utility of all Kinds of Higher Schooling*, Chicago, H.O. Shepard, 1909, p. 106.

27. Frank Donoghue, *op. cit.*, p. 3.

28. Cité dans David L. Kirp, *Shakespeare, Einstein, and the Bottom Line : The Marketing of Higher Education*, Cambridge, Harvard University Press, 2003, p. 243.

29. Frank Donoghue, *op. cit.*, p. 56.

30. Steven Brint, *In an Age of Experts : The Changing Role of Professionals in Politics and Public Life*, Princeton (NJ), Princeton University Press, 1994.

31. Cité intégralement dans *Portfolio.com*, publié par Condé Nast : « Hedge Fund Manager : Goodbye and F---- You », 17 octobre 2008, www.portfolio.com/views/blogs/daily-brief/2008/10/17/hedge-fund-manager-goodbye-and-f-you.

32. Theodor Adorno, *op. cit.*, p. 244.

33. *Ibid.*, p. 244-245.

34. Matthew Arnold, *op. cit.*

Notes du chapitre 4

1. Aldous Huxley, *Le meilleur des mondes*, Paris, Plon, 1994, p. 34-35.

2. Randall Colvin et Jack Block, « Do Positive Illusions Foster Mental Health ? An Examination of the Taylor and Brown Formulation », *Psychological Bulletin*, vol. 116, n° 1, p. 3-20.

3. Un organisme appliquant les principes de la psychologie positive aux affaires et vantant ses retombées positives pour le monde en général a reproduit sur son site web cet élogieux témoignage du Secrétaire général des Nations Unies, Kofi Annan : « J'aimerais vous féliciter pour votre méthode novatrice d'"enquête appréciative" et vous remercier de l'avoir introduite aux Nations Unies. Sans elle, il aurait été très difficile, pour ne pas dire impossible, d'assurer la participation constructive d'un si grand nombre de représentants du monde des affaires, de la société civile et des gouvernements. » Center for Business as an Agent of World Benefit (BAWB), BAWB Global Forum, 2006.

4. L'Institut de l'hémisphère occidental pour la sécurité et la coopération, ou École des Amériques, est le tristement célèbre centre de formation du département de la Défense des États-Unis où ont étudié les membres des juntes miitaires qui, au xxᵉ siècle, dominaient de nombreux pays d'Amérique latine. [NdT]

5. L'anthropologue Laura Nader s'inscrit en faux contre l'assertion voulant qu'émotions positives et santé physique aillent de pair.

6. Martin Seligman, *Authentic Happiness : Using the New Positive Psychology to Realize Your Potential for Lasting Fulfillment*, New York, Free Press, 2002.

7. Aldous Huxley, *op. cit.*, p. 111.

8. « Brain Channels Thinker of the Year Award, 2000 : Mihály Csikszentmihály, "Flow Theory" », *Brain Channels*, www.brainchannels.com/thinker/mihaly.html ; Jamie Chamberlin, « Reaching "Flow" to Optimize Work and Play », *American Psychological Association Monitor*, vol. 29, n° 7, juillet 1998.

9. *Ibid.*

10. Mihály Csikszentmihály, *Vivre: La psychologie du bonheur*, Paris, Robert Laffont, 1990, p. 16, 54 et 32.

11. E. Diener, C. Nickerson, R.E. Lucas et E. Sandvik, «Dispositional Affect and Job Outcomes», *Social Indicators Research*, vol. 59, 2002, p. 229-259.

12. Shelley E. Taylor, «Adjustment to Threatening Events: A Theory of Cognitive Adaptation», *American Psychologist*, vol. 38, 1983, p. 1161-1173, cité dans Randall Colvin et Jack Block, *op. cit.*

13. Citée dans Christopher Peterson, «The Future of Optimism», *American Psychologist*, vol. 55, janvier 2000, p. 44-55.

14. D.A. Jopling, «"Take away the life-lie..." Positive Illusions and Creative Self Deception», *Philosophical Psychology*, vol. 9, 1996, p. 525-544.

15. Chris Cochran, «The Production of Cultural Difference, Paradigm Enforcement in Cultural Psychology», *Psychology at Berkeley*, vol. 1, printemps 2008, p. 62-73.

16. Dennis Cass, «Books: In Good We Trust», *Mother Jones*, janvier-février 2009, www.motherjones.com/media/2009/02/books-good-we-trust.

17. Sura Hart et Victoria Kindle Hodson, «Peaceful Parenting», *The Greater Good*, vol. 4, n° 3, hiver 2007-2008, www.greatergood.berkeley.edu/greatergood/2007 winter/HartHodson.html.

18. Richard S. Lazarus, «The Lazarus Manifesto for Positive Psychology and Psychology in General», *Psychological Inquiry*, vol. 14, n° 2, 2003, p. 176.

19. «The New Industrial Relations», *Business Week*, n° 2687, 11 mai 1981, p. 84-89.

20. David Noble, *America by Design*, Oxford, Oxford University Press, 1977.

21. Frank M. Gyrna Jr., *Quality Circles: A Team Approach to Problem Solving*, New York, American Management Associations, 1981; Neal Q. Herrick, *Joint Management and Employee Participation: Labor and Management at the Crossroads*, San Francisco, Jossey-Bass, 1990; Paul Bernstein, *Workplace Democratization: Its Internal Dynamics*, New Brunswick (NJ), Transaction Books, 1976; Robert S. Ozaki, *Human Capitalism: The Japanese Enterprise System as World Model*, Tokyo, Kodansha International, 1991.

22. Roberto González, «Brave New Workplace: Cooperation, Control, and the New Industrial Relations», dans Laura Nader (dir.), *Controlling Processes: Selected Essays, 1994-2005*, Berkeley, The Kroeber Anthropological Society, 2005, p. 113.

23. Frank M. Gyrna, *op. cit.*, p. 53.

24. Robert S. Ozaki, *op. cit.*, p. 169.

25. Satoshi Kamata, *Toyota, l'usine du désespoir*, Paris, Demopolis, 2008, p. 124.

26. *Ibid.*, p. 101.

27. *Ibid.*, p. 40, 49.

28. *Ibid.*, p. 151.

29. Roberto González, *op. cit.*, p. 109.

30. David Noble, *op. cit.*, p. 274-278.

31. *Ibid.*, p. 290.

32. Roberto González, *op. cit.*, p. 111.

33. Satoshi Kamata, *op. cit.*, p. 32.

34. Roberto González, *op. cit.*, p. 118.

35. Eric Schmitt, «Pentagon Managers Find "Quality Time" on a Brainstorming Retreat», *The New York Times*, 11 janvier 1994, p. A7; Roberto González, *op. cit.*, p. 107.

36. J.P. Womack, D.T. Jones et D. Roos, *The Machine That Changed the World*, New York, Harper Collins, 1990, p. 200-203.

37. Satoshi Kamata, *op. cit.*, p. 62.

38. *Ibid.*, p. 78, 103.

39. R. Ofshe and Margaret T. Singer, «Attacks on Peripheral versus Central Elements of Self and the Impact of Thought Reforming Techniques», *Cultic Studies Journal*, vol. 3, n° 1, 1986, p. 6.

40. Roberto González, *op. cit.*, p. 116.

41. Satoshi Kamata, *op. cit.*, p. 72.

42. Alejandro Lugo, «Cultural Production and Reproduction in Ciudad Juárez, Mexico: Tropes at Play among Maquiladora Workers», *Cultural Anthropology*, vol. 5, n° 2, 1990, p. 178-180.

43. Satoshi Kamata, *op. cit.*, p. 208.

44. Mike Parker, *Inside the Circle: A Union Guide to* QWL, Boston, South End, 1985, p. 19; Roberto González, *op. cit.*, p. 115.

45. Mike Parker, *op. cit.*, p. 20; Roberto González, *op. cit.*, p. 116.

46. P.C. Thompson, «U.S. Offered Unusual Class on Diversity», *The New York Times*, 2 avril 1995, p. 34.

47. Robert E. Lane, *The Loss of Happiness in Market Democracies*, New Haven, Yale University Press, 2000; «The Negative Side of Positive Psychology», *Journal of Humanistic Psychology*, vol. 44, n° 1, hiver 2004, p. 9-24.

Notes du chapitre 5

1. W.H. Auden, *The Age of Anxiety: A Baroque Eclogue*, Princeton, Princeton University Press, 2011.

2. *La Bible, nouvelle traduction*, Paris/Montréal, Bayard/Médiaspaul, 2001.

3. Sheldon S. Wolin, *Democracy Incorporated: Managed Democracy and the Specter of Inverted Totalitarianism*, Princeton (NJ), Princeton University Press, 2008, p. 247-248.

4. *Ibid.*, p. 192.

5. Andrew J. Bacevich, *The Limits of Power: The End of American Exceptionalism*, New York, Metropolitan, 2008, p. 172.

6. Seymour Melman, *Pentagon Capitalism: The Political Economy of War*, New York, McGraw-Hill, 1970.

7. David Barstow, «One Man's Military-Industrial-Media Complex», *The New York Times*, 29 novembre 2008, p. 172.

8. Medicare: régime public d'assurance maladie qui s'applique aux personnes âgées de 65 ans répondant à certains critères. Medicaid: régime public d'assurance maladie s'appliquant aux familles à faible revenu et aux personnes handicapées.

Les deux programmes ont été mis sur pied en 1965 par l'administration Johnson. [NdT]

9. John Geyman, *Do Not Resuscitate: Why the Health Insurance Industry Is Dying, and How We Must Replace It*, Monroe (ME), Common Courage Press, 2009.

10. Fannie Mae: surnom de la Federal National Mortgage Association (FNMA), mise sur pied en 1938; Freddie Mac: surnom de la Federal Home Loan Mortgage Corporation (FHLMC), créée en 1970. Encadrées et financées par l'État, ces deux sociétés par actions interviennent dans le marché des prêts hypothécaires. [NdT]

11. Robert Bellah, *Habits of the Heart*, Berkeley et Los Angeles, University of California Press, 1985, p. 285.

12. State of New Jersey, Office of Management and Budget, *Fiscal 2011: Budget in Brief*, Trenton (NJ), 16 mars 2010.

13. Joel Bakan, *La corporation: la soif pathologique de profit et de* pouvoir, Montréal, Transcontinental, 2004. En France, l'ouvrage a paru chez le même éditeur sous le titre de *Psychopathes & Cie: la soif pathologique de profit et de pouvoir*.

14. Albert Einstein, « Pourquoi le socialisme? », *Conceptions scientifiques, morales et sociales*, Paris, Flammarion, 1952, p. 125-132.

15. Sobriquet de la loi intitulée *Uniting and Strengthening America by Providing Appropriate Tools Required to Intercept and Obstruct Terrorism Act* (d'où le rétro-acronyme USA PATRIOT Act), ou Unir et renforcer l'Amérique à l'aide d'outils permettant de déceler et de contrer le terrorisme. [NdT]

16. Point culminant d'une vaste campagne de lobbying des institutions financières, cette loi allait avoir pour effet d'empêcher les tribunaux des États d'entendre la plupart des poursuites en recours collectif en attribuant ces dernières à des cours fédérales bien disposées à l'égard des entreprises et dominées par des juges républicains. Les travailleurs ont ainsi perdu la possibilité d'obtenir réparation dans une bonne partie des tribunaux où ces litiges avaient une chance d'être tranchés en leur faveur.

17. Cité dans Glenn Greenwald, « There's Nothing Unique About Jim Cramer », *Salon*, 13 mars 2009, www.salon.com/news/opinion/glenn_greenwald/2009/03/13/cramer.

18. Bill Moyers, « Buying the War », *Bill Moyers Journal*, PBS, 25 avril 2007, www.pbs.org/moyers/journal/btw/watch.html.

19. *Ibid.*

20. Franklin D. Roosevelt, « Message to Congress on Curbing Monopolies », 29 avril 1938, cité dans John T. Woolley et Gerhard Peters, *The American Presidency Project*, Santa Barbara, University of California Press, www.presidency.ucsb.edu/ws/index.php?pid=15637#axzz1gzwHSqC6.

21. Dennis C. Blair, « Far-Reaching Impact of Global Economic Crisis », *Annual Threat Assessment*, Senate Armed Services Committee, 10 mars 2009, p. 3, www.fas.org/irp/congress/2009_hr/031009blair.pdf.

22. Cité dans James Bamford, « Big Brother Is Listening », *The Atlantic*, avril 2006, www.theatlantic.com/magazine/archive/2006/04/big-brother-is-listening/4711.

23. Nathan Frier, *Known Unknowns: Unconventional «Strategic Shocks» in Defense Strategy Development*, Carlisle (PA), U.S. Army War College, Strategic Studies Institute, 2008, www.strategicstudiesinstitute.army.mil/pdffiles/PUB890.pdf.

24. Dennis C. Blair, *op. cit.*

25. M.P. Dunleavey, « Listen to Your Statement », *The New York Times*, 3 mai 2008.

26. Chris Hedges, *American Fascists: The Christian Right and the War on America*, New York, Free Press, 2006.

27. Jared Diamond, *Effondrement. Comment les sociétés décident de leur disparition ou de leur survie*, Paris, Gallimard, 2006.

28. Karl Polanyi, *La grande transformation. Aux origines politiques et économiques de notre temps*, Paris, Gallimard, 1983, p. 308.

29. John Ralston Saul, *La civilisation inconsciente, op. cit.*, p. 102-103.

30. George Orwell, « Où meurt la littérature », *Essais, articles, lettres, vol. IV, 1945-1950,* Paris, Ivrea et Encyclopédie des nuisances, 1995, p. 86.

31. Vassili Grossman, *Vie et destin*, Lausanne, L'Âge d'homme, 1980, p. 385.

32. Miklós Radnóti, « Pour reproduire la route abrupte », dans « Miklós Radnóti. À marche forcée contre la mort et l'oubli », *Esprits nomades*, 2010, www.espritsnomades.com/sitelitterature/radnoti/radnoti.html.

33. W.H. Auden, « 1er septembre 1939 », cité dans Joseph Brodsky, *Loin de Byzance*, Paris, Fayard, 1988, p. 297.

34. Edmond Rostand, *Cyrano de Bergerac,* Paris, Nathan, 2009.

35. John Donne, « Le Soleil levant », *Poésie*, Paris, Imprimerie nationale, 1993, p. 137.

Bibliographie

ADORNO, Theodor, *The Culture Industry*, Londres, Routledge, 1991.

—, «Éduquer après Auschwitz», *Modèles critiques*, Paris, Payot, 1984.

ANDREJEVIC, Mark, *Reality TV: The Work of Being Watched*, Toronto, Rowman & Littlefield, 2004.

ARENDT, Hannah, *La crise de la culture*, Paris, Gallimard, 1972.

—, *Essai sur la révolution*, Paris, Gallimard, 1967.

—, *Les origines du totalitarisme*, 3 vol., Paris, Le Seuil, 2006.

ARNOLD, Matthew, *Culture et anarchie*, Lausanne, L'Âge d'homme, 1984.

BALDWIN, James, *Chronique d'un pays natal*, Paris, Gallimard, 1973.

BACEVICH, Andrew J., *The Limits of Power: The End of American Exceptionalism*, New York, Metropolitan, 2008.

BAKAN, Joel, *The Corporation: The Pathological Pursuit of Profit and Power*, scénario, Vancouver, Big Picture Media Corporation, Zeitgeist Films, 2003.

BAMFORD, James, «Big Brother Is Listening», *The Atlantic*, avril 2006, www.theatlantic.com/magazine/archive/2006/04/big-brother-is-listening/4711

BARSTOW, David, «One Man's Military-Industrial-Media Complex», *The New York Times*, 29 novembre 2008.

BELLAH, Robert, *Habits of the Heart*, Berkeley et Los Angeles, University of California Press, 1985, p. 285.

BENJAMIN, Walter, «L'œuvre d'art à l'époque de sa reproduction mécanisée», *Écrits français*, Paris, Gallimard, 1991, p. 157.

BERNAYS, Edward, *Propaganda. Comment manipuler l'opinion en démocratie*, Montréal/Paris, Lux/Zones, 2008.

BERNSTEIN, Paul, *Workplace Democratization: Its Internal Dynamics*, New Brunswick (NJ), Transaction Books, 1976.

BERRY, Wendell, *The Unsettling of America*, San Francisco, Sierra Club, 1977.

—, *The Way of Ignorance*, Washington, Shoemaker & Hoard, 2005.

BLAIR, Dennis C., «Far-Reaching Impact of Global Economic Crisis», *Annual Threat Assessment*, Senate Armed Services Committee, 10 mars 2009, p. 3, www.fas.org/irp/congress/2009_hr/031009blair.pdf

BOORSTIN, Daniel J., *Le triomphe de l'image. Une histoire des pseudo-événements en Amérique*, Montréal, Lux, 2012.

BOTTON, Alain de, *Du statut social*, Paris, Mercure de France, 2005.

BRADBURY, Ray, *Fahrenheit 451*, Paris, Casterman, 2010.

BRADLEY, James, *Flags of Our Fathers*, New York, Bantam, 2000.

Brain Channels, «Brain Channels Thinker of the Year Award, 2000: Mihály Csikszentmihály, "Flow Theory"», *Brain Channels*, www.brainchannels.com/thinker/mihaly.html

BRIGGS, Asa et Peter Burke, *A Social History of the Media: From Gutenberg to the Internet*, Cambridge, Polity, 2005.

BRINT, Steven, *In an Age of Experts: The Changing Role or Professionals in Politics and Public Life*, Princeton (NJ), Princeton University Press, 1994.

CANTOR, Paul A., «Pro Wrestling and the End of History», *The Weekly Standard*, vol. 5, n° 3, 4 octobre 1999, p. 17-22.

CASS, Dennis, «Books: In Good We Trust», *Mother Jones*, janvier-février 2009, www.motherjones.com/media/2009/02/books-good-we-trust

CHAMBERLIN, Jamie, «Reaching "Flow" to Optimize Work and Play», *American Psychological Association Monitor*, vol. 29, n° 7 juillet 1998.

COCHRAN, Chris, «The Production of Cultural Difference, Paradigm Enforcement in Cultural Psychology», *Psychology at Berkeley*, vol. 1, printemps 2008, p. 62-73.

COLVIN, Randall et Jack Block, «Do Positive Illusions Foster Mental Health? An Examination of the Taylor and Brown Formulation», *Psychological Bulletin*, vol. 116, n° 1, p. 3-20.

CONRAD, Joseph, *Au cœur des ténèbres*, Paris, Flammarion, 1992.

COOPER, Marc, *The Last Honest Place in America: Paradise and Perdition in the New Las Vegas*, New York, Nation, 2004.

CRANE, Richard Teller, *The Utility of all Kinds of Higher Schooling*, Chicago, H.O. Shepard, 1909.

Csikszentmihaly, Mihály, *Vivre: la psychologie du bonheur*, Paris, Robert Laffont, 1990.

D'ambrosio, Antonino, *A Heartbeat and a Guitar: Johnny Cash and the Making of Bitter Tears*, New York, Nation Books, 2009.

Demott, Benjamin, *Junk Politics*, New York, Nation, 2003.

Deresiewicz, William, «The Disadvantages of an Elite Education», *The American Scholar*, été 2008, www.theamericanscholar.org/the-disadvantages-of-an-elite-education

—, «The End of Solitude», *The Chronicle of Higher Education*, vol. 55, n° 21, 30 janvier 2009, p. B6.

Diamond, Jared, *Effondrement. Comment les sociétés décident de leur avenir*, Paris, Gallimard, 2006.

Diener, E., C. Nickerson, R.E. Lucas et E. Sandvik, «Dispositional Affect and Job Outcomes», *Social Indicators Research*, vol. 59, 2002, p. 229-259.

Dines, Gail, «The White Man's Burden, Gonzo Pornography and the Construction of Black Masculinity», *Yale Journal of Law and Feminism*, vol. 18, 2006, p. 283-297.

«The Directors», *Adult Video News*, août 2005, p. 54.

Donoghue, Frank, *The Last Professors, The Corporate University and the Fate of the Humanities*, New York, Fordham University Press, 2008.

Dworkin, Andrea, *Pornography: Men Possessing Women*, New York, Plume, 1991.

Eakin, Emily, «Greeting Big Brother with Open Arms», *The New York Times*, 17 janvier 2004, p. B9.

Eco, Umberto, *La guerre du faux*, Paris, Grasset, 2008.

Eggers, Dave, *Une œuvre déchirante d'un génie renversant*, Paris, Balland, 2001.

Einstein, Albert, «Pourquoi le socialisme?», *Conceptions scientifiques, morales et sociales*, Paris, Flammarion, 1952.

Ellul, Jacques, *Propagandes*, Paris, A. Collin, 1962.

Frier, Nathan, «Known Unknowns: Unconventional "Strategic Shocks" in Defense Strategy Development», U.S. Army War College, Strategic Studies Institute, www.strategicstudiesinstitute.army.mil/pdffiles/PUB890.pdf

Fromm, Erich, *La peur de la liberté*, Lyon, Parangon/Vs, 2010.

Fulbright, William J., *The Pentagon Propaganda Machine*, New York, Vintage, 1985.

FÜREDI, Frank, *Where Have All the Intellectuals Gone? Confronting 21st Century Philistinism,* Londres, Continuum, 2004.

GABLER, Neal, *Life, The Movie: How Entertainment Conquered Reality,* New York, Vintage, 1998.

GATES, Jeff, *Democracy At Risk: Rescuing Main Street from Wall Street,* Cambridge, Perseus Publishing, 2000.

GEYMAN, John, *Do Not Resuscitate: Why the Health Insurance Industry Is Dying, and How We Must Replace It,* Monroe (ME), Common Courage Press, 2009.

GIROUX, Henry, *The University in Chains: Confronting the Military-Industrial-Academic Complex,* Boulder (CO), Paradigm Publishers, 2007.

GOLDEN, Daniel, *The Price of Admission: How America's Ruling Class Buys Its Way into Elite Colleges – and Who Gets Left Outside the Gates,* New York, Random House, 2006.

GONZÁLEZ, Roberto, « Brave New Workplace: Cooperation, Control, and the New Industrial Relations», dans Laura Nader (dir.), *Controlling Processes: Selected Essays, 1994-2005,* Berkeley, The Kroeber Anthropological Society, 2005.

GREENWALD, Glenn, «There's Nothing Unique About Jim Cramer», *Salon,* 13 mars 2009, www.salon.com/news/opinion/glenn_greenwald/2009/03/13/cramer

GROSSMAN, Vassili, *Vie et destin,* Lausanne, L'Âge d'homme, 1980.

GYRNA, Frank M. Jr., *Quality Circles: A Team Approach to Problem Solving,* New York, American Management Associations, 1981.

HART, Sura et Victoria Kindle Hodson, «Peaceful Parenting», *The Greater Good,* vol. 4, n° 3, hiver 2007-2008, greatergood.berkeley.edu/greatergood/2007winter/HartHodson.html

HEDGES, Chris, *American Fascists: The Christian Right and the War on America,* New York, Free Press, 2006.

HELD, Barbara S., «The Negative Side of Positive Psychology», *Journal of Humanistic Psychology,* vol. 44, n° 1, hiver 2004, p. 9-24.

—, «Tyranny of the Positive Attitude in America: Observation and Speculation», *Journal of Clinical Psychology,* vol. 58, p. 965-991.

HERRICK, Neal Q., *Joint Management and Employee Participation: Labor and Management at the Crossroads,* San Francisco, Jossey-Bass, 1990.

HOGGART, Richard, *La culture du pauvre,* Paris, Éditions de Minuit, 1970.

HUXLEY, Aldous, *Le meilleur des mondes,* Paris, Plon, 1994.

JENSEN, Robert, *Getting Off: Pornography and the End of Masculinity*, Cambridge, South End, 2007.

JOHNSON, Chalmers, *The Sorrows of Empire: Militarism, Secrecy, and the End of the Republic*, New York, Henry Holt, 2004.

JOHNSTON, David Cay, *Free Lunch: How the Wealthiest Americans Enrich Themselves at Government Expense (And Stick You With the Bill)*, New York, Penguin, 2007.

JOPLING, D.A., « "Take away the life-lie..." Positive illusions and creative self deception », *Philosophical Psychology*, vol. 9, 1996, p. 525-544.

KAMATA, Satoshi, *Toyota, l'usine du désespoir*, Paris, Démopolis, 2008.

KELLER, Josh, « For Berkeley's Sports Endowment, a Goal of $1 Billion », *The Chronicle of Higher Education*, 23 janvier 2009.

KINDLEBERGER, Charles P. et Robert Aliber, *Manias, Panics, and Crashes*, Hoboken (NJ), John Wiley & Sons, 1978.

KIRP, David L., *Shakespeare, Einstein, and the Bottom Line: The Marketing of Higher Education*, Cambridge, Harvard University Press, 2003.

KORTEN, David C., *Quand les multinationales gouvernent le monde*, Gap (Hautes-Alpes), Yves Michel, 2006.

LANE, Robert E., *The Loss of Happiness in Market Democracies*, New Haven, Yale University Press, 2002.

LAZARUS, Richard S., « The Lazarus Manifesto for Positive Psychology and Psychology in General », *Psychological Inquiry*, vol. 14, n° 2, 2003, p. 173-189.

LIPPMANN, Walter, *Public Opinion*, New York, Simon & Schuster, 1997.

LUBBEN, Shelley et Jersey Jaxin, « Jersey Jaxin on Why She Quit Porn », www.youtube.com/watch? v=1Z2x816fWXE et www.youtube.com/watch? v=U1NObcJV8r0

LUGO, Alejandro, « Cultural Production and Reproduction in Ciudad Juárez, Mexico: Tropes at Play among Maquiladora Workers », *Cultural Anthropology*, vol. 5, n° 2, 1990, p. 173-196.

MACARTHUR, John R., *You Can't Be President: The Outrageous Barriers to Democracy in America*, New York, Melville House, 2008.

MACKAY, Charles, *Extraordinary Popular Delusions and the Madness of Crowds*, New York, BN Publishing, 2008.

MELMANN, Seymour, *Pentagon Capitalism: The Political Economy of War*, New York, McGraw-Hill, 1970.

—, *The Permanent War Economy: American Capitalism in Decline*, New York, Simon & Schuster, 1985.

MILLS, C. Wright, *L'élite du pouvoir*, Paris, Maspero, 1969.

NADER, Laura, «Controlling Processes: Tracing the Dynamic Components of Power», Mintz Lecture, *Current Anthropology*, vol. 38, n° 5, 1997, p. 711-737.

—, «Harmony Coerced is Freedom Denied», *The Chronicle of Higher Education*, 13 juillet 2001, p. 613-616

—, *Harmony Ideology*, Palo Alto, Stanford University Press, 1990.

—, entretien privé avec Chris Hedges, 27 février 2009.

— et Ugo Mattei, *Plunder, When the Rule of Law Is Illegal*, Hoboken (NJ), Blackwell Publishers, 2008.

NEWPORT, Cal, *How to Win at College*, New York, Broadway, 2005.

NEVIN, Thomas R, *Simone Weil: Portrait of a Self-Exiled Jew*, Chapel Hill, University of South Carolina Press, 1991.

NOBLE, David, *America by Design*, Oxford, Oxford University Press, 1977.

OFSHE, R. et Margaret T. Singer, «Attacks on Peripheral versus Central Elements of Self and the Impact of Thought Reforming Techniques», *Cultic Studies Journal*, vol. 3, n° 1, 1986, p. 3-24.

OROTEGA Y GASSET, José, *La révolte des masses*, Paris, Stock, 1961.

ORWELL, George, *1984*, Paris, Gallimard, 2008.

—, *Essais, articles, lettres, vol. IV, 1945-1950*, Paris, Ivrea/Encyclopédie des nuisances, 1995.

OZAKI, Robert S., *Human Capitalism: The Japanese Enterprise System as World Model*, Tokyo, Kodansha International, 1991.

PARKER, Mike, *Inside the Circle: A Union Guide to QWL*, Boston, South End, 1985.

PETERSON, Christopher, «The Future of Optimism», *American Psychologist*, vol. 55, janvier 2000, p. 44-55.

PLATON, *La république*, Paris, Flammarion, 2002.

POLANYI, Karl, *La grande transformation. Aux origines politiques et économiques de notre temps*, Paris, Gallimard, 1983.

POSTMAN, Neil, *Se distraire à en mourir*, Paris, Nova Éditions, 2010.

RIESMAN, David, *The Lonely Crowd: A Study of the Changing American Character*, New Haven, Yale University Press, 1950.

ROJEK, Chris, *Cette soif de célébrité!*, Paris, Autrement, 2003.

Roosevelt, Franklin D., «Message to Congress on Curbing Monopolies», 29 avril 1938, cité dans John T. Woolley et Gerhard Peters, *The American Presidency Project*, Santa Barbara, University of California Press, www.presidency.ucsb.edu/ws/index.php? pid=15637#axzz1U5mmUa3u

Rostand, Edmond, *Cyrano de Bergerac*, Paris, Nathan, 2009.

Roth, Joseph, *The Emperor's Tomb*, New York, Overlook Press, 2002.

Saul, John Ralston, *Les bâtards de Voltaire. La dictature de la raison en Occident*, Paris, Payot, 1993.

—, *La civilisation inconsciente*, Paris, Payot, 1997.

Schitt, Eric, «Pentagon Managers Find "Quality Time" on a Brainstorming Retreat», *The New York Times*, 11 janvier 1994, p. A7.

Shprintsen, Alex (réal.), «Canada's Shame», *The National*, Canadian Broadcasting Corporation (cbc), 24 mai 2006.

Schurmann, Reiner (dir.), *The Public Realm: Essays on Discursive Types in Political Philosophy*, Albany, State University of New York Press, 1989.

Schwartz, Charles, site web personnel, socrates.berkeley.edu/~schwrtz

—, «Good Morning, Regents», *UniversityProbe.org*, universityprobe.org/2009/02/good-morning-regents

Seligman, Martin, *Authentic Happiness: Using the New Positive Psychology to Realize Your Potential for Lasting Fulfillment*, New York, Free Press, 2002.

Simon, Scott (animateur), «Promoting Healthcare for the Porn Industry», *Weekend Edition*, National Public Radio (npr), 8 décembre 2007, www.npr.org/templates/story/story.php? storyId=17044239

Snow, C.P., *The Two Cultures*, Cambridge, Cambridge University Press, 1998.

Soares, Joseph A., *The Power of Privilege: Yale and America's Elite Colleges*, Stanford, Stanford University Press, 2007.

Stoller, Robert J. et I.S. Levine, *Coming Attractions: The Making of an X-Rated Video*, New Haven, Yale University Press, 1993.

Taylor, Shelley E., «Adjustment to Threatening Events: A Theory of Cognitive Adaptation», *American Psychologist*, vol. 38, 1983, p. 1161-1173.

Thomas, Pierre *et al.*, *Living in the Shadows: Illiteracy in America*, abc News, 25 février 2008.

Thoampson, P.C., «U.S, Offered Unusual Class on Diversity», *The New York Times,* 2 avril 1995, p. 34.

TING, Charles, « The Dormitories at U.C. Berkeley », dans Laura Nader (dir.), *Controlling Processes: Selected Essays, 1994-2005*, Berkeley, The Kroeber Anthropological Society, 2005.

WALL, Joseph F., *Andrew Carnegie*, Pittsburgh, University Of Pittsburgh Press, 1989.

WALLACE, David Foster, *Consider the Lobster*, New York, Back Bay, 2006.

WHYTE, William H., *The Organization Man*, Philadelphia, University of Pennsylvania Press, 1956.

WITTGENSTEIN, Ludwig, *Tractatus logico-philosophicus,* suivi de *Investigations philosophiques*, Paris, Gallimard, 1961.

WOLIN, Sheldon S., *Democracy Incorporated: Managed Democracy and the Specter of Inverted Totalitarianism*, Princeton, Princeton University Press, 2008.

WOMACK, J.P., D.T. Jones et D. Roos, *The Machine That Changed the World*, New York, Harper Collins, 1990.

YEATS, William Butler, *La tour*, Verdier, 2002.

Table

CET OUVRAGE A ÉTÉ IMPRIMÉ EN JANVIER
2015 SUR LES PRESSES DE L'IMPRIMERIE
MARQUIS POUR LE COMPTE DE LUX,
ÉDITEUR À L'ENSEIGNE D'UN CHIEN D'OR
DE LÉGENDE DESSINÉ PAR ROBERT LAPALME

L'infographie est de Claude BERGERON

La révision du texte a été réalisée
par Alexandre SÁNCHEZ

Lux Éditeur
c.p. 60191
Montréal, Qc H2J 4E1

Diffusion et distribution
Au Canada : Flammarion
En Europe : Harmonia Mundi

Imprimé au Québec
sur papier recyclé 100 % postconsommation